LA MYTHOLOGIE

MISE A LA PORTÉE DE LA JEUNESSE

Avec Questionnaires

Par G. BELÈZE

CHEF D'INSTITUTION DE PARIS,
CHEVALIER DE LA LÉGION D'HONNEUR, OFFICIER D'ACADÉMIE.

ACCOMPAGNÉE DE FIGURES.

PARIS

IMPRIMERIE ET LIBRAIRIE CLASSIQUES

MAISON JULES DELALAIN ET FILS

DELALAIN FRÈRES, Successeurs

56, RUE DES ÉCOLES.

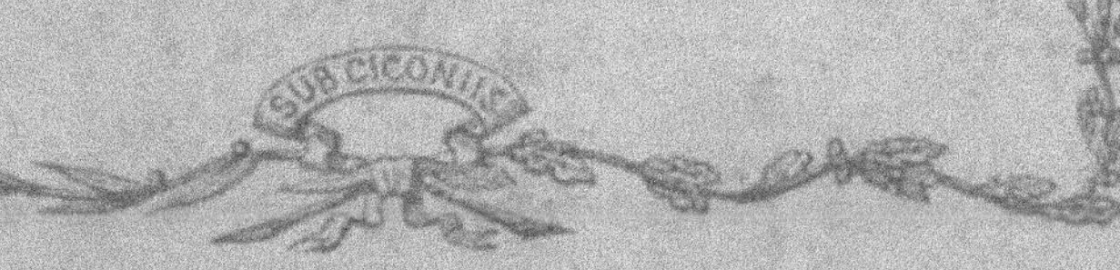

LA MYTHOLOGIE

MISE A LA PORTÉE DE LA JEUNESSE

Avec Questionnaires

Par G. BELEZE

CHEF D'INSTITUTION DE PARIS,
CHEVALIER DE LA LÉGION D'HONNEUR, OFFICIER D'ACADÉMIE.

DIX-HUITIÈME ÉDITION

ACCOMPAGNÉE DE FIGURES.

PARIS

IMPRIMERIE ET LIBRAIRIE CLASSIQUES

MAISON JULES DELALAIN ET FILS

DELALAIN FRÈRES, Successeurs

56, RUE DES ÉCOLES.

AVANT-PROPOS.

Dans son *Traité des études*, le sage Rollin exhorte les jeunes gens à ne pas négliger l'étude de la Fable, étude dont ils peuvent, dit-il, retirer beaucoup de fruit. Sans parler en effet des récits pleins de charme qu'offre la Fable, souvent un grand sens moral est caché sous le voile de l'allégorie. Il ne faut point dédaigner ces fictions ingénieuses que nous ont transmises les anciens ; il faut savoir mettre à profit même toutes ces folles inventions, toutes ces rêveries bizarres dont il a plu au paganisme de remplir les livres de l'antiquité. L'étude de la mythologie, quand elle est faite avec les précautions et la sagesse que commande la religion, est d'une grande utilité pour les jeunes gens.

D'abord elle leur apprend ce qu'ils doivent aux bienfaits du christianisme, qui nous a arrachés à la puissance des ténèbres pour nous faire passer a l'admirable lumière de l'Évangile. De plus cette étude, en nous découvrant les grossières superstitions du paganisme, doit nous inspirer un nouveau respect pour l'auguste majesté de la religion chrétienne et pour la sainteté de sa morale. Il faut dire aussi que la connaissance des fables de l'antiquité facilite singulièrement l'intelligence des auteurs, soit grecs, soit latins, soit français, dans la lecture desquels on est souvent arrêté tout court si l'on n'a pas étudié la mythologie. Les tableaux, les statues, les tapisseries, qui sont exposés tous les jours sous nos yeux, sont autant d'énigmes pour ceux qui ignorent la fable, qui en est souvent le sujet et l'explication. Enfin, même dans la conversation, on se sert quelquefois d'expressions ou d'exemples empruntés à la mythologie, et il serait honteux de paraître ignorer une chose qui coûte si peu à apprendre.

Mais, d'un autre côté, nous ne nous sommes pas dissimulé toutes les difficultés qu'il y avait à surmonter dans un livre destiné à être mis entre les mains des enfants. Nous nous sommes efforcé d'établir quelque suite dans la narration, ce qui n'était pas chose facile dans un ouvrage de cette nature, nous bornant à rapporter les récits les plus considérables et les mieux connus, ceux surtout qui pouvaient le plus contribuer à l'intelligence des auteurs. Tout en évitant ce qui n'a rapport qu'à l'érudition, nous avons dû expliquer, toutes les fois que nous en avons senti la nécessité, le sens moral ou historique caché sous le voile de l'allégorie. Mais, avant tout, nous avons écarté avec une inflexible sévérité tout ce qui pouvait nuire à la pureté des mœurs, et nous n'avons laissé dans nos récits non-seulement aucune histoire, mais aucune expression qui pût blesser des oreilles chastes et chrétiennes. La mythologie est un vaste répertoire dans lequel il y a beaucoup à prendre et aussi beaucoup à laisser, surtout quand on s'adresse à des enfants.

Tels sont les principes qui nous ont guidé dans la rédaction de cet ouvrage, dont la majeure partie est consacrée à la mythologie grecque et latine. Quatre chapitres particuliers renferment les principaux ré-

MYTHOLOGIE.

CHAPITRE PREMIER.

Origine de la Mythologie. — Pays considérés comme le berceau du paganisme. — Multiplicité des faux dieux. — Avantages qu'on peut retirer des études mythologiques. — Division de la mythologie.

La *Mythologie* est l'histoire fabuleuse des divinités adorées par les païens. On appelle *paganisme* ou *idolâtrie* le culte des faux dieux, le culte des idoles[1].

L'idolâtrie dut sa naissance à deux causes principales : d'abord l'ignorance, ensuite la corruption du cœur humain. Les peuples qui se formèrent après le déluge, en s'éloignant de leur origine commune et en se pervertissant, oublièrent bientôt les traditions saintes. Ils ne conservèrent de Dieu qu'une idée très-imparfaite, et finirent par prostituer leur hommage

1. Le mot *mythologie* est composé de deux mots grecs, dont le premier signifie *fable*, et le second, *discours*.

Le mot *paganisme* est formé d'un mot latin qui signifie *paysan*, parce que ce fut dans les campagnes que le culte des faux dieux se maintint le plus tard après l'établissement du christianisme.

Le mot *idolâtrie* est formé de deux mots grecs, dont le premier signifie *effigie* ou *image*, et le second, *adorer*.

aux astres, aux éléments, aux choses maté-
rielles. Ce fut ainsi qu'ils divinisèrent le soleil,
la lune, tout ce qui brille au firmament, la terre
et tout ce qu'elle renferme, l'air, l'eau et le
feu. Au lieu d'un Dieu unique, infini, souverainement bon, souverainement parfait et créateur de toutes choses, ils imaginèrent une foule
d'êtres différents auxquels ils attribuaient tous
les phénomènes qui se passent dans l'univers.

La matière, cette masse qui resterait toujours
inerte et inféconde si Dieu ne lui donnait le
mouvement et la fécondité, se vit tout à coup
animée et personnifiée dans toutes ses parties.
Chacun des éléments qui la constituent prit de
l'intelligence, de la pensée, de la vie. On les fit
se mouvoir, lutter entre eux, vivre enfin, comme
des êtres doués de volonté et d'énergie. Le ciel,
cet espace immense qui nous entoure, devint
le premier des dieux. L'air, ce fluide éthéré,
subtil, invisible, qui vivifie tout ce qui est, fut
appelé Jupiter. Le soleil, dont la bienfaisante
chaleur pénètre et féconde les objets créés, devint un Osiris, un Bélus, un Apollon. Chaque
homme, chaque ville, chaque contrée eut ses
divinités locales et tutélaires. On en plaça au
coin du foyer, dans les jardins, au bord des
fleuves, dans les forêts.

La nature extérieure ne se prêta pas seule à
cette étrange aberration de l'esprit humain. Les
passions, pour qu'elles fussent en quelque sorte
légitimées, furent aussi déifiées : les mauvais penchants de notre nature, la fraude, le vol, le men-

songe, la haine, eurent des autels. Les hommes ne s'oublièrent pas dans ce grand partage des honneurs divins. On éleva des temples aux guerriers, à ceux qui avaient doté leur pays d'arts utiles ou qui l'avaient épouvanté par leurs crimes. Les bergers furent métamorphosés en satyres, en faunes, en sylvains; ils gardaient les bois et veillaient sur les troupeaux. Les bergères furent changées en nymphes; elles se cachaient dans des grottes, présidaient aux arbres des forêts, ou habitaient un palais de cristal au fond des eaux. Les pêcheurs se virent transformés en tritons couchés sur les flots ou dans les joncs qui bordent les fleuves. Les cavaliers devinrent des centaures, moitié hommes, moitié chevaux.

Ce bizarre assemblage de dieux et de déesses ne se produisit point tout d'un coup ni simultanément chez tous les peuples. Quelques hommes, portés par leur amour pour la science à étudier la nature, furent frappés des phénomènes du monde physique. Le lever et le coucher des astres, le retour périodique des saisons, les variations de l'atmosphère, les inondations régulières de certains fleuves, les magnificences de la création, éveillèrent dans leurs âmes le besoin de croyances religieuses. Mais, comme ils avaient perdu la pureté primitive des traditions saintes que le peuple hébreu conservait seul précieusement, ils s'imaginèrent que ces phénomènes se produisaient d'eux-mêmes, et ils en firent des êtres surnaturels.

Ces hommes, que leur intelligence et leurs

connaissances supérieures mettaient à même de
faire des découvertes utiles, s'attirèrent le respect des peuplades sauvages dont ils amélioraient
l'existence. Ils leur firent adopter les croyances
qu'ils avaient eux-mêmes imaginées ou qu'ils
avaient puisées dans d'autres pays. Mais, pour
leur inspirer plus facilement ces croyances, il
fallait remuer fortement leur imagination par des
images, des allégories, des emblèmes, des fables.
Puis la poésie vint en aide à ces législateurs des
sociétés naissantes : elle exagéra les récits primitifs, y mêla des circonstances étranges, semant
à pleines mains le merveilleux et le langage sym-
bolique. Le statuaire exécuta sur la pierre et sur
le marbre les idées du poëte. Puis le prêtre païen,
intéressé à voir la foule remplir les temples, orna
ses divinités de mille attributs singuliers et terribles, et le peuple les adora.

Ce fut en Égypte et dans la Phénicie que ces
croyances et ces superstitions apparurent d'a-
bord. Les Égyptiens étaient un peuple de bate-
liers, de pêcheurs, de pasteurs nomades, habitant
les rivages du Nil, adonnés à la chasse et à la
pêche. Leur système religieux se ressentit de
leurs occupations. Ce ne fut dans l'origine qu'un
culte rendu aux astres et aux simples éléments de
la nature. On y mêla plus tard le culte des animaux qui servent à la vie pastorale, du bœuf
comme l'animal le plus utile aux laboureurs, du
chien gardien des troupeaux, du chat ennemi des
crocodiles et des rats qui infestaient l'Égypte.
Puis en dernier lieu vint le culte des plantes sa-

lutaires, telles que le lotus, arbre dont le fruit nourrissait les habitants.

De l'Égypte, les croyances superstitieuses passèrent dans la Grèce, apportées par une colonie de Phéniciens. La Grèce était alors presque déserte, habitée seulement par des peuplades pauvres, éparses çà et là, qui se nourrissaient de glands et d'autres fruits naturels. Les Grecs étaient un peuple léger, vain, crédule, dont l'imagination, sans cesse éveillée par la beauté du climat, se plaisait au récit des contes merveilleux. Ils accueillirent avec empressement les croyances que les Phéniciens leur apportaient. « Avant la venue de ces étrangers, dit Hérodote, les Grecs sacrifiaient bien aux dieux, mais ils ne donnaient ni nom ni surnom à aucun d'entre eux ; car ils ne les avaient jamais entendu nommer : ils les appelaient dieux en général. Ils ne parvinrent que fort tard à connaître les noms des dieux, lorsqu'on les eut apportés d'Égypte. »

La Grèce adopta avec ardeur les erreurs du paganisme. Elle peupla de dieux le ciel, la terre et les enfers : elle attribua la divinité aux hommes et aux bêtes, aux plantes et aux fontaines, aux astres dans les cieux, aux âmes dans le Tartare. La poésie vint orner de tous ses charmes et de tous ses caprices ces inventions mythologiques. Ainsi l'aurore est une jeune déesse qui tous les matins éveille les heures en les touchant de ses doigts de rose ; le soleil, c'est Apollon, ce dieu d'une ravissante beauté, qui conduit son char radieux et plonge tous les soirs ses feux dans les flots de l'Océan. La lune, c'est la pâle Phébé, qui, le croissant sur la tête, inonde le ciel de ses doux rayons; les eaux murmurantes sont des nymphes qui soupirent et pleurent aux bords des sources. L'agitation de l'air, c'est le vol des zéphyrs; l'arc-en-ciel, c'est l'écharpe d'Iris, la messagère de Junon; le son même, répété par les rochers, c'est la nymphe Écho qui se plaint. Ainsi, tout s'animait, mais aussi tout se dénaturait dans ce monde de la Fable, et, comme dit Bossuet, tout était dieu, excepté Dieu lui-même.

Les Romains répandirent partout, en les reproduisant, les superstitions des Grecs; mais Rome alla encore plus loin que la Grèce dans le chemin de l'erreur. Elle bâtit en face du Capitole un grand temple, le Panthéon, pour y rassembler les divinités honorées dans tous les pays. Ce temple ne renfermait pas moins de trente mille dieux, sans compter les dieux pénates qui veillaient à la porte de chaque maison, sans compter encore ceux qui présidaient à la naissance de chaque brin d'herbe dans les prairies. Souvent une seule divinité ne suffisait pas pour féconder et mûrir une tige de blé. On ne compte pas moins de douze petits dieux différents occupés du soin d'une fleur, pour la faire croître et s'épanouir.

Dieu, toujours compatissant à nos misères, eut pitié des criminelles erreurs où étaient plongés les hommes. Au temps du déluge, il avait fait revenir dans l'arche la colombe avec un rameau vert en signe d'espérance. Il envoya alors sur la terre son Fils unique, son Fils bien-aimé, pour sauver encore une fois la race humaine égarée et perdue. A la douce lumière de l'Évangile, les traditions saintes du passé furent retrouvées. L'idée d'un Dieu unique, souverainement bon, tout-puissant, créateur de toutes choses, fut réhabilitée, et alors disparurent toutes ces divinités de boue et d'argile que le monde païen avait adorées. Sur leurs ruines s'éleva un signe vénéré, la croix du Christ, mystérieux et saint emblème de la mort du sauveur et de la délivrance des peuples.

Tout en prenant les divinités du paganisme pour ce qu'elles sont, c'est-à-dire pour le fruit des erreurs humaines, il ne faut pas moins regarder l'étude de la mythologie comme une étude pleine d'utilité et d'intérêt. La religion des peuples est tellement identifiée avec leurs mœurs, leur caractère et leur histoire, qu'on ne peut bien étudier et comprendre la physionomie de chacun d'eux, si l'on en sépare l'élément religieux. Les poëtes, les écrivains de l'antiquité, et aussi nos écrivains modernes, ont parlé la langue mythologique. Pour bien saisir leurs pensées cachées sous le voile de l'allégorie, il faut connaître les sources où ils ont puisé. La plupart des dieux et des demi-dieux dont parle la Fable sont les emblèmes des rois, des héros, des sages qui ont précédé les temps historiques. De plus, la Fable nous offre une foule d'allégories qui représentent des idées attrayantes et instructives. Orphée, le plus ancien et le plus mystérieux des poëtes grecs, nous est dépeint tantôt au milieu des tigres et des lions qui viennent se coucher à ses pieds, tantôt au milieu des forêts, où les vents se taisent dans les feuilles pour écouter les doux sons de sa lyre; on le représente ainsi parce que sa voix était si mélodieuse, que les hommes les plus farouches s'attendrissaient à ses chants. Tantale, couché au milieu d'un étang tout bordé d'arbres aux fruits délicieux et mourant de faim et de soif, est l'image de l'avare, misérablement tourmenté au milieu de ses trésors. Prométhée, attaché sur un rocher et sans cesse dévoré par un vautour qui lui ronge le foie, est le symbole des remords qui déchirent une conscience coupable. Enfin les grands peintres et les sculpteurs les plus célèbres ont souvent emprunté le sujet de leurs chefs-d'œuvre à la Fable ; il serait impossible de les apprécier dignement, si l'on ignorait les sujets qu'ils ont voulu représenter.

Pour disposer l'étude de la mythologie dans l'ordre le plus convenable, nous parlerons d'abord du Destin, de cette puissance souveraine, inflexible et aveugle, qui dominait tous les dieux. Puis, après avoir décrit l'origine des choses enfermées dans le chaos, la généalogie des dieux et les premiers âges du monde, nous commencerons l'histoire des divinités adorées chez les peuples anciens, c'est-à-dire chez les Grecs et les Romains. Nous classerons ces divinités dans l'ordre suivant, d'après les lieux où leur empire était établi, et selon leur nature : 1° les dieux de l'Olympe ou du ciel, les dieux de la terre, ceux de la mer, les dieux des enfers; 2° les divinités allégoriques; 3° les demi-dieux et les héros, qui tenaient des dieux et des hommes par leur naissance et par leurs mœurs.

Questionnaire.

Qu'est-ce que la mythologie? — D'où vient ce mot? — Qu'appelle-t-on paganisme ou idolâtrie? — Quelle est l'étymologie de ces deux mots? — A quelles causes principales l'idolâtrie a-t-elle dû naissance? — Comment se sont formées les fables?—Les anciens se contentèrent-ils de diviniser les astres et les éléments? — A quoi attribuaient-ils les divers phénomènes de la nature? — Dans quels pays ces superstitions prirent-elles naissance? — Quel était le système religieux des Égyptiens? — Dans quelle contrée passèrent ensuite les croyances superstitieuses? — Quel était le caractère des Grecs? — S'empressèrent-ils d'adopter les croyances que les étrangers leur apportaient? — Comment la poésie orna-t-elle ces inventions mythologiques? — Rome alla-t-elle aussi loin que la Grèce dans le chemin de l'erreur? — Combien de dieux renfermait le Panthéon? — N'y en avait-il pas encore d'autres? — Comment Dieu eut-il pitié des criminelles erreurs des hommes? — Sous quels rapports l'étude de la mythologie est-elle utile et intéressante?—Citez quelques-unes des allégories de la Fable. — Comment peut se diviser l'étude de la mythologie?

CHAPITRE II.

MYTHOLOGIE DES GRECS ET DES ROMAINS.

Le Chaos. — Le Destin. — Création du monde. — Généalogie des dieux. — Premiers âges du monde. — Description des différents âges. — Origine de l'homme. — Fable de Prométhée. — Origine de la femme. — Fable de Pandore.

Le Chaos, d'après les récits mythologiques, est le plus ancien des dieux, le seul qui n'ait pas eu de commencement. Tous les autres dieux étaient regardés comme immortels, c'est-à-dire qu'ils ne devaient pas mourir, mais ils avaient eu un commencement. Le Chaos eut une fin ; il périt par la création.

Le Chaos eut un fils, qui est le **Destin,** divinité toute-puissante à laquelle tous les dieux étaient soumis, et qui tenait dans ses mains le sort des mortels. On le représentait sous les traits d'un vieillard aveugle, comme s'il ignorait lui-même le cours de ses lois inévitables. Il était encore sourd ; les prières des dieux et des hommes ne pouvaient le fléchir. Sous ses pieds était placé le globe de la terre, et dans ses mains l'urne qui renfermait le sort des mortels (*fig.* 1). On figurait son immutabilité par une roue attachée à une chaîne et toute hérissée de pointes de fer.

Les trois Parques étaient les ministres de ses décrets écrits dans un livre d'airain où les dieux allaient les consulter. L'une des Parques dictait les ordres inévitables, l'autre les écrivait sur des tables d'airain avec un stylet de fer, la troisième les exécutait en filant les destinées humaines. On donnait encore à ce dieu une couronne surmontée d'étoiles et un sceptre de fer, emblème de son inflexible et souveraine puissance.

Le Destin n'est qu'une fausse image de la Divinité. Dieu, tel que nous le concevons, est infini dans sa puissance, mais il est aussi infini dans sa bonté: c'est un juge sévère, mais non pas implacable, et il se laisse fléchir par les prières des hommes.

L'œuvre de la création du monde a occupé les méditations de tous les peuples. Dispersés sur la surface du globe, à mesure qu'ils se multipliaient, les hommes, en s'éloignant des lieux où fut le berceau du genre humain, perdirent bientôt le souvenir des grandes choses qui s'étaient passées aux jours de la création. Ils finirent par défigurer la tradition pure et sainte du récit de la Bible. Ils admettaient une matière primordiale [1] appelée le chaos; c'était une masse inerte, informe et grossière, assemblage confus d'éléments discordants et mal unis entre eux. Ennemis les uns des autres, tous ces éléments rassemblés en désordre, le froid et le chaud, le sec et l'humide, les corps mous et les corps durs, les corps pe-

1. Primitive, la plus ancienne.

sants et les corps légers, se livraient une guerre éternelle.

Enfin un dieu, on ne sait pas lequel, mit fin à ce désordre, à cette lutte, en séparant la terre du ciel, l'eau de la terre, et l'air le plus pur de l'air le plus grossier. Quand il eut débrouillé ce chaos et séparé les éléments en marquant à chacun d'eux la place qu'il devait occuper, il établit entre eux les lois d'une immuable harmonie. Le feu, léger et subtil, porté vers la route des cieux, occupa les plus hautes régions; l'air, le corps le plus léger après le feu, se plaça auprès de lui. Les nuages et les brouillards, les vents et la foudre se groupèrent au milieu de ces régions. Par delà furent suspendus, comme autant de lampes d'or, le soleil, la lune et les étoiles, le tout mollement arrondi pour servir de voûte éblouissante à un espace immense appelé ciel, où devait être placée l'habitation des dieux.

La terre, dégagée de tous ces corps qui pesaient sur elle, descendit et s'affaissa par son propre poids; avec elle se précipitèrent tous les éléments lourds et épais. L'eau la suivit dans sa chute, se répandant autour d'elle, se glissant au fond de ses entrailles et enveloppant sa surface comme une ceinture. La terre alors était nue et aride. A la voix du dieu inconnu, cette surface dure et dépouillée s'anima tout à coup. Les campagnes s'aplanirent, les vallées s'abaissèrent, les forêts se revêtirent de feuillage, les montagnes s'élevèrent et furent couronnées de rochers. Des sources d'eau jaillirent du flanc des montagnes, portant la fécondité dans les plaines et dans les prairies, qui se couvrirent de fruits et de fleurs. Les eaux se remplirent de poissons, la terre se peupla de bêtes fauves, et l'air d'oiseaux de toute espèce.

Après cette œuvre magnifique, le dieu qui l'avait opérée s'éclipsa et ne reparut plus. Le chaos avait aussi disparu par la création, comme nous l'avons dit. La terre et le ciel, appelés Cœlus et Tellus, restèrent les seuls grands dieux. Ils se marièrent, et de cette union naquit une multitude d'êtres mâles et femelles, qui tous participèrent à leur divinité. Cette innombrable famille présente en première ligne Saturne, l'Océan, Cybèle et la Nuit. Cette dernière était une fille dénaturée, se plaisant dans la compagnie des hiboux et des chouettes, voulant étouffer sa mère sous d'épaisses ténèbres. Mariée avec l'Achéron, fleuve des enfers, elle eut pour enfants les Furies, les Songes, la Discorde, la Mort et les Parques.

En seconde ligne viennent les Cyclopes, n'ayant qu'un œil qui luisait comme une fournaise au milieu de leur front ; les quatre grands Titans, d'une insolence et d'une fierté farouches ; enfin les Centimanes, qui avaient cent bras autour de leur corps et cinquante têtes sur leurs larges épaules. Cœlus fut si épouvanté de leur laideur, qu'il les enchaîna dans les cavernes de la terre. Les fils de Cœlus et de Tellus se marièrent aussi : Saturne eut trois filles, Vesta, Cérès et Junon, et trois fils, Pluton, Neptune et Jupiter. De l'union de l'Océan avec Téthys naquirent les fleuves et trois mille filles. Ici se termine la généalogie des grands générateurs des dieux.

La mythologie nous offre ensuite le récit des quatre âges du monde, qui n'est que l'histoire allégorique de la décadence toujours croissante des générations humaines. Les dieux firent d'abord paraître la race d'or. Ces hommes, gouvernés par Saturne, vivaient comme des dieux, le cœur libre de soucis, loin du travail et de la douleur; ils ne connaissaient ni les froids de l'hiver ni les ardeurs de l'été. Le printemps était éternel, et la terre, doucement caressée par les tièdes haleines des zéphyrs, produisait d'elle-même tous ses fruits, toutes ses fleurs, toutes ses moissons. Des fleuves de lait et de nectar coulaient dans les campagnes, et le miel distillait en longs ruisseaux de l'écorce des chênes. Il n'y avait point de guerre, point de maladies, point de vieillesse; les hommes, après avoir conservé durant toute leur vie une égale vigueur, mouraient, comme on s'endort quand on est vaincu par le sommeil. Cette race s'éteignit et descendit dans le sein de la terre, et tous ceux qui la composaient devinrent des génies bienfaisants, chargés de veiller à la garde des mortels.

Les peintres ont représenté l'âge d'or sous les traits d'une jeune femme appuyée sur un rameau d'olivier. Ses cheveux retombent en boucles d'or sur ses épaules; son bras repose sur une corbeille de fleurs et de fruits.

Les habitants de l'Olympe formèrent ensuite

un second âge bien inférieur au premier, l'âge d'argent. Les hommes commencèrent à souffrir des rigueurs de l'hiver et des chaleurs de l'été. La terre, endurcie sous la glace et la neige, embarrassée par les ronces des chemins et les herbes malfaisantes, eut besoin de culture. On inventa la charrue pour tracer les sillons; on cacha le grain dans la terre pour l'abriter contre l'intempérie des saisons. On construisit des abris dans le creux des rochers, dans les buissons, dans les troncs d'arbre. La vie des hommes fut abrégée. Leur enfance durait cent ans, et lorsqu'ils étaient enfin arrivés à la jeunesse, ils vivaient quelque temps encore sujets à des maux, fruit de leur inexpérience et de leurs vices, car les hommes alors oubliaient de servir les dieux et de leur offrir des sacrifices. Jupiter les fit disparaitre comme la première race, et ils devinrent aussi des génies tutélaires, mais dans un rang inférieur.

On représente l'âge d'argent sous les traits d'une jeune femme moins belle que la précédente. Elle est revêtue d'une robe blanche ornée de broderies d'argent. Sa tête est couronnée d'une guirlande de fleurs blanches; ses jambes sont chaussées de bottines d'argent. Elle est assise à la porte d'une cabane, avec des épis de blé dans une main; son autre main est appuyée sur le manche d'une charrue.

Jupiter produisit une troisième race, la race d'airain. C'étaient des hommes violents, superbes, emportés, d'une force indomptable. Ils n'aimaient que la guerre; ils avaient des armes d'airain, des maisons d'airain, ils ne se servaient que d'airain. Ces hommes tombèrent victimes de leur propre violence et descendirent aux enfers.

Cet âge est dépeint sous la figure d'une femme orgueilleusement parée, d'une contenance hardie, la tête couverte d'un casque d'airain et la main appuyée sur une massue.

Enfin apparut l'âge de fer. Tous les crimes envahirent la terre; on vit s'enfuir la justice et la bonne foi, et régner à leur place la fraude, la trahison, la violence et la soif des richesses. Alors les champs furent clos de haies; on construisit des canots pour explorer les mers, on perça les montagnes pour en extraire l'or et l'argent. Alors il n'y eut plus d'accord entre les frères, entre les amis; le fils fut sans respect pour son vieux père; les hommes semblaient mépriser la vengeance des dieux. Jupiter, pour punir cette race impie, la noya tout entière dans les eaux d'un déluge.

Cette race est personnifiée par une femme au regard farouche, armée pour la bataille; à ses pieds sont étendus des trophées de guerre.

Le poëte Hésiode admet, après la race d'airain, une autre race, celle des héros, qui périrent la plupart dans des guerres sanglantes. Jupiter leur assigna des demeures séparées des mortels; ils habitèrent des îles fortunées où la terre fertile se couvrait trois fois l'année de fleurs nouvelles et de fruits délicieux.

Nous avons assisté à la naissance des dieux

générateurs. Voici maintenant comment la Fable
raconte l'origine de l'homme et de la femme.
Japet, l'un des quatre Titans, eut de son mariage avec une des filles de l'Océan deux fils,
Prométhée et Epiméthée, le premier ingénieux et
prévoyant, le second imprévoyant et sot. Prométhée prit un bloc d'argile, le pétrit et lui
donna les proportions humaines; mais ce n'était
qu'une statue inanimée, il lui manquait le souffle
de la vie. Minerve, admirant la beauté de cette
œuvre et voulant contribuer à sa perfection,
transporta Prométhée dans le ciel, où il vit que
c'était le feu qui animait tous les corps célestes. Il déroba une étincelle de ce feu, enferma
son précieux larcin dans la tige d'une férule[1],
dont la moelle se consume lentement, et le porta
sur la terre. Alors il anima son ouvrage, et lui
donna la crainte du lièvre, la finesse du renard,
l'orgueil du paon, la férocité du tigre et la force du
lion. Cette fable est un fragment altéré de la tradition sainte transmise par Moïse sur la formation
du premier homme : « Dieu, dit-il, forma
l'homme du limon de la terre et l'anima de son
souffle divin. Il le fit à son image et à sa ressemblance. » L'homme de l'idolâtrie était fait à l'i-
mage de la bête.

Cependant Jupiter, irrité du larcin de Prométhée, et voulant se venger de lui, ordonna à Vulcain son fils, dieu du feu, de former avec de

---

1. Plante à tige très-élevée et remplie d'une moelle qui
brûle comme l'amadou.

l'argile le corps d'une jeune femme. Dès qu'elle fut sortie des mains de l'artiste, tous les dieux s'empressèrent de lui faire des présents et elle reçut le nom de Pandore : Vénus lui donna la beauté, et Mercure l'éloquence ; Minerve la revêtit d'une robe blanche avec une écharpe argentée, tressa pour ses cheveux une guirlande de fleurs et lui plaça sur la tête une couronne d'or. Puis Jupiter l'envoya à Prométhée avec une boîte mystérieuse qui renfermait tous les maux. Prométhée, se défiant des dons de Jupiter et soupçonnant quelque piége, ne voulut recevoir ni Pandore ni la boîte. Mais Épiméthée, son frère, séduit par les grâces de cette jeune fille, l'épousa et ouvrit imprudemment la boîte fatale, d'où s'échappèrent tous les maux qui depuis n'ont cessé de désoler la terre. Lorsqu'Épiméthée referma la boîte, il ne restait plus au fond que l'espérance, le seul bien qui soit demeuré aux mortels. La fable de Pandore est aussi une tradition altérée de la formation de la première femme, d'Ève, la mère du genre humain.

Jupiter, outré de ce que Prométhée n'avait pas été dupe de son artifice, le fit attacher sur un rocher du mont Caucase, où un vautour devait sans cesse lui dévorer le foie sans cesse renaissant. Mais, après trente ans, Hercule l'arracha à cet horrible supplice en tuant le vautour.

Voici quelques explications sur cette fable. Prométhée était l'un des Titans : forcé de fuir après sa défaite, il cacha son exil dans les forêts du mont Caucase, peuplées d'oiseaux de proie, menant une vie misérable au milieu de ces tristes solitudes : de là ce vautour que la Fable représente lui déchirant le foie. Elle dépeint aussi Prométhée dérobant le feu du ciel, parce qu'il établit le premier des forges dans la Scythie.

Questionnaire.

Qu'est-ce que le Chaos ? — Que disait-on de ce dieu ? — Comment périt-il ? — Qu'était-ce que le Destin ? — Sous quelle figure était-il représenté ? — Quels étaient les ministres de ses décrets ? — Quelles étaient les idées des païens sur la création du monde ? — Comment furent séparés les divers éléments ? — Quelle place occupèrent-ils ? — Que devint la terre ? — Quels sont les deux grands dieux que la Fable suppose être restés seuls ? — Quels furent leurs enfants ? — A qui fut mariée la Nuit ? — Quels furent ses enfants ? — Qu'était-ce que les Cyclopes et les Centimanes ? — Quels furent les enfants de Saturne ? — Quels furent ceux de l'Océan et de Téthys ? — Quels sont les quatre âges du monde ? — Décrivez l'âge d'or. — Que devint cette race ? — Comment a été représenté l'âge d'or ? — Décrivez l'âge d'argent. — Que devinrent les hommes qui composaient cette race ? — Comment représente-t-on l'âge d'argent ? — Quelle fut la troisième race ? — Qu'étaient les hommes de cette race ? — Comment périrent-ils ? — Comment est dépeint cet âge ? — Décrivez l'âge de fer. — Comment est personnifiée cette race ? — Quelle autre race est encore admise par Hésiode ? — Comment la Fable raconte-t-elle l'origine de l'homme ? — Quel moyen employa Prométhée pour emporter le feu du ciel ? — Cette fable n'est-elle pas une altération du récit des livres saints ? — Quel ouvrage exécuta Vulcain ?

— Prométhée voulut-il recevoir le don de Jupiter ? — Que renfermait la boîte de Pandore ? — Comment Jupiter punit-il Prométhée ? — Quelle explication donne-t-on de cette fable ?

CHAPITRE III.

Cœlus et *Tellus*. — *Saturne*. Personnification du temps. Saturne détrôné. Son séjour sur la terre. Son culte. Ses attributs. Guerre des Titans. Atlas. — *Cybèle* ou *Vesta*. Les vestales.

Cœlus et Tellus.

Dans les généalogies des dieux, Cœlus ou le Ciel, nommé aussi Uranus, et Tellus ou la Terre, nommée aussi Titéa, furent la souche de cette foule de dieux qui peuplèrent les mers, les bois et les airs. Cœlus, effrayé de la multiplicité de ses enfants, de la difformité des Cyclopes, de la férocité des Centimanes et de la force prodigieuse des Titans, les enchaîna, les déroba à la lumière, et, les plongeant dans de noirs abîmes, les confia à la garde d'un dieu ténébreux qui habitait les profondeurs de la terre.

Saturne.

Saturne, l'un des Titans, trouva seul grâce devant son père. Tellus, qui aimait tendrement tous ses enfants, malgré la laideur de leurs formes et la perversité de leurs mœurs, songea à les délivrer. Elle fit venir Saturne, et, après l'avoir excité à la révolte, elle l'arma d'une faux qu'elle avait fabriquée avec le fer tiré de son sein. Saturne frappa son père du tranchant de sa faux, et du sang qui jaillit de cette blessure, et dont les gouttes tombèrent sur la surface de la terre, naquirent les géants, les nymphes des bois, et plus tard les Furies.

Les prisonniers, devenus libres, se disputèrent l'héritage paternel. Titan, qui était l'aîné, devait avoir la plénitude de la souveraine puissance; mais, cédant aux importunités de sa mère, il abdiqua en faveur de Saturne, le fils bien-aimé de Tellus, à condition qu'il dévorerait tous les enfants mâles qui naîtraient de lui. Saturne accepta ces conditions et les exécuta religieusement, parce qu'il avait lu dans les décrets inexorables du Destin qu'il serait un jour détrôné par un de ses fils.

Saturne, après avoir dépossédé son père, se maria à Cybèle, sa sœur, chargée de lui faire dévorer tous ses enfants mâles au moment de leur naissance. Cependant elle parvint à soustraire à sa voracité trois fils, Jupiter, Neptune et Pluton, en leur substituant des pierres emmaillottées, qu'il avala sans soupçonner la supercherie. Mais quelques années après, Titan, ayant découvert cette ruse, attaqua son frère, le dépouilla et le renferma dans une étroite prison. Saturne fut délivré par Jupiter son fils et rétabli sur son trône; mais, toujours soupçonneux et défiant, il oublia ce service et dressa des embûches à ce fils, dont il redoutait l'ambition. Jupiter, excité secrètement par sa mère, conspira contre Saturne, le chassa du ciel et s'empara de la souveraine puissance.

Le vieillard exilé se réfugia en Italie, dans la province où régnait Janus. Il trouva dans le palais de ce prince une noble et généreuse hospitalité. Janus partagea avec lui son royaume, et cette partie de l'Italie où le dieu fugitif avait trouvé un asile prit le nom de *Latium*, du mot *latere*, qui signifie se cacher. Saturne s'occupa de civiliser les peuples encore sauvages, leur donna des lois, leur apprit à cultiver la terre, et gouverna avec tant de douceur, que son règne fut nommé l'*âge d'or*, époque si célèbre dans la tradition de l'antiquité.

La bienveillance de Janus pour le dieu proscrit fut récompensée. Saturne lui accorda le don de la divination et la science du passé : aussi les Romains représentaient Janus avec deux visages, l'un tourné vers le passé et l'autre vers l'avenir. On lui éleva à Rome un temple célèbre qui était ouvert en temps de guerre et fermé en temps de paix.

Saturne, après avoir achevé les jours de son exil, remonta dans le ciel et fut spécialement chargé de présider au mouvement régulier des heures et au cours périodique des saisons. Aussi on regarde Saturne comme le dieu du temps, et les Grecs le nommèrent *Chronos*, mot qui signifie temps. La plupart des faits attribués à ce dieu sont allégoriques. Le temps dévore tout ce qu'il produit : aussi Saturne est représenté dévorant ses enfants, ayant sous ses pieds un crocodile, emblème de sa voracité. Il est armé d'une faux tranchante, parce qu'il moissonne tous les êtres. Les heures sont des fractions du temps : Saturne tient dans la main un sablier, dont les anciens se servaient pour mesurer les heures. Le temps est rapide, il est vieux comme le monde ; Saturne porte des ailes, et sa figure est celle d'un vieillard courbé sous le poids des ans (*fig.* 2). Enfin le temps découvre tout : aussi les prêtres de Saturne avaient seuls la tête découverte dans la célébration de leurs cérémonies religieuses.

Saturne eut des autels chez tous les peuples idolâtres; mais le culte de ce dieu fut principalement en honneur chez les Romains. En mémoire de son exil dans le Latium et du bonheur dont jouirent les peuples sous son règne, Rome institua des fêtes mémorables appelées Saturnales. Elles commençaient le 16 décembre et duraient trois jours. Nos trois jours de carnaval, avec leurs joies désordonnées, sont une image et peut-être une réminiscence de ces fêtes anciennes.

Pendant la durée des Saturnales, tout respirait le plaisir et la gaieté; on ne traitait aucune affaire sérieuse. Les tribunaux étaient fermés, les écoles vaquaient. Le peuple sortait de la ville et se livrait à des réjouissances sur le mont Aventin. On s'envoyait des présents, on donnait de somptueux repas. Tous les rangs étaient confondus et même intervertis : les maîtres prenaient la place de leurs esclaves, les servaient à table, obligés

d'entendre leurs propos et leurs railleries, en mémoire de cette égalité qui régnait sur la terre aux
jours de l'âge d'or. On choisissait ces jours de
fêtes pour donner au peuple des combats de gladiateurs; on pensait que l'effusion du sang humain
devait honorer dignement un dieu qui avait répandu celui de son père. Aussi les Carthaginois,
par une abominable et cruelle superstition, immolaient à Saturne des victimes humaines, et
surtout de jeunes enfants. Les anciens habitants
des Gaules, après leurs excursions à travers l'Italie et la Grèce, avaient rapporté dans leur pays
ce culte sacrilége.

Titan avait été précipité au fond du Tartare
par Saturne, son frère. Ses fils les Titans, doués
d'une force prodigieuse, remuant les rochers et
les montagnes, brisèrent les portes de sa prison,
et bientôt ils eurent escaladé l'Olympe. La lutte
fut longue et acharnée; la victoire se décidait en
faveur des Titans, lorsque Vulcain et les Cyclopes apportèrent à Saturne et à ses fils des armes
terribles forgées dans les fournaises du mont
Etna : c'était la foudre pour Jupiter, un trident
pour Neptune, un casque d'airain pour Pluton.
Les rebelles foudroyés roulèrent meurtris et
broyés dans les abîmes de la terre. Atlas seul crut
trouver son salut dans la fuite ; mais Jupiter
lança la foudre, et le Titan fut pétrifié, les pieds
étendus le long de la Méditerranée et la tête élevée jusqu'aux nues. En punition de sa révolte, il
fut condamné à porter éternellement le ciel sur
ses épaules.

L'histoire d'Atlas, comme celle de la plupart des personnages de la Fable, est une allégorie morale. Un homme de ce nom régna dans cette partie de l'Afrique qui avoisine les côtes de la Méditerranée et la grande chaîne de montagnes que nous nommons Atlas. Passionné pour l'étude de l'astronomie, ce prince avait fait construire un observatoire sur le sommet des montagnes et allait y étudier la marche et les phases des astres. Ce fut lui qui découvrit les Pléiades, constellation ainsi nommée parce qu'elle annonce, à son apparition dans le ciel, la saison propice aux navigateurs. Atlas, en léguant les éléments de l'astronomie aux Égyptiens, reçut d'eux le titre de dieu, et le mont où il aimait à méditer porta son nom. Il enseigna aussi cette science à Hercule ; celui-ci l'apporta en Grèce, et c'est pour cela que la Fable dit de lui qu'il aida Atlas à soutenir le poids du ciel.

Cybèle.

Cybèle, dont nous parlerons en décrivant les divinités de la terre, était fille de Cœlus et de Tellus. Unie à Saturne, elle sut, comme nous l'avons vu, soustraire à la voracité de son époux ses fils Jupiter, Neptune et Pluton. Elle était connue sous les noms de Rhéa, d'Ops, de Vesta, et on l'appelait la bonne déesse, la mère nourrice des dieux et des hommes. C'est en Lydie et en Phrygie qu'on célébrait avec la plus grande pompe le culte de cette déesse ; elle était aussi adorée à Rome sous le nom de Vesta, et on la confond souvent avec sa fille Vesta, la déesse du feu.

C'est en l'honneur de Vesta, la déesse du feu (*fig.* 3), que Numa, second roi de Rome, bâtit un temple magnifique dont l'entrée était interdite aux hommes. Dans ce temple brûlait jour et nuit sans interruption le feu sacré, déposé dans une cassolette d'or. La garde en était confiée à de jeunes filles, nommées vestales, qui passaient trente années de leur vie dans le temple, dévouées au culte de la déesse; elles étaient au nombre de six. Dès qu'une jeune fille avait été désignée par le sort pour être vestale, on l'arrachait des bras de sa famille et on la conduisait au temple. Les portes se refermaient sur elle aussitôt, et elle était morte au monde. Sa chevelure était coupée et suspendue aux branches d'un arbre sacré. Si l'une des vestales tombait malade, elle sortait du temple portée sur une litière : elle avait le pouvoir de grâcier les criminels que l'on menait au supplice et que le hasard lui faisait rencontrer sur sa route. Puis le grand pontife remettait la malade entre les mains de quelque vieille dame romaine. Toutes les dames briguaient vivement l'honneur de la soigner dans leur maison.

L'unique occupation des vestales était de surveiller sans cesse le feu sacré. Ce feu venait-il à s'éteindre, la désolation se répandait dans la ville : on était dans l'attente d'une grande calamité. Le peuple se rassemblait dans le forum le collége des vestales était convoqué. L'imprudente qui avait laissé mourir la flamme était punie du fouet et recevait ce châtiment des mains du grand pontife.

Celle qui avait commis quelque faute contraire aux vœux qu'elle avait prononcés en se consacrant à Vesta était enterrée toute vive dans un lieu appelé le *champ maudit*. La coupable était chassée du temple; on lui arrachait ses vêtements de prêtresse, ses bandelettes sacrées; puis elle était revêtue d'une longue robe noire. Attachée avec de grosses cordes sur une litière couverte de tentures lugubres, elle était conduite au lieu de l'expiation. Le silence et la douleur régnaient dans la ville. Toutes les portes des maisons se fermaient au passage du funèbre cortége. Arrivée au champ maudit, la litière s'arrêtait; puis la vestale, assistée par le grand prêtre dans ses derniers moments, descendait dans le sein de la terre à l'aide d'une échelle de cordes. Elle y trouvait une petite cellule creusée dans l'intérieur, avec une couchette, une lampe et une petite provision d'huile, de pain, de lait et d'eau. Aussitôt que la prêtresse était descendue, on fermait l'ouverture de la fosse et on la comblait avec de la terre.

L'ordre des vestales dura plus de onze cents ans. Sous les premiers empereurs romains, il acquit des priviléges considérables et des honneurs extraordinaires. A cette époque, on vit les vestales sortir de leur temple, promenées sur un char magnifique, escortées de licteurs et suivies d'une foule d'esclaves. Dans les cirques, des places d'honneur leur étaient réservées; elles ne tardèrent pas à éclipser les plus nobles dames romaines par leur luxe et leur faste. L'empereur Théodose, en fermant tous les temples du paganisme, abolit cet ordre célèbre.

Questionnaire.

Comment Cœlus traita-t-il ses enfants? — A qui en confia-t-il la garde? — Que fit Tellus pour les délivrer? — Comment Saturne traita-t-il son père? — En faveur de qui Titan abdiqua-t-il? — A quelle condition? — Quelle déesse devint l'épouse de Saturne? — Comment parvint-elle à soustraire à la voracité de son époux plusieurs de ses enfants? — Que fit alors Titan? — Par qui Saturne fut-il délivré? — Jupiter ne conspira-t-il pas contre son père? — Quelles furent les suites de sa révolte? — Où se réfugia Saturne? — De quelle manière fut-il accueilli par Janus? — Comment Saturne récompensa-t-il ce prince?— Comment les Romains représentaient-ils Janus? — De quel soin fut chargé Saturne quand il fut remonté dans le ciel? — Comment les Grecs nommaient-ils ce dieu? — Quels rapports marqués y a-t-il entre Saturne et le temps, dont il est la personnification? — Chez quel peuple le culte de ce dieu fut-il principalement en honneur? — Quelles fêtes les Romains instituèrent-ils? — A quelle époque se célébraient les Saturnales? — Que se passait-il dans ces fêtes? — Quelle victime offrait-on à Saturne? — Par qui l'Olympe fut-il escaladé? — Comment les dieux remportèrent-ils la victoire? — Quel fut le sort d'Atlas? — Comment explique-t-on la fable d'Atlas? — De qui Cybèle était-elle fille?— Sous quels noms était-elle connue? — Dans quelles contrées était-elle particulièrement honorée ? — Sous quel nom était-elle adorée à Rome ? — Avec quelle autre déesse la confondait-on ?— Que fit Numa en l'honneur de Vesta ? — A qui était confiée la garde du feu sacré? — Quelles cérémonies avaient lieu lorsqu'une jeune fille était reçue au nombre des vestales ? — Qu'arrivait-il si l'une d'elles tombait malade ? — Comment était punie la vestale qui laissait éteindre le feu ? — Quel était le supplice de celle qui avait commis quelque faute contraire à ses vœux ? — Combien de temps dura l'ordre des vestales? — Par qui fut-il aboli?

CHAPITRE V.

Divinités du ciel.

Jupiter. Son enfance. Son éducation. Partage de l'empire de Saturne. Guerre des géants. Combat contre Typhée. Fuite des dieux en Égypte. Leur retour dans le ciel. Complot des dieux contre Jupiter. Sa victoire. Conseil et cour de Jupiter.

Jupiter.

Il y avait en Thessalie une haute montagne nommée Olympe, dont le sommet était toujours couronné de nuages. Les flancs de cette montagne servaient de repaire à tous les brigands de la contrée. Un roi thessalien, appelé Jupiter, d'une audace et d'une force extraordinaires, les extermina tous, et pour mettre le pays à couvert des incursions de pareils aventuriers, il construisit sur un des pics les plus élevés de ce mont une redoutable forteresse. Puis il étendit sa puissance et sa domination, et, ne pouvant plus gouverner seul ses vastes États, il les partagea avec ses frères Neptune et Pluton : il garda pour lui la partie orientale, et donna à Pluton la partie occidentale, riche en mines d'or et d'argent ; Neptune obtint les îles dispersées sur la mer. Les poëtes s'emparèrent de cette légende historique, et, la défigurant au gré de leur caprice, ils firent de Jupiter le roi du ciel et du mont Olympe la demeure céleste ; Neptune devint le dieu des mers, et Pluton celui des enfers.

Jupiter donc, le plus puissant des dieux, le maître du ciel et de la terre, était, suivant la Fable, fils de Saturne et de Cybèle. Sa mère, pour le soustraire à la voracité de Saturne, le cacha dans une île de la Méditerranée, l'île de Crète, où elle était particulièrement adorée, et le confia à la garde de ses prêtres, nommés Curètes. Dans la crainte que les vagissements de son fils bien-aimé ne trahissent sa retraite, elle ordonna aux Curètes de couvrir la voix de l'enfant par des cris qu'ils poussaient en dansant et par le bruit des tambours et des cymbales. Une nymphe nommée Amalthée fut changée en une chèvre blanche pour allaiter le petit dieu ; deux autres nymphes appelées Mélisses, mot qui signifie mouches à miel, furent chargées de le nourrir. La chèvre nourricière fut aussi divinisée par les poëtes ; ils la supposèrent suspendue à la voûte céleste, où elle brille, étoile radieuse et vénérée, au milieu d'une des principales constellations. On raconte aussi qu'un jour cette chèvre sacrée s'étant cassé une corne contre les arbres en bondissant dans les bois, Jupiter donna cette corne aux nymphes qui avaient eu soin de son enfance, avec la vertu de produire tout ce qu'elles désireraient : c'est la corne d'abondance tant célébrée par les poëtes.

Au bout d'une année d'allaitement, Jupiter avait atteint toute sa croissance. Déjà il était si vigoureux, qu'il put prendre la défense de son père Saturne, que les Titans avaient, comme on l'a dit, détrôné et mis en prison. Il ne se montra pas toujours fils soumis et dévoué : nous avons déjà vu qu'il avait chassé Saturne du ciel. Devenu seul maître d'un empire usurpé, il partagea cet empire avec ses frères : Neptune obtint les mers, les fleuves, les sources; Pluton eut en partage le Tartare, l'Enfer et l'Érèbe; Jupiter se réserva le ciel. Comme toute l'histoire de ce dieu n'est qu'une suite d'allégories, les poëtes ont pris à tâche d'y semer à pleines mains le merveilleux. ainsi ils nous le représentent faisant alliance avec Métis, qui signifie la pensée ; avec Thémis, c'est-à-dire la justice ou la loi; avec Eurynomie ou la navigation, avec Cérès ou l'agriculture, avec Mnémosyne ou la mémoire, avec Latone ou la lumière : alliances symboliques dans lesquelles on retrouve quelques attributs imparfaits de la divinité. Celui que la Fable regardait comme la plus haute expression divine devait absorber dans son essence la réflexion ou la conception sous les traits de Métis, la justice sous ceux de Thémis, la bonté sous ceux de Cérès, la puissance sous les traits d'Eurynomie et la providence sous ceux de Latone.

Jupiter épousa ensuite sa sœur Junon. Les noces furent célébrées dans l'Olympe avec une grande magnificence. Toutes les divinités du ciel, de la terre, des mers, des enfers, les grands dieux, les petits dieux, tous furent convoqués. Une pauvre nymphe nommée Chélonée s'égara dans sa route : elle arriva trop tard et fut métamorphosée en tortue en punition de sa lenteur. Il y eut quelques jours de loisir et de repos après ces fêtes ; mais bientôt une guerre terrible vint troubler le bonheur et les joies pacifiques de l'Olympe.

Tellus ou la Terre avait enfanté, comme on l'a déjà vu, une race farouche et hideuse, les géants. Ils avaient des formes monstrueuses, des pieds de serpent couverts d'écailles impénétrables, une barbe à touffes épaisses, toujours souillée de sang et de poussière, des bras innombrables armés de griffes. Inquiets et turbulents, ils s'ennuyaient de ne pouvoir faire le mal. Ils entreprirent d'escalader le ciel et d'assiéger Jupiter. Pour y parvenir, ils entassèrent rochers sur rochers, montagnes sur montagnes, le mont Ossa sur le mont Pélion, et quand ils eurent atteint la région des nuages et des tempêtes, ils attaquèrent le ciel. Jupiter appela à son secours tous les dieux et toutes les déesses ; ils s'empressèrent d'accourir à sa voix. Styx, fille de l'Océan, arriva la première, et en récompense de ce service, Jupiter décréta que tous les serments faits au nom du Styx seraient tenus sacrés et inviolables.

Les deux armées furent bientôt en présence. Le combat fut terrible ; la résistance était égale de part et d'autre. Jupiter se multipliait sur tous les points, sa foudre éclatait en tous lieux. Les géants lui tenaient tête et faisaient pleuvoir dans l'Olympe des arbres et des rochers ; avec leurs cent bras ils menaçaient de tout écraser. Les immortels eurent peur et prirent honteusement la fuite. Trois ou quatre dieux ou déesses restèrent seuls avec Jupiter, qui, ne désespérant pas de sa cause et s'enveloppant d'un nuage, descendit sur la terre pour aller prendre Hercule, son fils. Un ancien oracle avait annoncé que les géants seraient invincibles, à moins que les dieux n'appelassent à leur secours un simple mortel. Arrivé au lieu du combat, le héros lève sa massue et abat à ses pieds un des plus redoutables géants. Chacun de ses coups envoie une victime dans l'enfer. Le corps des assiégeants commence à s'éclaircir ; ils se regardent haletants, éperdus. Jupiter revient à la charge, armé de tonnerres et d'éclairs. Vulcain, son fils, le dieu du feu, apporte des massues rougies au feu de ses fourneaux. Cybèle arrive, traînant par les cheveux l'effroyable tête d'un géant qu'elle a pétrifié en lui montrant la tête de Méduse. Les géants fuient enfin ; Encelade, le plus terrible de tous, restait seul aux portes de l'Olympe, essayant de les jeter hors de leurs gonds pour écraser les dieux.

Mais Minerve pousse en avant son char de feu, tout hérissé de lames tranchantes. Encelade épouvanté prend la fuite ; alors la puissante déesse, portée sur l'aile des vents, prend la Sicile dans ses bras, la jette au-devant du géant, lui barre le passage et l'ensevelit sous le mont Etna.

Cette lutte des géants contre Jupiter n'est qu'un souvenir confus et altéré de la révolte des mauvais anges contre Dieu. A mesure qu'on s'éloigne des sources pures de la tradition, on en défigure le sens primitif, et le récit arrive aux générations suivantes grossi d'erreurs et de fables.

Ce combat est aussi le symbole des redoutables effets de la nature. Jupiter est le dieu des régions supérieures de l'air, ou plutôt c'est l'air lui-même. Les montagnes semblent sortir des entrailles de la terre et vouloir, avec leurs cimes orgueilleuses et toujours couvertes de nuages, escalader le ciel. La foudre frappe souvent leur sommet. A voir aussi un volcan au moment de son éruption, ne dirait-on pas un géant qui s'agite et dont la bouche vomit des tourbillons de flammes ?

Voici comment la Fable raconte la naissance de Minerve, qui se conduisit si vaillamment dans la lutte contre les géants. Jupiter, tourmenté un jour d'un violent mal de tête, pria son fils Vulcain de lui ouvrir le crâne d'un coup de massue. Celui-ci exécuta l'ordre de son père, et aussitôt on vit sortir du cerveau de Jupiter une divinité radieuse, armée de pied en cap : c'était Minerve, symbole de l'intelligence. Junon, d'un caractère jaloux et emporté, fut si profondément courroucée à la vue de cette jeune déesse sortie du cerveau de son époux, qu'elle chercha aussitôt les moyens de satisfaire sa vengeance. Le vieux Saturne eut pitié de ses plaintes et de ses larmes. Il lui donna deux œufs d'une grosseur extraordinaire, lui promettant qu'il en sortirait un être d'une affreuse difformité, et d'une force si formidable, qu'il viendrait à bout de détrôner Jupiter. Les deux œufs furent déposés avec soin sur la terre, et peu de temps après on apprit avec épouvante qu'un monstre hideux était né dans une caverne de la Cilicie. Il avait cent têtes de serpents qui dépassaient les plus hautes montagnes et vomissaient le feu et la flamme. Ses mains s'étendaient d'un pôle à l'autre, et chacune d'elles était armée aussi de cent têtes de serpents; enfin de tout son corps entièrement couvert de plumes ruisselait une innombrable multitude de vipères qui l'enlaçaient de leurs replis. Sa voix était effroyable; elle avait les mugissements du taureau, les sifflements aigus du dragon, les hurlements du loup et les rugissements de la panthère. Ce monstre s'appelait Typhée ou Typhon. Il résolut de venger ses frères les géants, et, dressant toutes ses têtes, il attaqua l'Olympe. A cette apparition, les dieux épouvantés, désertant le ciel, s'enfuirent en Égypte, métamorphosés en corbeaux, en génisses, en boucs, en cigognes, en chats, en souris. Les Égyptiens dressèrent bien vite des temples dans toutes les villes pour loger les fugitifs.

Jupiter, resté seul en face du monstre, essaye sa foudre ; mais elle s'émousse et glisse sur les écailles impénétrables de Typhée. Alors il prend la faux de Saturne, à laquelle il adapte une lame de diamant travaillée et polie par Vulcain, et la fait tournoyer en tous sens. Mais Typhée le laisse se fatiguer en vain ; puis, saisissant le moment favorable, il s'élance sur lui d'un seul bond, s'empare de sa faux, lui coupe les bras et les jambes, l'enferme dans une peau de bête fauve, et va le cacher dans un antre sous la garde d'un énorme dragon. Peu après Mercure et Pan, ayant surpris la vigilance de ce gardien, rendirent à Jupiter ses bras et ses jambes. Alors le dieu reprit ses forces, et, monté sur un chariot traîné par des chevaux ailés, il poursuivit Typhée avec tant d'ardeur et le frappa si souvent de ses foudres, qu'il le terrassa enfin et l'ensevelit sous le mont Etna, où le géant, dans sa rage, vomit continuellement des flammes. Ce Typhée, le dernier et le plus terrible des enfants de la terre, représente la fureur des vents et les puissants effets des feux souterrains.

Jupiter, débarrassé à jamais de ces races impures, rappela tous les dieux, qui s'empressèrent de remonter vers le ciel. Junon se plaça à la droite de son époux : son exil ne l'avait pas rendue meilleure. Toujours acariâtre et jalouse, elle osa un jour conspirer contre Jupiter et sut mettre dans son parti tous les habitants du ciel. Le complot allait être mené à bonne fin, lorsque Thétis, une des divinités de l'Océan, effrayée des dangers que courait Jupiter, s'échappe du sein des flots, délivre le fameux Briarée, géant enseveli sous une montagne, et se dirige avec lui vers l'Olympe pour déjouer la conspiration. Le géant arrive et s'assied à côté de Jupiter; il était d'une contenance si fière, si hardie, avec ses cent bras et ses cinquante têtes, que les conspirateurs n'osèrent rien entreprendre. Junon cependant voulut donner le signal de la révolte; mais le géant la prit dans ses bras, et la suspendant au-dessous de la voûte étoilée avec une chaîne d'or, il attacha une lourde enclume à chacun de ses pieds. Plus tard Vulcain essaya de délivrer sa mère; déjà un des anneaux de la chaîne était brisé; mais Jupiter l'aperçut, et le pauvre Vulcain, culbuté d'un coup de pied, roula pendant neuf jours dans la vaste étendue des airs et tomba enfin dans l'île de Lemnos. Il se cassa la jambe dans cette chute, et resta toujours boiteux. Toutefois, quelque temps après, Junon fut délivrée par ordre de Jupiter, sur les instances des dieux, et replacée à sa droite. La paix fut donc ramenée dans l'Olympe, grâce à Briarée.

Jupiter organisa le personnel de sa cour. Il plaça son trône au milieu de l'Empyrée; ce trône était d'or et soutenu par la Justice et la Pudeur. À ses côtés siégeait Junon, sa sœur et son épouse; puis venaient Neptune, dieu des mers; Mercure, dieu de l'éloquence et du commerce; Apollon, dieu du soleil et de la lumière; Mars, dieu de la guerre, et Vulcain, dieu du feu; Cérès, déesse des moissons; **Minerve**, déesse de la sagesse et des arts; **Vesta**, déesse du foyer domestique; **Diane**, déesse de la chasse et de la lune, et **Vénus**, déesse de la beauté. C'étaient les douze grands dieux appelés à délibérer sur les destinées du monde et des hommes; ils formaient le conseil et la cour de Jupiter et représentaient les douze mois de l'année.

La nourriture des dieux était l'ambroisie, qui rendait immortel et incorruptible; leur breuvage, le nectar, qui jouissait des mêmes propriétés. Hébé, déesse de la jeunesse, fille de Jupiter et de Junon, était chargée de verser cette boisson divine dans la coupe des dieux; mais un jour, s'étant laissée choir en leur présence, elle fut privée de ses fonctions et remplacée par Ganymède, jeune Troyen d'une ravissante beauté que Jupiter avait fait enlever par son aigle. Il y avait aussi à la cour céleste un dieu subalterne, nommé Momus, chargé d'égayer par ses bons mots la divine assemblée, et qui n'épargnait personne dans ses plaisanteries. Il finit par se rendre si insupportable, qu'il fut chassé honteusement. On le représente avec un masque et une marotte[1] à la main.

---

1. Espèce de sceptre qui est surmonté d'une tête coiffée d'un capuchon bigarré et garni de grelots.

Questionnaire.

Quel récit historique existe au sujet de Jupiter ? — De qui était-il fils, suivant la Fable ? — Que fit sa mère pour le soustraire à la voracité de Saturne ? — Par qui fut-il nourri ? — Que devint cette chèvre ? — A quel âge Jupiter avait-il atteint toute sa croissance ? — Avec qui partagea-t-il l'empire paternel ? — Avec qui fit-il alliance ? — Quel est le sens de ces allégories ? — Quelle déesse Jupiter épousa-t-il ? — Comment furent célébrées les noces ? — Pourquoi une nymphe fut-elle changée en tortue ? — Qu'était-ce que les géants ? — Quel dessein formèrent-ils ? — Que firent-ils pour le mettre à exécution ? — Quelle déesse arriva la première au secours des dieux ? — Comment fut-elle récompensée ? — Que se passa-t-il dans le combat des dieux contre les géants ? — Comment la victoire resta-t-elle aux dieux ? — Comment Encelade fut-il puni de sa résistance ? — Que fit Jupiter pour se débarrasser d'un mal de tête ? — Quelle déesse sortit de son cerveau ? — Comment Junon se vengea-t-elle ? — Décrivez le monstre Typhée. — Les dieux soutinrent-ils le combat contre lui ? — Jupiter n'essaya-t-il pas de résister? — Quel fut le résultat de cette lutte ? — Par qui Jupiter fut-il rendu à la vie ? — Que fit-il alors? — Que représente Typhée? — N'y eut-il pas encore une conspiration dans le ciel ? — Comment le complot fut-il déjoué ? — Quelle fut la punition de Junon ? — Qui est-ce qui essaya de la délivrer ? — Comment Vulcain fut-il puni ? — Comment était composée la cour de Jupiter? — Quelle était la nourriture des dieux ? — Quel était leur breuvage ? — Par qui était-il versé ? — Pourquoi Hébé fut-elle remplacée par Ganymède ? — Qu'était-ce que Momus ?

CHAPITRE V.

Voyages de Jupiter sur la terre. — Lycaon changé en loup. — Philémon et Baucis. — Le déluge. — Deucalion et Pyrrha. — Culte et attributs de Jupiter. — Jupiter Olympien. — Jeux Olympiques. — Les principaux athlètes. Milon de Crotone.

Jupiter, en se réservant l'empire du ciel, s'était ménagé un droit de souveraineté universelle sur le monde. Comme un bon roi, il aimait à parcourir les diverses régions soumises à sa puissance. La terre et ses habitants étaient surtout l'objet de sa bienveillance et de sa sollicitude. Aussi la race humaine était habituée à le voir errer dans toutes les contrées sous les traits d'un voyageur, initiant les hommes aux découvertes utiles, adoucissant leurs mœurs farouches. Les guerres qu'il eut à soutenir interrompirent ses courses accoutumées; il les reprit quand il se vit débarrassé de tous ses ennemis. Mais les hommes s'étaient pervertis, livrés aux mauvais penchants de leur nature. La piété, la reconnaissance, la justice, l'hospitalité, avaient disparu de la terre.

Jupiter descendit un jour en Arcadie, où régnait un roi nommé Lycaon. Ce prince, aussi avare que cruel et inhospitalier, faisait mourir, dit-on, tous les étrangers qui abordaient dans ses États. Ayant reçu Jupiter dans son palais, il ne pouvait méconnaître la divinité de son hôte à la majesté de son visage, aux hommages que lui rendaient tous les bergers de la contrée. Cependant, voulant mettre cette divinité même à l'épreuve, il fit servir au maître des dieux les membres d'un enfant qu'il avait égorgé pour cet horrible festin. A la vue de ces mets exécrables, Jupiter s'arme de sa foudre, et tout à coup le palais s'embrase, s'écroule et devient un monceau de ruines. Lycaon s'enfuit dans les bois, mais ce n'est plus un homme : sa voix éclate en hurlements ; ses vêtements de soie et de pourpre ont fait place à une peau couverte d'un poil fauve, comme celle d'une bête sauvage; ses bras s'attachent à la terre et deviennent des pattes : il a été changé en loup. Sous cette nouvelle forme il conserve quelques restes de sa forme première : le visage farouche, les yeux ardents, tout en lui respire cette férocité qui lui fut naturelle. Ce récit est une allégorie imaginée par les poëtes pour caractériser l'impiété. Ils ont voulu aussi représenter la férocité des loups qui désolaient en grand nombre les forêts de la Grèce.

Jupiter abandonne cette contrée inhospitalière et se dirige vers la Phrygie, accompagné de son fils Mercure. Ils n'y trouvent pas un accueil plus bienveillant. Ils vont en cent maisons demander l'hospitalité; cent maisons se ferment devant eux. Une seule s'ouvre pour les recevoir, humble cabane couverte de chaume et de roseaux. C'est là que la pieuse Baucis, alors chargée d'ans, et Philémon, qui était du même âge, s'étaient unis dans leur jeunesse ; c'est là qu'ils avaient vieilli ensemble. Ils étaient pauvres, mais leur résignation leur avait rendu cette pauvreté plus douce et plus légère. A peine les dieux ont-ils franchi le seuil de cette étroite demeure, que Philémon les invite à se reposer, tandis que Baucis écarte du foyer les cendres encore tièdes et cherche à ranimer le feu de la veille en y jetant des feuilles, des écorces d'arbre et quelques branches de bois sec. Une aiguière d'eau tiède sert à laver les pieds des voyageurs ; puis les bons vieillards dressent devant leurs hôtes une table modeste, sur laquelle ils placent des olives, des laitues, du laitage frais, quelques fruits, des œufs cuits sous la cendre et un vase rempli de vin. Le repas fut assaisonné par ces manières affables et cette bonne volonté pleine d'empressement qui donnent du prix à toute chose. Cependant le vase se remplissait de lui-même à mesure qu'on le vidait ; le vin allait augmentant au lieu de diminuer. A la vue de ce prodige, frappés d'étonnement et de crainte, Philémon et Baucis lèvent au ciel leurs mains suppliantes et conjurent les dieux d'excuser les modiques apprêts d'un si pauvre repas. Il leur restait encore une oie, garde unique de leur humble cabane : ils veulent l'immoler à leurs divins hôtes. L'oiseau rapide échappe à leur poursuite et vient se réfugier entre les pieds des immortels, qui défendent de le tuer. « Oui, nous sommes des dieux, dirent-ils ; nous allons punir l'impiété de vos voisins ; vous seuls ne serez point enveloppés dans leur malheur ; quittez seulement votre demeure, et suivez-nous tous les deux au sommet de cette montagne. » Les vieillards obéissent ; ils étaient déjà presque arrivés au terme de leur course, lorsqu'ils tournent la tête : le bourg entier a disparu sous les eaux ; leur cabane seule est restée debout. Pendant qu'ils admirent ce prodige et déplorent le sort de leurs voisins, cette antique chaumière est changée en temple : le chaume devient or, l'enceinte se pare de marbre, les portes se couvrent de riches sculptures. Alors Jupiter leur adresse ces bienveillantes paroles : « Vieillard ami de la justice, et vous, femme digne d'un tel époux, parlez, quels sont vos vœux ? » Les deux vieillards demandent à être les ministres et les gardiens du temple et à mourir ensemble au même moment. Leurs vœux furent exaucés : ils conservèrent la garde du temple tout le reste de leur vie. Un jour qu'ils racontaient à des voyageurs l'histoire de ces lieux, Philémon fut tout à coup changé en chêne et Baucis en tilleul.

Jupiter était remonté dans l'Olympe, profondément irrité de la malice et de la corruption des hommes. Il convoque aussitôt le conseil des dieux et s'assied sur son trône. Trois fois il secoue sa redoutable chevelure pour en faire sortir les pensées qui le préoccupent, et trois fois la terre et la mer, et les cieux mêmes, en sont ébranlés. Alors il raconte ses voyages sur la terre, l'horrible festin de Lycaon ; il annonce qu'il a résolu de faire périr cette race dans un déluge universel, en exceptant toutefois Deucalion, prince pieux, et

Pyrrha, sa femme, qui régnaient sur la Thessalie. Les dieux approuvent sa sentence.

Aussitôt tous les éléments se déchaînent avec fureur. Les vents amoncellent dans le ciel les brouillards, les vapeurs et les nuages; le soleil voile ses rayons; la nature entière est plongée dans une profonde obscurité. Alors les nuages s'entr'ouvrent, et des torrents de pluie tombent du haut des cieux et inondent la terre : Neptune, le dieu des mers, brise les côtes, les digues, les falaises qui bordent l'Océan, soulève les fleuves par-dessus leurs rives, frappe les montagnes, et les eaux se précipitent en bouillonnant du fond de leurs gouffres. Les moissons, les arbres, les troupeaux, les temples, les maisons, tout est emporté. Les hommes périssent malgré leurs efforts pour sauver leurs jours en gagnant les hauteurs. Mais les eaux, s'élevant toujours, ont bientôt dépassé le sommet des plus hautes montagnes, et l'on n'aperçoit plus sur cette mer sans rivages que la barque qui porte Deucalion et Pyrrha.

Depuis neuf jours ils erraient seuls au gré des flots, lorsque leur barque s'arrêta sur le mont Parnasse, dans la Phocide. Les deux vieillards adressent des actions de grâces aux dieux qui les ont sauvés; puis, quand les eaux se sont peu à peu retirées, et que le soleil radieux a reparu dans un ciel sans nuages, ils ne peuvent s'empêcher de verser des larmes en voyant cette terre triste, désolée et veuve d'habitants. Ils s'acheminent vers le temple de Delphes pour consulter l'oracle d'Apollon. « Sortez du temple, leur dit l'oracle, détachez vos ceintures, couvrez-vous la tête d'un voile, et jetez derrière vous les os de votre aïeule. » Les deux époux, interprétant les paroles obscures de l'oracle, comprirent que l'aïeule était la terre, et que les ossements étaient les pierres qu'elle renferme. Ils s'éloignèrent donc, le front voilé, et prenant des pierres, ils les jetèrent derrière eux sans se retourner. Celles que lança Deucalion furent changées en hommes, celles qui furent lancées par Pyrrha devinrent des femmes. Ainsi fut repeuplée la terre, et c'est de cette race dure que nous descendons tous. On retrouve chez tous les peuples cette célèbre tradition plus ou moins défigurée du déluge de Noé, de ce déluge universel décrit dans les livres saints.

Ce terrible monument de la colère du maître des dieux dut réveiller chez les hommes l'idée de sa toute-puissance : aussi Jupiter était-il adoré dans toutes les parties de l'univers. Sur les routes, dans les carrefours, sur les montagnes, partout on rencontrait ses statues, ses temples, ses fêtes. A lui les plus belles brebis blanches, les chèvres les plus grasses, les hécatombes, c'est-à-dire les sacrifices de cent bœufs, les statues d'or et de marbre, les trépieds d'ivoire, enfin toutes les magnificences du culte. Les prêtres de ce dieu étaient tout-puissants; le chef de ses prêtres à Rome, ou le grand flamine, avait la chaise d'ivoire des sénateurs, l'anneau d'or des chevaliers, la toge[1] des consuls, les faisceaux[2] des licteurs.

1. C'était une robe tissue d'une broderie en or.
2. Les faisceaux, symbole de la puissance publique,

Jupiter, le maître des dieux, le dieu suprême, est ordinairement représenté assis sur un trône d'or ou d'ivoire, tenant la foudre d'une main et de l'autre un sceptre, emblème de sa toute-puissance (*fig.* 4). Un aigle est à ses pieds, les ailes déployées avec un faisceau de foudres dans ses serres. Le dieu, dont le visage est toujours majestueux, est nu depuis la tête jusqu'à la ceinture, tandis que le reste de son corps est couvert d'un manteau aux plis larges et flottants : on voulait indiquer par là qu'il était visible pour les dieux et invisible pour les mortels. Le chêne lui était consacré, parce que le premier il avait enseigné aux hommes à se nourrir de glands. Le temple le plus fameux de ce dieu était à Olympie, ville du Péloponèse, dans la Grèce. Au milieu du temple s'élevait la statue de Jupiter, faite d'or et d'ivoire, chef-d'œuvre de Phidias, le plus célèbre sculpteur de l'antiquité.

Jupiter reçut autant de surnoms que d'autels : en Lybie, on l'appelait Ammon, Osiris en Égypte, Capitolin à Rome ; mais son nom le plus illustre était celui de Jupiter Olympien, soit parce qu'il habitait l'Olympe avec toute sa cour, soit à cause de l'institution des jeux Olympiques. Tous les peuples accouraient en foule à ces jeux, qui commençaient vers le solstice d'été et duraient cinq jours. Ils se renouvelaient tous les quatre ans ; et de là vint chez les Grecs la coutume de comp-

étaient composés de petites baguettes d'orme et de coudrier, au milieu desquelles s'élevait une hache.

ter les années par olympiades, qui renfermaient chacune quatre années.

Le premier jour, au lever de l'aurore, la foule se pressait dans le temple de Jupiter, où le grand prêtre immolait les victimes. Le sacrifice achevé, on se rendait auprès d'une arène immense bordée d'arbres. Au milieu était dressée une tente pour les douze juges qui présidaient à la célébration des jeux. Ensuite la lice s'ouvrait et les courses commençaient. Dans l'origine on courait à pied, et l'espace à parcourir était d'un stade ou d'environ deux cents mètres ; plus tard on introduisit la course à cheval et en chars, et alors l'espace fut doublé.

Le second jour était consacré à la lutte. Les athlètes ou lutteurs se faisaient frotter d'huile les membres et le corps, pour avoir plus de souplesse et donner moins de prise à leurs adversaires. Alors ils se saisissaient étroitement et cherchaient par force ou par adresse à se renverser jusqu'au moment où l'un des deux, pliant et tombant sur les reins, s'avouait vaincu.

Le troisième jour, c'était le ceste. Les athlètes avaient des gantelets serrés autour du poignet avec des courroies de cuir entrelacées de petites lames de plomb. C'était un combat à coups de poings et fort dangereux ; souvent un seul de ces coups assené sur la tête suffisait pour donner la mort.

Au ceste succédait le disque. C'était de tous les exercices le plus inoffensif. Il consistait à se tenir d'un pied en équilibre sur un bâton pointu

et à lancer le plus loin possible un disque, c'est-
à-dire un palet de pierre ou de métal, dont la
forme et le poids variaient au gré des concur-
rents.

Le cinquième jour enfin avaient lieu les jeux
d'adresse, les pantomimes, etc.

Les jeux Olympiques furent, dit-on, apportés
en Grèce par un des curètes chargés de l'enfance
de Jupiter dans l'île de Crète : il se nommait
Hercule. Plusieurs fois interrompus, ils furent
remis en honneur par Iphitus d'Élée, sur l'ordre
d'un oracle, et depuis cette époque, c'est-à-dire
environ 800 ans avant J. C., ils se célébrèrent
toujours sans interruption avec un éclat extraordinaire. Les vainqueurs ne recevaient d'autre
récompense qu'une simple couronne d'olivier ou
de laurier, et cependant les Grecs ne concevaient
rien de comparable à la victoire qu'on remportait
dans ces jeux, et ils ne croyaient pas qu'il fût
permis à un mortel de porter plus haut ses désirs.

L'histoire nous a transmis les noms de quelques athlètes fameux, entre autres ceux de Théagène, de Milon de Crotone et de Polydamas.
Théagène, né à Thase, petite ville voisine de
Lacédémone, remporta si souvent la victoire aux
jeux Olympiques, que ses concitoyens lui élevèrent une statue. Un homme envieux de cet honneur allait toutes les nuits fustiger cette statue,
et fit si bien que celle-ci finit par tomber sur lui
et l'écrasa. Les enfants du mort citèrent devant
le juge la statue homicide, laquelle fut condam-

née à être jetée dans la mer. Mais, peu après, une grande famine désola le pays; les Thasiens consultèrent l'oracle, qui leur ordonna de rétablir la statue dans son temple. Le fléau cessa, et depuis cette époque Théagène fut mis au rang des demi-dieux.

Le plus fameux de tous les athlètes fut Milon de Crotone. On le vit un jour, aux jeux Olympiques, porter sur ses épaules un taureau de deux ans d'un bout de la carrière à l'autre sans reprendre haleine, puis assommer l'animal d'un coup de poing et le manger le même jour. Comme tous les hommes, il finit par vieillir, et ne crut point que ses forces avaient diminué. Un jour, se promenant seul au milieu d'un bois écarté, il aperçut un chêne que des bûcherons avaient entr'ouvert à l'aide de coins : il voulut séparer avec ses mains les deux parties du tronc, et dans ses efforts il fit tomber les coins qui maintenaient l'ouverture. Lorsque ses forces furent épuisées, l'arbre, revenant sur lui-même, se referma et retint fortement serrés les deux bras du vieil athlète. Le malheureux ne put jamais se dégager de cette fatale étreinte et périt de la plus horrible mort ; il devint bientôt la proie des bêtes féroces.

Polydamas, né en Thessalie, était le rival et l'ami de Milon. Dans son enfance, il avait étouffé un lion dans ses bras; plus tard, aux jeux Olympiques, il avait arrêté d'une seule main un char attelé de six chevaux fougueux. Il eut une fin aussi tragique que celle de son ami. Il se trouvait un jour dans une caverne, lorsque la voûte vint

à s'ébranler ; tous ceux qui étaient là s'enfuirent ;
lui seul resta, et, comptant sur ses forces, il voulut soutenir la masse ébranlée ; mais il plia sous
ce poids énorme et périt écrasé.

Questionnaire.

Pourquoi Jupiter quittait-il quelquefois l'Olympe ? —
Qu'était-ce que Lycaon ? — Quel crime osa-t-il commettre
quand il reçut le maître des dieux ? — Comment fut-il
puni ? — Dans quelle contrée se rendit ensuite Jupiter ?
— De qui était-il accompagné ? — Comment furent-ils accueillis par les habitants ? — Où trouvèrent-ils un asile ?
— Qu'était-ce que Philémon et Baucis ? — Quels apprêts
firent-ils pour recevoir leurs hôtes ? — Comment s'aper-
çurent-ils que ces hôtes étaient des dieux ? — Que vou-
lurent-ils alors leur offrir ? — Que firent les dieux ?
— Que devinrent le bourg et les habitants ? — Que
demandèrent Philémon et Baucis ? — Leurs vœux furent-
ils exaucés ? — Quel dessein forma alors Jupiter ? — Décrivez le déluge. — Pourquoi Deucalion et Pyrrha furent-
ils épargnés ? — Que firent-ils quand les eaux se furent
retirées ? — Quel était le sens des paroles de l'oracle ? —
Comment la terre fut-elle repeuplée ? — Le culte de Jupiter était-il répandu ? — Ce Dieu recevait-il plus d'honneurs que les autres dieux ? — Comment est-il représenté ?
— Quel arbre lui était consacré ? — Quel était son temple
le plus fameux ? — Quels étaient ses surnoms ? — A
quelle époque se célébraient les jeux Olympiques ? —
Combien de jours duraient-ils ? — Que faisait-on le premier jour ? — Décrivez les principaux exercices. — Quelle
était la récompense des vainqueurs ? — Racontez l'histoire de Théagène, celle de Milon de Crotone, celle de
Polydamas.

CHAPITRE VI.

Junon. Ses enfants. — Hébé, déesse de la jeunesse. — Histoire de Térée et de Progné. — Vengeances de Junon. — Histoire de Latone. — Histoire de Niobé. — Culte et attributs de Junon.

Junon.

Junon était fille de Saturne et de Cybèle ; elle était sœur de Jupiter, de Neptune, de Pluton, de Cérès et de Vesta. Son père, dit-on, l'avait dévorée à sa naissance, comme ses autres enfants ; mais, à l'aide d'un breuvage mystérieux, elle fut rendue à la lumière. Sa mère, pour la soustraire à la voracité de Saturne, la cacha avec soin dans une ville d'Ionie ou du Péloponèse, à Samos ou à Argos ; car ces deux villes se disputent la gloire d'avoir nourri la reine des dieux, la maîtresse du ciel et de la terre. Ses premières années sont enveloppées de mystère et d'obscurité : tantôt on lui donne pour nourrices les nymphes d'un fleuve qui coule auprès d'Argos, tantôt les jeunes filles de Samos ; d'autres récits la font élever par les Heures. Quand elle fut grande, ces bonnes nourrices l'enveloppèrent dans leurs ailes et la déposèrent dans l'Olympe à côté de ses frères. Jupiter l'épousa, et les noces furent célébrées avec une grande magnificence.

Un grand nombre d'enfants naquirent de cette union ; mais toutes ces naissances ne sont qu'une suite d'allégories. Jupiter représente l'air supérieur, l'éther, fluide pur, léger et subtil. Junon représente l'air inférieur, lourd et épais, appelé atmosphère ; et comme les agitations de cette atmosphère troublent incessamment la paix de l'air supérieur, on a dit que Jupiter et Junon faisaient mauvais ménage.

Le premier enfant issu du mariage de Jupiter et de Junon fut Vulcain. Sa mère le trouva si laid et si difforme, qu'elle fut honteuse de lui avoir donné le jour ; elle le condamna à forger les foudres de Jupiter dans les cavernes de la terre. Vulcain est le dieu du feu ; c'est le feu lui-même : cet élément se mêle tantôt avec Jupiter, ou l'air supérieur, tantôt avec Junon, ou l'atmosphère ; il participe de ces deux éléments : difforme quand il reste enveloppé dans les couches minérales de la terre ; céleste quand il se dégage de ces corps grossiers et s'élève en flammes étincelantes.

Le second enfant de Jupiter est Minerve ou l'intelligence, sortie du cerveau du maître des dieux. L'intelligence et l'harmonie président au mouvement de tous ces corps radieux qui roulent au-dessus de nos têtes au milieu de ce fluide représenté par Jupiter.

Ensuite vient le géant Typhée, la personnification des tempêtes qui ravagent la terre et les mers. C'est Junon ou l'atmosphère qui est en guerre ouverte avec son époux, et de cette lutte naissent les agitations, les vapeurs malfaisantes, les orages et l'éruption des volcans.

Après une réconciliation de courte durée, les deux époux se brouillent encore, et l'on voit paraître un quatrième enfant, le terrible Mars, le dieu de la guerre, de la désolation, du carnage, ce dieu qui fait tant pleurer les mères. La concorde semble renaître un moment dans le ménage divin, et l'on voit éclore la radieuse Hébé, déesse de la jeunesse, du printemps. Les dieux la trouvèrent si belle, qu'ils la chargèrent, comme nous l'avons déjà vu, de servir à leur table le nectar et l'ambroisie. Elle fut bientôt remplacée par Ganymède, et alors sa mère la garda près d'elle pour atteler son char. Elle se maria plus tard à Hercule, le dieu de la force, et à la prière de son époux, elle rajeunit le vieil Iolas, son neveu. La naissance d'Hébé est une charmante allégorie du printemps, qui naît de l'harmonie de tous les éléments. Cette douce saison répand la fécondité et la vie sur toute la nature, couronne la terre de fleurs, donne le chant et la joie aux oiseaux et semble rajeunir le vieil hiver. C'est à l'époque de cette réconciliation entre Jupiter et Junon que les mythologues placent la fable de Térée et de Progné, ou la naissance du rossignol et de l'hirondelle, les messagers du printemps.

Il y avait alors en Thrace un prince nommé Térée. Il avait vu à Athènes Progné, fille de Pandion, roi de la contrée, et il l'avait épousée. Mais cette jeune fille ne pouvait se résoudre à quitter sa sœur bien-aimée, Philomèle. Après les plus vives instances, Pandion consentit enfin à se séparer de ses deux filles. Elles partirent donc pour la Thrace avec Térée. La traversée fut heureuse : cependant Philomèle était triste comme si elle eût pressenti le malheur qui la menaçait. Pour se reposer des fatigues du voyage, Térée conduisit les deux princesses dans un vieux château, tout près de la mer. Un orage affreux éclata tout à coup ; les éclairs sillonnaient la nue, la foudre grondait. Philomèle s'était retirée dans une chambre isolée du château, tremblante de frayeur. Térée s'approche d'elle comme pour la rassurer, mais avec le dessein de lui donner la mort. Il l'outrage, et, la prenant par les cheveux, il lui tord les bras et l'enchaîne ; puis il lui saisit la langue entre deux fers ardents et la coupe. Le barbare revient près de sa femme, et lui dit que sa sœur a péri consumée par la foudre. Ils reprennent tous deux le chemin de la Thrace.

Une année se passa ainsi. Philomèle était toujours enfermée dans le vieux château, sous la garde de deux hommes chargés de lui donner sa nourriture. Un de ces hommes, touché des larmes de la malheureuse captive, lui apporta, sur sa prière, une aiguille, de la toile et de la laine. Philomèle, tout entière à son travail, passait les jours et les nuits à retracer ses malheurs sur la toile. La tapisserie achevée, elle la fait parvenir à sa sœur. À cette vue, Progné verse d'abord des torrents de larmes ; puis, indignée et furieuse, elle ne songe plus qu'à délivrer Philomèle et à se venger du cruel Térée. L'occasion se présenta bientôt. On célébrait en Thrace des fêtes en l'honneur de Bacchus. Pendant la durée de ces fêtes, les femmes sortaient de leurs maisons et couraient librement, dansant jour et nuit dans les rues. Progné s'échappe de son palais, et vêtue en bacchante, la tête couronnée de pampre et de lierre, elle s'élance à travers les forêts et arrive dans la prison de sa sœur, où elles confondent leurs plaintes et leurs larmes. Puis elles reviennent toutes les deux au palais, avides de vengeance. Progné entre la nuit dans la chambre où reposait son fils Itys, lui plonge un poignard dans le sein et lui coupe la tête. Le lendemain, il y avait un grand repas dans le palais de Térée à l'occasion des fêtes de Bacchus. Parmi les mets qui couvraient la table se trouvaient les chairs du malheureux enfant servies aux convives. Sur la fin du repas, les portes de la salle s'ouvrent. Alors paraît Philomèle, vêtue de blanc, et tenant à la main la tête sanglante d'Itys, qu'elle jette sur la table.

A cette horrible vue, Térée se lève avec des cris d'épouvante, et, l'épée nue, il veut immoler les princesses à sa fureur ; mais elles s'étaient enfuies. Un vaisseau préparé à l'avance les transportait rapidement à Athènes. Térée les poursuit, mais ne peut les atteindre. Les deux princesses restaient cachées dans la maison de leur vieux père, n'osant sortir ; car Térée rôdait sans cesse autour du palais, épiant sa proie. Enfin, elles se consumèrent d'ennui et de tristesse. Un dieu eut pitié de leur douleur et les métamorphosa,

Progné en hirondelle et Philomèle en rossignol. Térée fut changé en huppe, et Itys en chardonneret.

L'hirondelle est triste et inquiète; elle rase la terre, se perche sur les mâts des vaisseaux et bâtit son nid sous le toit des maisons : c'est Progné qui s'attriste de l'absence de sa sœur, qui la cherche par toute la terre et qui fuit sur un vaisseau. Le rossignol a le chant plaintif; il aime les retraites cachées, les buissons, les broussailles : c'est Philomèle qui pleure ses malheurs au fond du vieux château. La huppe a le vol pesant : c'est Térée qui ne peut atteindre les fugitives. Le chardonneret a le chant doux et joyeux : il est vif, il a l'éclat d'une fleur; son petit nid est fait de duvet et de mousse : c'est Itys, l'enfant qui s'ouvre à la vie, aux douces joies, qui ne sait rien encore des choses tristes de ce monde.

Junon, s'apercevant que les voyages de Jupiter se multipliaient sur la terre, et se voyant délaissée, devint acariâtre et jalouse. Elle dévorait en secret la honte et le dépit que lui causait cet abandon, et se promettait bien d'en tirer vengeance. Mais son époux, léger et subtil, échappait toujours aux piéges qu'elle lui tendait. Elle s'en prit à la terre de toutes ses humiliations, et bientôt les diverses races qui l'habitaient eurent à souffrir des terribles effets de sa colère.

Le Destin lui avait dit que de Jupiter et de Latone naîtraient deux enfants, Apollon et Diane, ou le soleil et la lune; que ces deux enfants, sous une forme radieuse, devaient vivre en compagnie de leur père au milieu des purs espaces de l'éther, et qu'elle aurait à subir toutes les influences de leurs rayons. Junon, en proie à la plus violente colère, résolut de poursuivre Latone de toute sa haine. Tout près du temple de Delphes est un antre immense où se tenait étendu un dragon monstrueux nommé Python. La fille de Saturne supplie le monstre de venir à son aide et de concourir à sa vengeance. Le serpent Python se met à la poursuite de Latone à travers les forêts, les vallées, les montagnes. La pauvre mère est forcée d'errer de contrée en contrée, tourmentée par la faim et la soif, poursuivie toujours par l'infatigable dragon, dont elle entend partout les horribles sifflements. Un soir cependant, après de longs détours dans les gorges d'une montagne, elle se trouva débarrassée un moment de son cruel ennemi, et se reposa, épuisée de fatigue, au bord d'un lac. Elle veut étancher sa soif dans les eaux limpides; mais des bergers qui faisaient paître leurs troupeaux se mettent à sa poursuite et l'empêchent de se désaltérer. Latone, dans son désespoir, implora le maître des dieux, et ces hommes méchants furent changés en grenouilles.

Latone s'éloigne de ces terres inhospitalières, et se réfugie en Asie sous la forme d'une louve. Errante et vagabonde sur les rivages de la mer, épuisée et défaillante, elle invoque la mort et raconte ses peines aux flots qui viennent mugir à ses pieds. Neptune, le dieu des mers, entend ses plaintes, et touché de compassion, il fait surgir du sein des eaux une île verdoyante qui lui servira d'abri. Cette île s'appelait Délos; elle fut longtemps flottante sur les vagues de la mer Égée. Latone, transformée subitement en caille, vole à tire d'aile dans l'île merveilleuse; et là, assise au pied d'un olivier, elle met au monde deux enfants beaux comme le jour, Apollon, le dieu de la lumière, et Diane la chasseresse, ou la lune. Les enfants grandirent bientôt. Le serpent Python épiait toujours sa proie; s'étant glissé un jour dans l'île il s'approche du berceau, et il était près de s'élancer sur les deux petits dieux, lorsqu'Apollon, qui l'avait aperçu, saisit rapidement son arc et ses flèches et frappe le monstre d'un coup mortel.

Latone, joyeuse et fière de la beauté de ses enfants, oublia les longs malheurs dont sa vie avait été abreuvée, et bientôt, se laissant aller à l'orgueil, elle sembla emprunter quelque chose du caractère implacable de Junon. La plus petite offense était châtiée sur-le-champ. Aussi les peuples, pour l'apaiser et se la rendre bienveillante, se hâtaient de lui dresser des autels. Les Thébains, sachant qu'elle devait passer dans leurs murs, jonchèrent de fleurs le pavé de leurs rues, ornèrent de tentures les portes de leurs maisons et se préparèrent à aller au-devant d'elle en portant des branches de laurier. Niobé, fille de Tantale, épouse d'Amphion, roi de Thèbes, et mère de quatorze enfants, jalouse des honneurs préparés pour Latone, exigea que ces honneurs lui

fussent rendus à elle-même, disant qu'elle les
méritait à plus juste titre. Latone, offensée, confia
à ses enfants le soin de la venger de cet outrage.
Apollon, voyant un jour dans les plaines voisines
de Thèbes les fils de Niobé qui y faisaient leurs
exercices, les tue à coups de flèches. A leurs cris
douloureux, les sœurs de ces princes infortunés
montent sur les remparts, et dans le même moment elles se sentent frappées et tombent sous les
traits invisibles lancés par la main de Diane.
Niobé, avertie de son malheur, accourt échevelée
et tremblante ; muette de douleur et de désespoir,
elle demeure assise auprès des corps de ses chers
enfants, qu'elle arrose de ses larmes. Peu à peu
elle devient immobile, la vie se retire de son
corps, elle est changée en rocher, et ses larmes
coulent encore à travers les fentes de la pierre
insensible.

Le culte de Junon, quoique universellement
répandu dans tous les pays, était principalement
en honneur à Argos, à Samos, à Carthage et à
Rome. Dans l'Argolide, toutes les villes lui avaient
dressé des autels ; mais son temple le plus vénéré,
le plus magnifique, était à Argos : au milieu
étaient ses armes et sa statue d'or et d'ivoire. On
représentait la déesse, la tête ceinte d'une couronne radiale, un sceptre à la main (*fig.* 5). A
ses pieds était un paon, son oiseau favori, éta-
lant les plumes de sa queue. On la voyait encore
sur un char traîné par deux paons, la tête couronnée de roses et de lis blancs.

Junon était la grande déesse de Carthage. Cette

ville, bâtie près de la mer, n'était puissante que par son commerce maritime ; elle voulait se rendre favorable la déesse de l'atmosphère, où se produisent les vents et les tempêtes. Aussi on l'appelait la grande divinité protectrice et l'espérance des marins.

A Rome, Junon jouissait d'un culte privilégié. C'était la divinité matrimoniale, qui présidait aux mariages, à la toilette, aux joyaux, à la coiffure des dames romaines. On célébrait en son honneur des fêtes annuelles, pendant lesquelles vingt-sept jeunes filles parcouraient les rues de la ville, vêtues de blanc et chantant des hymnes en son honneur. On lui sacrifiait dans son temple des brebis et une truie le premier jour de chaque mois. L'immolation des génisses était proscrite, parce que c'était sous la forme d'une génisse que Junon s'était enfuie en Égypte à l'époque de la guerre des dieux contre Typhée.

Questionnaire.

De qui Junon était-elle fille ? — Que raconte-t-on sur sa naissance ? — Quelles villes se disputent l'honneur d'avoir nourri cette déesse ? — Qui épousa-t-elle ? — Pourquoi dit-on que les deux époux faisaient mauvais ménage ? — Quel fut leur premier enfant ? — Qu'est-ce que Vulcain ? — Expliquez la naissance de Minerve ; — celle de Typhée. — Quels furent ensuite les autres enfants ? — Que représente Hébé ? — De quelles fonctions fut-elle chargée ? — Racontez l'histoire de Térée et de Progné. — Comment Progné vengea-t-elle sa sœur ? — Que devinrent ces deux princesses ? — En quoi fut changé le jeune Irys? — Pourquoi Junon voulut-elle poursuivre Latone de sa haine ? — Quel monstre envoya-t-elle à sa poursuite? — Comment furent punis des bergers qui voulaient empêcher Latone de boire? — Sous quelle forme se réfugia-t-elle en Asie? — Quel dieu vint à son secours? — A quels enfants donna-t-elle le jour? — Comment périt le serpent Python? — Que firent les Thébains pour recevoir dignement Latone? — Quelle princesse se montra jalouse de ces honneurs? — Que fit Niobé? — Comment Latone se vengea-t-elle de cet outrage? — Comment périrent les enfants de Niobé? — Que devint-elle elle-même? — Dans quel pays Junon était-elle particulièrement honorée? — Où était son temple le plus vénéré? — Comment était-elle représentée? — Pourquoi cette déesse était-elle adorée à Carthage? — Quel était son culte à Rome?

CHAPITRE VII.

Diane. — Sa naissance et ses attributs. — Histoire d'Actéon. — Histoire d'Orion. — Culte de Diane. — Ses temples.

Apollon. — Sa naissance. — Ses disgrâces. — Son séjour sur la terre. — Les neuf Muses. — Le cheval Pégase. — Temples d'Apollon. — Ses oracles. — Ses attributs. — Le zodiaque.

Diane.

Diane était fille de Latone et de Jupiter et sœur d'Apollon. La triste destinée de sa mère avait jeté dans son âme une profonde mélancolie et lui avait donné une grande aversion pour le mariage. Elle aimait les retraites cachées, la solitude des bois, l'ombre et le silence des nuits. Son père lui donna trois fonctions distinctes à remplir, qui étaient de présider aux forêts et à la chasse, d'éclairer le monde pendant la nuit et de surveiller les âmes aux enfers. Elle eut donc trois séjours aussi bien que trois noms différents. Diane chasseresse ou Artémise; Diane céleste ou la lune, nommée aussi Phébé ; Diane la ténébreuse ou gardienne des enfers, nommée aussi Hécate.

Diane chasseresse habite les bois et les montagnes, le rivage des mers. Chaussée d'un cothurne (*fig.* 6), vêtue d'une tunique légère, un carquois sur l'épaule, un arc à la main, suivie de quatre-vingts nymphes qui prennent soin de sa meute et de ses armes, elle parcourt les forêts, perçant les bêtes fauves de ses flèches; vers le soir, assise près des mers, elle jette ses filets dans les flots. Cette déesse, d'un caractère irascible et vindicatif, fit sentir plus d'une fois les effets de sa colère aux imprudents qui osèrent la provoquer.

Un habile chasseur, nommé Actéon, parcourait sans cesse les bois et les montagnes, les vallées et les plaines, pour surprendre les animaux et les frapper de ses traits. Un jour qu'il poursuivait avec ardeur un sanglier, il s'égara dans la forêt et se trouva par hasard sur les bords d'un lac où Diane, au milieu de ses nymphes, se reposait des fatigues du jour. Irritée d'être ainsi surprise, la déesse se penche sur le lac, puise de l'eau dans ses mains et la jette au visage du chasseur. Actéon s'enfuit, mais il est changé en cerf. A ce moment sa meute arrive, et ne reconnaissant plus son maître sous cette forme nouvelle, elle se précipite sur lui et le déchire à coups de dents.

Diane, dans une de ses courses, rencontra encore un autre chasseur qu'elle fit périr d'une mort non moins déplorable. Son nom était Orion. C'était le fils d'un homme fort pauvre. A l'époque où les dieux visitaient la terre, Jupiter, Neptune et Minerve vinrent demander l'hospitalité à ce vieillard, qui les accueillit avec bonté. Il tua pour eux le seul bœuf qu'il possédait. Les dieux reconnaissants lui promirent de lui accorder ce qu'il demanderait; il désira un fils. Aussitôt les dieux, détrempant un peu d'argile avec de l'eau, enfermèrent cette pâte dans la peau du bœuf qui venait d'être tué. Quelques heures après sortit de cette peau le jeune Orion, le plus beau des enfants des hommes. Sa taille était celle d'un géant; ses exercices favoris furent la chasse et la pêche. Diane, jalouse de son habileté à lancer le javelot, le voyant un jour jeter ses filets dans la mer, voulut faire preuve de son adresse en présence d'Apollon, qui l'avait défiée, et, bandant son arc, elle frappa d'un coup mortel le jeune chasseur. Confuse et repentante de cet acte de barbarie, elle obtint de Jupiter la permission de suspendre le corps de sa triste victime à la voûte du ciel, où il forme une des plus brillantes constellations.

D'autres disent qu'Orion mourut de la piqûre d'un scorpion.

On offrait à Diane des béliers, des biches et des sangliers ; souvent aussi on lui immolait des victimes humaines. Dans un de ses temples situé dans la Tauride ou Crimée, on sacrifiait tous les étrangers que la tempête jetait sur le rivage. De Délos, où Diane prit le nom de Délia, comme elle emprunta celui de Cynthia du mont Cynthe, le culte de cette déesse ne tarda pas à se répandre dans toute la Grèce. Son temple à Éphèse était un chef-d'œuvre d'architecture et l'une des sept merveilles [1] du monde. Tous les peuples allaient y déposer leurs offrandes : l'Asie entière y avait versé ses trésors et consacré cent années de travail. Le jour même de la naissance d'Alexandre le Grand, un fou nommé Érostrate, pour immortaliser son nom, mit le feu à cet admirable édifice.

Diane céleste, ou la lune, était une divinité bienfaisante ; elle présidait au sommeil de l'homme, éclairait la route du voyageur, dirigeait le mouvement des marées et la marche des saisons. On la représentait sous les traits d'une jeune fille aux doux regards, la tête surmontée d'un croissant. On n'immolait à Diane céleste que

1. Les sept merveilles du monde étaient : 1° les jardins suspendus de Sémiramis ; 2° les murs de Babylone ; 3° les pyramides d'Égypte ; 4° la statue de Jupiter Olympien ; 5° le colosse de Rhodes, gigantesque statue d'airain représentant Apollon ou le soleil ; 6° le temple de Diane à Éphèse ; 7° le Mausolée, magnifique tombeau élevé par Artémise à son époux Mausole, roi de Carie.

des brebis blanches ou de jeunes agneaux, emblèmes de sa douceur.

Diane la ténébreuse, ou Hécate, que l'on confond aussi avec Proserpine, femme de Pluton, était une divinité redoutée et implacable. Aussi, pour ne point errer cent ans sur les bords du Styx avec les âmes privées de sépulture, on se hâtait, avant de mourir, de sacrifier en son honneur une grasse hécatombe. Quelquefois on représentait Diane avec trois têtes d'animaux : c'étaient tantôt le cheval, la laie et le chien ; tantôt le taureau, le chien et le lion. C'était alors la déesse triforme, en raison de ses triples fonctions. On la nommait aussi Trivia, parce qu'on l'adorait dans les carrefours (en latin, *trivia*), qui étaient le plus souvent ornés de ses statues.

Apollon.

Apollon, qu'on appelle aussi Phébus, était fils de Latone et de Jupiter. Il naquit dans l'île de Délos. Il avait à peine cinq jours lorsqu'il perça de ses flèches le serpent Python, et cette victoire lui fit donner le surnom de Pythien. Fils des dieux, il quitta la terre pour aller s'asseoir au milieu des immortels, qui furent charmés de sa beauté ravissante, des doux accents de sa voix, des sons mélodieux de sa lyre. Jupiter fit de son fils le dieu du jour, de la poésie, de la musique, des lettres, des beaux-arts, de l'éloquence, de la médecine et des augures. Dans l'Olympe, Apol-

lon se distingua par une foule d'actions glorieuses; ainsi tour à tour on le vit disputer à Mercure
le prix de la course, à Mars celui de la lutte et
les vaincre l'un et l'autre.

Mais ces jours de bonheur furent de courte
durée. Apollon avait un fils nommé Esculape,
dont nous parlerons plus tard. Cet Esculape,
habile médecin, arrachait les hommes à la mort.
Pluton, roi des enfers, jaloux d'un art qui dé-
peuplait son empire, se plaignit à Jupiter. Le
maître des dieux foudroya Esculape. Apollon,
dans son désespoir, fit périr sous ses coups les
Cyclopes, qui avaient forgé la foudre, et Jupiter,
pour venger la mort de ses forgerons, chassa
son fils du ciel et le condamna à un exil d'une
année.

Le fils de Latone se réfugia chez Admète, roi
de Thessalie, qui lui confia la garde de ses troupeaux. Il adoucissait la tristesse de son exil en
tirant de sa flûte les sons les plus harmonieux. Il
rassemblait tous les bergers des environs et leur
enseignait les devoirs de la vie pastorale, organi-
sant les jeux pour développer les forces de leur
corps et les initiant à la science de l'astronomie.
Plus tard, Apollon, forcé de travailler de ses
mains pour vivre, offrit ses services à Laomédon,
roi des Troyens, et, de concert avec Neptune, il
rebâtit les murailles de Troie : lorsque l'ouvrage
fut achevé, Laomédon refusa de payer le salaire
qu'il avait promis.

Ce fut aussi pendant son exil sur la terre
qu'Apollon présida le conseil des Muses, filles de

Jupiter et de Mnémosyne, c'est-à-dire de l'intelligence et de la mémoire. Elles habitaient tantôt l'Hélicon, tantôt le Parnasse, montagne de la Phocide, ou bien les bords de l'Hippocrène et du Permesse.

Les Muses étaient au nombre de neuf; voici leurs noms et leurs attributs :

Clio, ou la *gloire,* inscrivait sur ses tablettes les hauts faits des héros et le souvenir des choses passées : c'est la muse de l'histoire. Elle avait une couronne de laurier, une trompette et un rouleau de parchemin.

Thalie, *amie des festins*, présidait à la comédie; couronnée de lierre, chaussée du cothurne, elle tenait un masque à la main.

Melpomène, celle *qui chante les vers héroïques,* était la muse de la tragédie. Majestueusement vêtue, elle avait le front austère et grave, tenant d'une main des sceptres et des couronnes et de l'autre un poignard.

Euterpe, *qui charme*, présidait à la musique. On lui attribuait l'invention de la flûte. Elle avait une couronne de roses sur la tête, des instruments de musique à ses pieds.

Érato, ou la *muse des amours*, présidait à la poésie légère. Elle était couronnée de myrthe et tenait une lyre à la main. A ses pieds jouaient des tourterelles.

Terpsichore, *celle qui charme les chœurs*, était la muse de la danse. Elle avait la figure d'une jeune fille vive, enjouée, dansant en cadence au bruit d'un tambour de basque.

Polymnie, ou la *muse aux hymnes nombreux*, présidait à l'ode ou à la poésie lyrique. Elle avait, dit-on, inventé l'harmonie, et on la représentait couronnée de pierreries, vêtue de blanc, la main droite étendue comme pour commander le silence.

Calliope, ou la *belle voix*, présidait à l'éloquence, à la poésie héroïque. Elle avait une couronne de laurier, la trompette de la renommée et des tablettes.

Uranie, *céleste*, était la muse de l'astronomie. Elle tenait un globe qu'elle mesurait avec un compas. A ses pieds étaient des instruments de mathématiques. Sa tête était couronnée d'étoiles.

Les Muses, n'habitant pas toujours le même lieu, voyageaient sur un cheval merveilleux nommé Pégase. Ce coursier, qui avait des ailes au dos et qui d'un coup de pied avait fait jaillir la fontaine d'Hippocrène, était né du sang de Méduse, l'une des trois Gorgones, tuée par Persée.

Les anciens ne commençaient jamais leurs repas sans saluer les Muses le verre à la main; les poëtes les invoquaient dans leurs chants. On leur offrait le laurier et le palmier. On les représentait souvent groupées autour d'Apollon, jeunes, belles, vêtues avec grâce et simplicité, ornées de tous leurs attributs.

Le temps de son exil achevé, Apollon remonta dans le ciel. Son père lui donna à conduire le char du soleil, attelé de quatre chevaux blancs, Piroüs, Eoüs, Ethon et Phlégon, dont il réglait les mouvements et l'ardeur impétueuse. Quand l'Aurore aux doigts de rose se retirait dans son palais de l'orient, le char du soleil prenait sa course enflammée à travers les espaces du ciel, et les chevaux ruisselants de sueur allaient se plonger le soir dans les flots de la mer.

Apollon est donc la personnification du soleil, source de la fécondité et de la vie. Son culte se répandit bientôt dans toutes les contrées. Il eut des fêtes, des temples, des oracles. En Grèce, on célébrait en son honneur les néoménies; à Rome, les calendes, pour se rendre propice le dieu des jours, des mois et des saisons. On lui offrait le palmier, le laurier, le coq, la cigale, le lion, le phénix, emblème de sa puissance.

Le temple le plus fameux consacré à Apollon était à Delphes, dans la Phocide, au pied du mont Parnasse, comme sa statue la plus célèbre était celle qui est connue sous le nom de l'Apollon du Belvéder. Cette statue est le chef-d'œuvre de la sculpture antique. Le dieu est représenté l'arc tendu, prêt à percer le serpent Python. Sa taille dépasse celle de l'homme. Ses traits respirent le calme, la majesté et la grandeur.

On représente ordinairement Apollon (*fig.* 7) sous les traits d'un beau jeune homme sans barbe, la tête couronnée de laurier, une lyre d'or à la main et présidant les doux concerts des Muses. Quelquefois aussi c'est le blond Phébus, lançant ses agiles coursiers, tenant un coq, emblème de sa vigilance, ou une corne d'abondance, d'où s'échappent des fleurs et des fruits.

Les oracles les plus célèbres d'Apollon se rendaient à Delphes. On appelait oracles toutes les réponses transmises aux hommes par les dieux. La prêtresse du temple d'Apollon se nommait pythie ou pythonisse, et ne prophétisait qu'une fois l'année, vers le commencement du printemps. Trois jours d'initiation et de jeûne étaient nécessaires pour décider le dieu à manifester ses décrets. La prêtresse se plongeait dans la fontaine de Castalie pour s'y purifier de ses souillures, buvait de son eau prophétique et mâchait les feuilles de lauriers qui croissaient sur les bords de la source. Alors le temple tremblait jusque dans ses fondements, la foudre grondait ; ces signes annonçaient la présence du dieu. Aussitôt la prêtresse était conduite sur un trépied, à l'entrée d'une caverne d'où sortaient des vapeurs suffocantes. Épuisée par l'abstinence, échauffée par ces vapeurs souterraines, la pythie tombait en convulsions ; l'écume sortait de sa bouche, ses cheveux se hérissaient ; elle poussait des cris effrayants et laissait échapper par intervalles des mots inarticulés ou sans suite que les prêtres recueillaient avec soin et transmettaient à la foule avide de connaître les réponses du dieu. Les Grecs n'entreprenaient jamais une affaire importante sans consulter l'oracle.

Les anciens astronomes, en observant le cours du soleil, avaient vu cet astre parcourir une route circulaire. Ils la divisèrent en douze parties, correspondant à chaque mois de l'année. A tous ces points de division étaient placées autant de constellations appelées les douze palais du soleil,

dans lesquels Apollon entrait successivement. La
première constellation, nommée le Bélier, correspondait au mois de mars; c'était le bélier de la
toison d'or, sur le dos duquel Phryxus et Hellé
avaient traversé l'Hellespont. La seconde était le
Taureau (avril); c'est celui dont s'était servi Jupiter pour transporter en Crète la belle Europe,
fille d'Agénor, roi de Phénicie, laquelle donna
son nom à l'une des trois parties du monde. La
troisième constellation était les Gémeaux (mai);
c'étaient Castor et Pollux, fils de Léda et de Jupiter. Le soleil entrait ensuite dans la quatrième
constellation, le Cancer ou l'Écrevisse (juin); ce
Cancer était un monstre envoyé par Junon contre
Hercule pour l'empêcher de tuer l'hydre de Lerne.
La cinquième était le Lion (juillet); c'était le lion
de la forêt de Némée, tué par Hercule. La sixième
constellation, la Vierge (août), était Thémis, déesse
de la justice. La septième constellation, la Balance,
correspondait à septembre; c'était la balance suspendue au ciel par Astrée, déesse de la paix, quand
elle quitta la terre souillée de crimes. La huitième
constellation était le Scorpion (octobre); c'est le
scorpion dont la piqûre fit mourir le géant Orion.
La neuvième, le Sagittaire (novembre), était le
centaure Chiron, précepteur d'Achille. La dixième,
le Capricorne (décembre), était la chèvre Amalthée, la nourrice de Jupiter. La onzième constellation était le Verseau (janvier); on croit que c'est
Ganymède, l'échanson des dieux. La douzième
enfin était les Poissons (février); ces poissons sont
ceux qui transportèrent Vénus et son fils à l'épo-

que de la guerre des dieux contre Typhée. La réunion de ces douze constellations groupées autour de la circonférence parcourue par le soleil, et qui ne sont que des étoiles, s'appela zodiaque, d'un mot grec qui signifie *animal*. Les anciens, dans leur amour des fables, avaient rattaché, comme on le voit, à des faits mythologiques l'existence de ces divers groupes d'étoiles.

Questionnaire.

Quelles **retraites** et quels **exercices** aimait Diane ? — Quelles fonctions lui donna son père ? — Comment est représentée Diane chasseresse ? — Quel était le caractère de cette déesse ? — Racontez l'histoire d'Actéon. — Racontez celle d'Orion. — Que devint Orion après sa mort ? — Quelles victimes offrait-on à Diane ? — Quel était son temple le plus célèbre ? — Comment cet admirable édifice fut-il détruit ? — Comment était représentée Diane céleste ? — A quoi présidait-elle ? — Quels animaux lui étaient immolés ? — Qu'était-ce que Diane la ténébreuse ? — Comment représentait-on Diane quelquefois ? — Pourquoi l'appelait-on Trivia ? — Où était né Apollon ? — Pourquoi reçut-il le nom de Pythien ? — A quoi présidait ce dieu ? — Pourquoi fut-il chassé du ciel ? — Où se réfugia-t-il ? — Comment passa-t-il les jours de son exil ? — De qui les Muses étaient-elles filles ? — Où habitaient-elles ? — Quel était leur nombre ? — Indiquez le nom de chacune d'elles et leurs divers attributs. — Comment voyageaient les Muses ? — Comment les honorait-on ? — De quel soin fut chargé Apollon à son retour dans le ciel ? — Le culte de ce dieu fut-il universellement répandu ? — Que lui offrait-on ? — Quel était son temple le plus fameux ? — Quelle était sa statue la plus célèbre ? — Comment représente-t-on Apollon ? — Qu'était-ce que les oracles ? — Comment se rendaient-ils à Delphes ? — Qu'est-ce que les signes du zodiaque ? — Indiquez à quel mois de l'année correspond chacune des douze constellations. — Quel fait mythologique chacune de ces constellations rappelle-t-elle ?

CHAPITRE VIII.

Voyages d'Apollon sur la terre. — Ses vengeances. — Supplice de Marsyas. — Punition de Midas. — Cyparisse changé en cyprès. — Hyacinthe changé en fleur. — Céphale et Procris. — Histoire d'Esculape, de Phaéton, d'Amphion, d'Arion, de Linus, d'Orphée.

Apollon, après son retour dans le ciel, revenait quelquefois sur la terre où il avait passé les jours de son exil, prenant plaisir à converser avec les hommes, adoucissant leurs mœurs, éveillant chez eux l'instinct des beaux-arts par les charmes de son éloquence et la beauté de ses chants. Mais plus d'une fois aussi ses talents excitèrent l'envie, et le dieu se crut obligé de punir la sottise ou la vanité de ses rivaux.

Le satyre Marsyas, né dans les montagnes de la Phrygie, s'était rendu célèbre par les sons harmonieux qu'il savait tirer de la flûte. Enorgueilli de son talent, il osa défier un jour Apollon, qui voulut bien se mesurer avec une simple divinité champêtre. Les conditions de la lutte furent enregistrées par les Muses, élues juges du combat : le vaincu devait être à la discrétion du vainqueur. Marsyas commence, et tire de sa flûte des sons si mélodieux, qu'un moment la victoire semble pencher pour lui ; mais Apollon, unissant sa voix aux doux accords de sa lyre, fait entendre des chants que la flûte de Marsyas n'avait point égalés, et il est déclaré vainqueur. Irrité de l'audacieuse résistance de son rival, il s'apprête à tirer de lui une cruelle vengeance. En vain le malheureux satyre maudit son art et implore la pitié d'Apollon ; celui-ci reste inflexible, le saisit, l'enchaîne, l'attache à un arbre et l'écorche tout vif. Les cris de la victime retentissent dans toute la contrée ; les bergers, les faunes, les sylvains, les nymphes et les satyres accourent en foule. A la vue de ce triste spectacle, des flots de larmes s'échappent de leurs yeux, et ces larmes, mêlées au sang de Marsyas, formèrent bientôt un grand fleuve qui arrosa la Phrygie sous le nom de Marsyas.

Apollon se montra moins cruel dans la punition qu'il infligea à Midas. Ce Midas était un roi de Phrygie, plein d'orgueil et qui se vantait d'exceller dans la musique. Dès son enfance, on avait prévu qu'il serait très-riche et fort ménager, parce que des fourmis, étant venues, dit-on, sur son berceau, lui avaient mis des grains de blé dans la bouche. Sous le règne de ce prince, Bacchus, le dieu du vin, quittant le séjour de la Thrace, voulut visiter les coteaux du Tmole.

dans la Lydie; il était accompagné de Silène,
son père nourricier. Silène, vieux buveur, s'é-
gara dans la route et fut rencontré demi-ivre
par des bergers. Ceux-ci, après l'avoir enchaîné
avec des guirlandes de fleurs, le conduisirent
devant Midas, qui le reçut magnifiquement, le
retint pendant dix jours au milieu des festins et
le ramena ensuite lui-même au dieu des vendanges. Bacchus, charmé de revoir son père nourricier, promit à Midas de lui accorder ce qu'il
désirerait. Le roi de Phrygie souhaita de pouvoir convertir en or tout ce qu'il toucherait. Ses
vœux sont aussitôt exaucés. Midas saisit une
branche de chêne, elle devient un rameau d'or;
il caresse sa chevelure, et ses cheveux retombent
en boucles d'or. L'infortuné! il ne tarde pas à se
repentir d'un pouvoir si funeste, car tous les
mets de sa table se changent aussi en or ; il ne
peut plus manger, il va mourir au milieu de
toutes ses richesses : charmant emblème de la
misère et des tourments de l'avare, couché sur
ses trésors et n'osant y toucher. Midas alla trouver Bacchus et le supplia de lui retirer ce don
fatal. Le dieu y consentit, et lui ordonna de se
plonger dans le Pactole, fleuve de Phrygie; et
depuis ce temps les eaux du fleuve roulent des
paillettes d'or.

Dès ce moment, Midas eut en horreur l'or et
les richesses et ne s'occupa plus que des plaisirs de la vie champêtre; il devint le compagnon
assidu du dieu Pan, l'inventeur de la flûte à
plusieurs chalumeaux ou tuyaux. Malheureuse-

ment le commerce de ce dieu ne le rendit pas plus sensé : sa sottise devait une seconde fois lui être fatale.

Fier de son talent sur la flûte à sept tuyaux, Pan avait osé défier Apollon. Les juges du combat s'étaient prononcés en faveur du fils de Latone. Midas seul, soit aveuglement de l'amitié, soit esprit de contradiction, ne partagea pas l'avis commun. Le son du chalumeau lui sembla préférable aux mélodieux accords de la lyre, et il adjugea le prix à son ami. Son ignorance est aussitôt punie ; ses oreilles s'allongent démesurément et prennent la forme et la taille de celles de l'âne, animal grossier et stupide. Midas revient tout honteux dans son palais, et cache soigneusement cette parure d'un nouveau genre sous un magnifique bonnet de pourpre. Le barbier du roi était dans le secret ; mais il n'osait parler à personne de cette triste aventure. Un jour cependant, voulant se débarrasser à tout prix d'un secret qui l'importune et lui pèse, d'un autre côté, craignant les suites de son indiscrétion, il s'en va dans un lieu écarté, fait un trou dans la terre, s'en approche le plus qu'il peut, et dit à voix basse que son maître a des oreilles d'âne : cela fait, il referme le trou et se retire. Quelque temps après, cette terre fraîchement remuée produisit des roseaux qui, toutes les fois qu'ils étaient agités par le vent, répétaient ces fatales paroles : « Midas, le roi Midas, a des oreilles d'âne ! » Midas survécut peu à cette indiscrétion. Il mourut en avalant du sang de taureau, « afin, dit Plutarque, de se délivrer des tristes souvenirs qui l'affligeaient. »

Apollon n'eut pas toujours des envieux qui méconnurent son génie. Parmi ses nombreux admirateurs était un jeune homme d'une grande beauté, nommé Cyparisse. Apollon, qui avait pour lui l'affection la plus vive, lui fit don d'un beau cerf qui devint le compagnon fidèle, le plus tendre ami de son maître. Un soir, le cerf s'était étendu sur le bord d'un fleuve, auprès d'un arbre; Cyparisse, ne le reconnaissant pas, et le prenant pour une bête fauve, tend son arc, lance une flèche, et le noble animal, mortellement atteint, vient expirer à ses pieds. Cyparisse pousse des cris de douleur; dans son désespoir, il ne veut plus vivre, parce que son ami est mort. Apollon, touché des larmes de cet enfant, lui retire la vie et le change en cyprès, arbre de deuil qui ombrage les tombes.

Parmi les favoris d'Apollon on cite encore le jeune Hyacinthe. Un jour qu'ils jouaient ensemble au disque, Apollon lance le palet dans les airs; le palet retombe et va frapper Hyacinthe d'un coup mortel. Apollon le reçoit dans ses bras, le couvre de ses embrassements et veut le rappeler à la vie; mais tous ses efforts sont inutiles; déjà la mort a décoloré les joues du bel adolescent. Alors Apollon, pour le conserver à la fois comme expression et monument de sa douleur, transporta son corps parmi les astres, et d'une goutte de son sang fit naître une fleur qui porte le nom d'hyacinthe.

La poésie et la musique, descendues du ciel sous les traits d'Apollon, en resserrant les liens qui unissent les hommes, produisirent les nobles dévouements, les amitiés saintes. Aussi les dieux aimaient la famille humaine, visitaient souvent la terre qu'elle habite et la comblaient de faveurs. La blonde et radieuse Aurore, sœur du Soleil, après avoir attelé les chevaux de son frère et ouvert les portes du jour, descendait tous les matins sur la terre pour converser avec les hommes. Parmi les humbles mortels elle avait surtout distingué Céphale, fils d'Éole et mari d'une princesse d'Athènes, nommée Procris. Ces deux époux vivaient dans l'union la plus heureuse. Céphale aimait la chasse ; il n'avait besoin ni de meute, ni de coursiers, ni de filets, pour surprendre sa proie. Il n'avait à la main qu'un magnifique javelot fait d'un bois inconnu et armé d'une pointe d'or. C'était un présent de la déesse Aurore. Ce javelot atteignait toujours le but et revenait dans la main de celui qui l'avait lancé. Un jour que Céphale s'était attaché à la poursuite d'un sanglier, sa femme, inquiète de cette longue absence, alla à sa rencontre dans la forêt. L'ayant aperçu de loin, elle se cacha derrière un buisson : déjà elle écartait les branches pour se précipiter dans les bras de son époux ; mais Céphale, s'imaginant que ce bruissement de feuilles était causé par une bête fauve, lance le fatal javelot ; il s'approche, et il trouve sa chère Procris frappée d'un coup mortel. Dans son désespoir, il se perce la poitrine avec la pointe de son javelot, et Jupiter transporta les corps des deux époux dans le ciel, où ils brillent sous la forme d'astres radieux.

A peu près à cette epoque, vivait un homme nommé Esculape, fils d'Apollon. il avait été nourri à Epidaure, ville de l'Argolide. Dès son plus jeune âge, il allait avec le centaure Chiron herboriser dans les bois, étudiant les fleurs et les plantes pour en extraire des remèdes salutaires. Ses grandes connaissances le rendirent bientôt célèbre dans toute la Grèce. On exposait les malades dans les rues et sur les routes par où il passait, afin qu'il les guérît. La Fable raconte même qu'il ressuscita Hippolyte, fils du roi Thésée. Ce fut alors, comme nous l'avons déjà vu, que Pluton, roi des enfers, désolé de voir le domaine des morts se dépeupler chaque jour, alla porter ses plaintes à Jupiter, qui foudroya le divin médecin. Apollon, dans sa colère, tua de ses flèches tous les Cyclopes, pour les punir d'avoir forgé la foudre qui l'avait privé d'un fils chéri. Plus tard, Jupiter, voulant consoler Apollon, plaça Esculape dans le ciel, où il forme la constellation du Serpentaire.

Esculape eut bientôt des autels dans toute la Grèce : ce fut le dieu de la médecine. On le représentait sous les traits d'un vieillard grave et austére, enveloppé d'un long manteau, ayant à ses côtés un coq, image de sa prudente vigilance, et tenant dans la main droite un bâton entouré d'un serpent, emblème de sa pénétration. A Rome, il eut un temple célèbre, aux portes duquel étaient suspendues des écharpes et des ceintures que l'on faisait toucher à la statue du dieu, et qui avaient, disait-on, la vertu de préserver de toutes les maladies.

Apollon eut un autre fils, nommé Phaéton. Tout fier de sa naissance, ce jeune homme s'en vantait à tout propos. Ses compagnons le mirent un jour au défi de la prouver. Phaéton va trouver son père, lui raconte l'affront qu'il a reçu, et Apollon, l'embrassant, lui jure par le Styx de lui accorder tout ce qu'il voudra. Phaéton demande à conduire un jour seulement le char du Soleil. Le dieu fait tous ses efforts pour détourner son fils de cette entreprise périlleuse. Le jeune imprudent persiste, et Apollon, lié par son serment, lui remet les rênes de son char et lui ouvre les routes du ciel. Les chevaux du Soleil, ne reconnaissant pas la main de leur maître, n'entendant plus sa voix, se détournent et se précipitent dans des chemins inconnus : tantôt, descendant trop bas, ils brûlent les moissons et les forêts et dessèchent les fleuves; tantôt s'élevant trop haut, ils menacent d'embraser le ciel. A cette vue, Jupiter s'arme de son tonnerre et foudroie l'imprudent Phaéton, qui va tomber dans l'Éridan (le Pô), fleuve d'Italie. Les nymphes du fleuve rendirent à son corps les honneurs funèbres. Ses sœurs le pleurèrent si amèrement que les dieux, par pitié, les changèrent en peupliers.

L'histoire de quatre musiciens fameux de l'antiquité, Amphion, Arion, Linus et Orphée, trouve ici naturellement sa place : les deux derniers étaient fils d'Apollon.

Amphion était l'époux de cette malheureuse Niobé si cruellement punie; les Thébains le regardent comme le fondateur de leur ville. Ce prince cultiva la musique avec un grand succès; il reçut des leçons du dieu Mercure, qui lui donna une lyre d'or, au son de laquelle, dit la Fable, il bâtit les murs de Thèbes. Les pierres, sensibles à la douceur de ses accords, venaient d'elles-mêmes se placer les unes sur les autres. L'histoire nous explique cette fable en nous apprenant qu'Amphion entoura de murs la ville de Thèbes, qui jusque-là avait été ouverte de tous côtés.

Arion, regardé comme l'inventeur du dithyrambe, était né à Méthymne, dans l'île de Lesbos. Il vécut d'abord à la cour de Périandre, roi de Corinthe, et parcourut ensuite la Sicile et l'Italie, charmant les peuples par les accents de sa voix et les accords de sa lyre. Il s'embarqua avec ses trésors sur un vaisseau corinthien pour retourner auprès de son ami Périandre; les matelots, excités par la cupidité, formèrent le projet de l'assassiner pour s'emparer de ses richesses. Mais Apollon lui découvrit, dans un rêve, le danger qui le menaçait. Les prières d'Arion ne peuvent émouvoir ces cœurs farouches. Sans secours, sans espoir, il demande au moins qu'il lui soit permis de chanter lui-même son hymne de mort, imitant ainsi le courage du cygne expirant. Alors il se revêt de ses habits de fête, et la tête couronnée de fleurs, la lyre à la main, il se place debout à la poupe, sur le bord du vaisseau, et, préludant par une invocation aux dieux des mers, il fait entendre les accords les plus harmonieux. C'était une mélodie si suave et si triste, que des dauphins suivaient tout émus le sillage du vaisseau. Le chant achevé, Arion, pour échapper à ses meurtriers, s'élance dans la mer; mais avant que les flots le recouvrent, un dauphin le prend sur son dos et le transporte doucement à travers les vagues, qui semblent s'abaisser devant lui. En contemplant les cieux parsemés d'étoiles, la lune qui se levait brillante et pure, cette mer partout calme et tranquille, Arion songeait en lui-même que la justice céleste a plus d'un œil pour surveiller les hommes et leurs coupables desseins. Le dauphin le déposa sain et sauf au cap Ténare (aujourd'hui cap Matapan); de là Arion se rendit à Corinthe. Les perfides matelots arrivèrent plus tard, et répondirent au roi qui les interrogeait sur le sort d'Arion, qu'il était mort pendant le voyage. Le poëte parut alors devant eux, et les coupables, convaincus de leur crime, furent mis en croix par les ordres de Périandre. La lyre d'Arion et le dauphin qui l'avait sauvé furent placés au ciel, où ils devinrent de brillantes constellations.

Linus fut aussi un musicien célèbre. On lui attribue l'invention du rhythme et de la mélodie. Il eut pour disciples Orphée et Hercule. Ce dernier, réprimandé par son maître, lui brisa la tête dans un accès de colère, avec le manche d'ivoire de sa lyre

Mais l'honneur et l'orgueil de la Grèce fut Orphée, poëte et musicien. Jeune encore, il voyagea dans tous les pays, étudiant les mœurs et les religions des peuples, et il revint en Thrace, où il avait pris naissance. Les habitants de cette contrée vivaient par familles éparses dans les bois et sur les montagnes. A sa voix, ils se rapprochèrent, bâtirent des villes et des temples, passant ainsi de la vie sauvage aux douceurs et aux bienfaits de la vie civilisée. Les poëtes n'ont pas manqué d'embellir les merveilles de cette civilisation : ils ont dit qu'aux accords de la lyre d'Orphée, les bêtes sauvages quittaient leurs retraites, les vents se taisaient, les fleuves suspendaient leur cours, les arbres et les rochers se déplaçaient pour venir l'entendre.

Orphée épousa la nymphe Eurydice. Le jour de ses noces fut un jour de douleur et de deuil. Eurydice, en courant dans une prairie, fut mordue par un serpent caché sous l'herbe et mourut de cette blessure. Orphée, inconsolable de l'avoir perdue et voulant la recouvrer à tout prix, prend sa lyre et descend aux enfers. Arrivé au bord du Styx, il charme par ses chants Cerbère, énorme chien chargé de garder l'entrée du sombre empire, et pénètre jusqu'au trône de Pluton. Il tire de sa lyre des sons si suaves et si plaintifs, que les grands coupables ne ressentent plus leurs tourments. Pluton lui-même est attendri et pleure pour la première fois ; il consent à rendre Eurydice à son époux, à condition que celui-ci ne regardera pas en arrière avant d'être sorti des enfers. Orphée, impatient de revoir une épouse chérie, oublie sa promesse, tourne la tête et regarde Eurydice; hélas! Eurydice est perdue pour jamais. Dans son désespoir, Orphée se retira sur le mont Rhodope, vivant seul, toujours inconsolable et tout entier à sa douleur. Les bacchantes, irritées et jalouses de son éternelle tristesse, déchirèrent son corps, dispersèrent ses membres dans les campagnes et jetèrent sa tête dans l'Hèbre. Jusqu'à son dernier soupir il appela sa chère Eurydice, et sa langue glacée murmurait encore : « Eurydice! Eurydice ! »

Questionnaire.

Pourquoi Apollon descendait-il sur la terre ? — Qu'était-ce que Marsyas ? — Qui osa-t-il défier ? — Quels furent les juges de cette lutte ? — A qui fut adjugée la victoire ? — Comment Apollon punit-il Marsyas ? — Par qui la mort du malheureux satyre fut-elle pleurée ? — Qu'était-ce que Midas ? — Quel service rendit-il à Bacchus ? — Quel don lui fit ce dieu ? — Pourquoi Midas supplia-t-il Bacchus de lui retirer ce don ? — Quel conseil lui donna ce dieu ? — Racontez de quelle manière Midas fut puni de sa sottise dans une autre circonstance. — Comment le secret fut-il connu ? — Racontez l'histoire de Cyparisse; — celle d'Hyacinthe. — Racontez l'histoire de Céphale et de Procris. — Dans quelle ville Esculape avait-il été nourri ? — Comment se rendit-il célèbre ? — Pourquoi fut-il foudroyé ? — A quel art présidait-il comme dieu ? — Comment le représente-t-on ? — Quelle demande Phaéton fit-il à son père ? — Comment fut-il puni de son im-

prudence? — Qu'était-ce qu'Amphion ? — Que disent
de lui les poëtes? — Racontez l'histoire d'Arion. — De
qui Linus était-il fils? — Quels furent ses disciples? —
Comment périt-il? — Racontez l'histoire d'Orphée.

CHAPITRE IX.

Minerve. — Sa naissance et ses exploits. — Dispute de
Minerve et de Neptune. — Vengeances de Minerve. —
Histoire d'Arachné, de Méduse et de Tirésias. — Culte
et images de Minerve. — Fêtes de cette déesse.

Minerve.

Apollon, le dieu des beaux-arts, en enseignant
aux hommes la poésie et la musique, avait amé-
lioré leur destinée et les avait préparés à recevoir les bienfaits de la civilisation. Une autre
divinité, plus puissante encore que le dieu de
l'harmonie, parce qu'elle mettait en jeu toutes
les facultés de l'homme, continua cette œuvre
de régénération : ce fut Minerve, fille de Jupiter,
déesse de la sagesse, de l'intelligence et de l'industrie.

La naissance de Minerve est entourée d'allégories merveilleuses. Jupiter, dans un accès de
fureur, avait dévoré sa première femme, Métis,
c'est-à-dire la réflexion. La digestion était pé-
nible, le sang refluait violemment au cerveau du

dieu. Les douleurs qu'il éprouvait devinrent si insupportables, qu'il appela Vulcain et lui ordonna de lui asséner sur la tête un coup de hache. Vulcain obéit; le fer pénètre dans le front du maître des dieux, et de son crâne entr'ouvert s'élance tout à coup une jeune vierge armée de pied en cap[1]. A son apparition, tout l'Olympe trembla, la terre et la mer chancelèrent, les coursiers du Soleil se cabrèrent. Les Rhodiens, effrayés de ces phénomènes, s'imaginèrent que quelque grand prodige s'était opéré dans le palais des dieux, et s'empressèrent d'élever un autel dans leur ville pour se rendre propice la divinité inconnue qui manifestait ainsi sa puissance. Jupiter, édifié de ce zèle religieux, fit tomber dans l'île une pluie d'or.

Minerve, conçue dans le cerveau de Jupiter, s'était assimilé toutes les substances divines renfermées dans la pensée du maître des dieux: aussi fut-elle appelée déesse de la sagesse, de la force et de l'industrie. Cette Minerve fut sans doute un homme des anciens temps, d'un puissant génie, qui ne se manifesta qu'après s'être longtemps nourri du travail de la pensée. La navigation, l'agriculture et l'astronomie, qu'il enseigna aux hommes, expliquent ces perturbations qu'éprouvèrent le ciel, la terre et les mers. Les Rhodiens, ayant appliqué les premiers les moyens de communication qu'il leur avait dé-

---

1. C'est-à-dire des pieds jusqu'à la tête. *Cap*, pris dans ce sens, vient du mot latin *caput*, qui signifie *tête*.

couverts, devinrent riches et puissants. On dit aussi que les poëtes, en nous racontant l'étrange accouchement de Jupiter, ont voulu nous enseigner que la pensée, avant de sortir du cerveau, doit être profondément mùrie par la réflexion et qu'il faut longtemps méditer avant de produire.

Minerve ne tarda pas à utiliser la noble ardeur qui l'animait. Elle aida puissamment son père dans la guerre des géants contre les dieux. Toujours debout sur la brèche, elle combattit hardiment contre ses terribles ennemis, perça de sa lance le géant Pallas, l'étendit mort à ses pieds, et, lui arrachant la peau, elle en couvrit son immortel bouclier. Fière de ce grand exploit, elle prit le nom de celui qu'elle avait tué et se fit appeler déesse de la guerre. Mais, comme personnification de la guerre, Minerve ne doit pas être assimilée à Mars, le dieu du sang et du carnage.

A l'époque où les dieux visitaient la terre pour y répandre les inventions utiles à la vie humaine, Minerve y descendit aussi, faisant bénir son nom partout où elle passait : car elle enseignait aux hommes l'écriture et la peinture. Elle rassemblait aussi autour d'elle des jeunes filles, leur apprenait l'art de filer la laine, de la tisser, et de semer sur la toile des guirlandes, des fleurs et de capricieuses broderies. Voulant faire participer tous les peuples aux bienfaits de ces précieuses connaissances, elle creusa des troncs d'arbres coupés dans la forêt de Dodone, les mit à flot, et, pour les diriger sur la vaste étendue des mers, elle plaça à la poupe un gouvernail qui imprimait à la masse flottante la volonté du pilote. Elle voulut présider à la première expédition des Argonautes, dont nous parlerons plus tard.

Mais le peuple que Minerve préférait à tous les autres était le peuple grec. Sous l'inspiration de la déesse, un Égyptien de la ville de Saïs, nommé Cécrops, vint l'aider dans son œuvre de civilisation. Tous deux, de concert avec Neptune, le dieu des mers. rassemblent dans les plaines de l'Attique les peuplades dispersées et construisent douze bourgades protégées d'un côté par la mer, de l'autre par de fortes citadelles. L'ouvrage achevé, Neptune et Minerve se disputent l'honneur de donner un nom à la ville et consentent à porter le débat à la cour de Jupiter. Les douze grands dieux descendent de l'Olympe et décident que celui-là donnera son nom à la ville, qui produira la chose la plus utile au nouveau peuple. Neptune frappe la terre de son trident, et tout à coup s'élance un cheval, l'œil étincelant, les crins hérissés, bondissant sur ses jarrets nerveux. A la vue du noble animal, l'auguste assemblée fut ravie d'admiration. Minerve à son tour frappe la terre de sa lance, et l'on voit paraître un magnifique olivier tout chargé de fruits, emblème de la paix et de l'agriculture nourricière des hommes. La paix étant jugée plus utile aux hommes que la guerre, les dieux se décidèrent en faveur de Minerve, et la ville fut appelée Athènes, du nom *Athènè*, que les Grecs donnaient à Minerve.

Les divinités païennes, créées par les hommes, devaient se ressentir de leur tache originelle : aussi toutes avaient quelques-unes des faiblesses de la nature humaine. Minerve elle-même, la plus haute expression de la morale ancienne, n'était point exempte de ces faiblesses. Orgueilleuse et superbe, jalouse de toute supériorité, elle châtia rudement les imprudentes mortelles qui osèrent lutter d'habileté avec elle. La Fable nous a transmis quelques-unes de ses vengeances.

Une jeune Lydienne nommée Arachné, d'abord pauvre et obscure jeune fille, s'était ensuite rendue célèbre par ses travaux de tapisserie. Chacun admirait son talent, et peu à peu l'orgueil s'était glissé dans son cœur. Minerve voulut voir cette rivale. Elle cache sa divinité sous la forme d'une vieille femme bien ridée, et, un bâton à la main, elle aborde Arachné, examine ses broderies et lui indique quelques défauts de nuances et de coloris. Arachné jette sur l'étrangère un regard plein de mépris et de courroux et retient à peine sa main prête à frapper. Alors Minerve, se dépouillant des traits qu'elle a empruntés, révèle sa divinité et se manifeste dans toute sa splendeur. Arachné ne paraît point émue, et, croyant surpasser la déesse en habileté, elle ose lui porter un défi ; Minerve l'accepte et toutes deux se mettent à l'œuvre.

Minerve peint sur la toile la ville d'Athènes avec ses douze collines et la mer ; les douze grands dieux, revêtus d'une auguste majesté et assis au milieu d'un peuple immense; Neptune, frappant la terre de son trident et faisant sortir un cheval d'une merveilleuse beauté. Elle se représente ensuite elle-même, le casque sur la tête, la lance à la main et faisant éclore un olivier au pâle feuillage; enfin elle peint Jupiter se détachant du groupe des dieux et venant la couronner.

Arachné, pour humilier l'orgueil de Minerve, rabaisse la puissance des dieux en représentant leurs faiblesses et leurs disgrâces. Elle peint Jupiter vaincu par le géant Typhon, les dieux désertant l'Olympe au moment du combat et fuyant en Égypte sous la forme d'animaux immondes; Vulcain, chassé du ciel, se débattant dans l'espace et roulant dans les cavernes de Lemnos; Latone qui se change en louve pour échapper aux poursuites d'un serpent; enfin Apollon, meurtrier des Cyclopes, réduit à se faire berger pour gagner sa vie. Autour de la toile serpentaient des rameaux de lierre entrelacés de fleurs. Il y avait tant de délicatesse dans le tissu, tant de richesse dans les nuances, que la déesse, irritée du succès de la jeune Lydienne, lui frappa quatre fois la tête avec la navette de buis qu'elle tenait à la main. Arachné ne peut survivre à cet affront: elle se suspend à une corde pour s'étrangler. Alors Minerve, touchée de compassion, ne veut pas qu'elle meure; elle la change en araignée et la condamne à rester suspendue dans les chaumières pour y ourdir ses toiles sans interruption.

Cette vengeance n'est pas la seule que l'on reproche à la déesse de la sagesse. Dans la Libye vivait une jeune fille d'une très-grande beauté; sa chevelure surtout était incomparable. Son nom était Méduse, une des trois Gorgones, filles de Phorcus et de Céto, divinités de la mer. Fière des dons que la nature lui avait départis, elle osa un jour se préférer à Minerve. La déesse, irritée de cette audace, changea en horribles serpents les cheveux de Méduse et donna à ses yeux la faculté de pétrifier, c'est-à-dire de changer en pierre tous ceux qu'elle regardait. Partout où la Gorgone portait ses pas, on voyait les hommes et les animaux subitement changés en pierres. La contrée qu'elle habitait était devenue déserte. Alors Minerve chargea Persée, un des héros dont nous parlerons plus tard, d'aller tuer Méduse, et, pour le garantir des terribles effets de ses regards, elle lui remit un miroir magique qui rendait invisible celui qui le portait. Le héros, muni de ce talisman, arrive en Libye, se présente devant Méduse sans être vu et lui coupe la tête. Le sang qui en jaillit produisit le fameux cheval Pégase, la monture des poëtes; et chaque goutte qui tomba sur la terre fit éclore autant de serpents. Persée se servit de cette tête dans toutes ses expéditions; elle avait gardé la propriété de pétrifier ceux qui la regardaient. Avant de mourir, il la donna à Minerve, qui la cloua sur son bouclier.

On cite encore de Minerve un autre trait de vengeance. Il était défendu aux mortels de contempler les dieux dans toute leur splendeur sans leur permission, sous peine d'être sévèrement punis. Or, il arriva qu'un pauvre vieillard, nommé Tirésias, fut conduit par le hasard auprès de la fontaine Hippocrène, où se trouvait Minerve au milieu de ses nymphes. L'implacable déesse le priva de la vue; mais ensuite, se repentant de cet acte cruel, elle lui accorda, comme compensation, le don de prédire l'avenir, lui fit présent d'un bâton pour guider sûrement sa marche, et lui promit de le faire vivre onze âges d'homme. Ce Tirésias devint le plus célèbre devin du monde. Il usa souvent de ce don de prophétie pendant les longues guerres qui désolèrent Thèbes, sa patrie, et plus tard les Thébains reconnaissants lui élevèrent un tombeau et l'honorèrent comme un dieu. Il avait un oracle à Orchomène, et on lui attribuait des livres sur la divination.

Minerve, quoique douée d'une profonde sagesse, n'était pas exempte de coquetterie. Elle avait inventé la flûte, et, un jour qu'elle jouait de cet instrument en présence de Junon et de Vénus, ces deux déesses se prirent à rire en voyant les grimaces qu'elle faisait. Minerve consulta son miroir, et de dépit elle jeta sa flûte, vouant à une mort funeste celui qui la trouverait : ce fut le satyre Marsyas qui la ramassa, pour son malheur.

Le culte de Minerve se répandit rapidement dans toutes les contrées. Le premier homme qui l'apporta en Grèce fut Cécrops l'Égyptien, le fondateur d'Athènes. Les villes qui l'honorèrent d'un culte particulier furent Saïs, en Égypte, où était un temple magnifique; Rhodes, et surtout Athènes. Dans cette dernière ville on célébrait tous les cinq ans des fêtes nommées les grandes Panathénées, qui attiraient un immense concours de peuple. On y proposait des prix pour la course et la lutte, ainsi que pour des combats de poésie et de musique. Ces combats étaient suivis de festins publics et de sacrifices dans lesquels les assistants tenaient à la main une branche d'olivier. Outre ces fêtes solennelles, les Athéniens célébraient encore tous les ans en l'honneur de la même déesse les petites Panathénées. Ils lui avaient aussi élevé un temple magnifique, appelé le Parthénon : là était sa statue, faite d'or et d'ivoire, l'un des plus admirables chefs-d'œuvre du sculpteur Phidias.

La ville de Troie avait aussi la statue de Minerve dans un de ses temples. Cette statue, nommée Palladium, était faite, dit-on, avec les os de Pélops, l'un des premiers rois du Péloponèse, et à sa conservation était attaché le salut de la ville. Lorsque les Grecs, après dix ans de siége, l'eurent arrachée par trahison du sanctuaire où elle était placée, la ruine de Troie fut consommée.

A Rome, on célébrait aussi les Minervales. A l'époque de la célébration de ces fêtes, les écoliers faisaient à leurs maîtres des présents appelés minervales, et pendant toute leur durée, les tribunaux, les académies et les lycées étaient fermés et pavoisés de branches d'olivier.

On c nsacrait à Minerve la chouette et le hibou, image de sa pénétrante sagesse. On la représentait (*fig*. 8) avec une figure noble et majestueuse, les cheveux flottants, la tête couverte d'un casque surmonté d'un panache, tenant une pique d'une main, de l'autre son égide ou son bouclier au milieu duquel était placée la tête de Méduse. Auprès de la déesse étaient les attributs des arts et des sciences.

Questionnaire.

Racontez la naissance de Minerve. — Que se passa-t-il à l'apparition de cette déesse? — Que firent les Rhodiens? — Comment furent-ils récompensés? — Quelles explications peut-on donner sur la naissance de Minerve? — Quels services cette déesse rendit-elle à Jupiter? — Quel nom prit-elle? — Quels arts enseigna-t-elle aux hommes? — Quel était celui de tous les peuples qu'elle préférait? — Par qui fut fondée la ville d'Athènes? — Quels dieux se disputèrent l'honneur de donner un nom à la ville nouvelle? — Racontez ce débat. — Qu'était-ce qu'Arachné? — Racontez son histoire. — Comment se vengea Minerve? — Que devint Arachné? — Qu'était-ce que Méduse? — Comment Minerve la punit-elle de son orgueil? — De quelle propriété étaient doués les yeux de Méduse? — Qui fut chargé de la combattre? — Comment Persée vint-il à bout de la tuer? — Que fit-il de la tête de Méduse? — Racontez l'histoire de Tirésias. — Pourquoi Minerve renonça-t-elle à jouer de la flûte? — Que fit-elle de son instrument? — Par qui fut-il ramassé? — Par qui le culte de Minerve fut-il apporté en Grèce? — Quelles fêtes se célébraient à Athènes en l'honneur de

cette déesse? — Quel temple lui avait-on élevé? — Qu'é-
tait-ce que le Palladium? — Comment se célébraient les
fêtes de Minerve à Rome? — Que consacrait-on à Minerve? — Comment représentait-on cette déesse?

CHAPITRE X.

Mercure. — Sa naissance. — Ses larcins. — Services
rendus aux dieux par Mercure — La nymphe Io et
Argus. — Fonctions diverses de Mercure. — Son culte,
ses images et ses attributs.

Mercure.

Sous le règne d'Osiris, en Égypte, un homme
nommé Hermès[1] ou Mercure, doué de grandes
qualités, s'était rendu célèbre par le succès des
négociations délicates dont on l'avait chargé.
Nommé ministre et administrateur de l'Égypte à
l'époque où Osiris était parti pour la conquête
des Indes, cet homme sage et habile avait rétabli
l'ordre dans les finances, et régularisé les inondations du Nil par des canaux qui recevaient le
trop plein des eaux du fleuve et le réversaient,
à l'aide d'écluses, dans les années de sécheresse.
Il avait fait fleurir le commerce et l'industrie en

1. Hermès vient d'un mot grec qui signifie *interprète*,
et Mercure d'un mot latin qui signifie *marchandise* ;
Mercure était l'interprète des dieux et le dieu des marchands.

ouvrant chez les nations étrangères des marchés où s'exportaient les riches produits de la terre d'Égypte et en creusant des ports où les vaisseaux des peuples voisins venaient déposer leurs marchandises. Il avait encore enseigné l'arpentage ou l'art de mesurer les terrains, qui presque tous les ans se trouvaient dérangés et confondus par les débordements du Nil. Comme à cette époque les générations s'éteignaient sans transmettre à celles qui les suivaient le souvenir de leurs aïeux, il inventa des signes mystérieux, des caractères sacrés, nommés hiéroglyphes, qui, inscrits sur le fronton des temples et sur la pierre des obélisques, représentaient tous les faits de l'histoire égyptienne. Enfin, il avait bâti des observatoires pour que les astronomes pussent étudier, dans le silence des nuits, les révolutions et les phases des astres.

Ce fut cet homme célèbre que le commerce divinisa. Mais comme alors la loyauté et la bonne foi ne présidaient pas toujours aux traités et aux engagements, qu'on employait des manœuvres frauduleuses dans les transactions, on créa un dieu trompeur et déloyal, chargé de faire transiger les hommes avec leur conscience. Mercure fut donc le dieu de l'éloquence, du commerce et des voleurs. On lui donne pour père le grand Jupiter et Maïa, fille d'Atlas, pour mère. Son enfance fut confiée à d'habiles nourrices, les quatre Saisons. Elles prirent un soin tout particulier du divin enfant, et il reçut d'elles toutes les qualités requises pour l'accomplissement de l'œuvre qu'il avait à remplir : le Printemps lui donna son langage fleuri et séduisant, l'Été sa dévorante activité, l'Automne, son expérience, sa maturité et sa sagesse ; enfin l'Hiver, sa dureté et sa rigueur. Il prit d'elles encore cette merveilleuse aptitude à changer de formes suivant les circonstances et ses caprices.

Le lendemain même de sa naissance, le dieu mit à profit les doctes leçons de ses nourrices. L'espiègle enfant, voyant courir sur le mont Cyllène le petit Cupidon avec un carquois sur l'épaule, s'échappe de son berceau et revient bientôt avec un faisceau de flèches dérobées au fils de Vénus. Le lendemain, apercevant dans les plaines de Pylos un troupeau de génisses conduit par Apollon, il sort tout doucement de la demeure des Saisons et guette sa proie, blotti dans le creux d'un rocher ; puis, tandis que le dieu de l'harmonie, tout entier à ses chants et aux accords de sa lyre, n'exerce plus une surveillance aussi attentive, Mercure s'approche du troupeau, le détourne de sa route, le fait marcher à reculons afin d'en faire perdre la trace, et le cache dans le fond d'un bois. Vers le soir, Apollon appelle ses génisses ; étonné, il regarde de tous côtés, le troupeau a disparu ; dans sa fureur, il cherche ses armes pour punir le coupable, mais l'arc et les flèches du dieu ont aussi disparu.

Un seul homme avait vu fuir le voleur : c'était Battus, le plus ancien pâtre de la contrée. Mercure acheta sa discrétion en lui donnant la plus belle génisse. Le dieu des larrons, soupçonneux et défiant, revient de nouveau auprès du vieux pâtre sous une autre forme et lui promet deux bœufs s'il veut le mettre sur la trace du voleur. Battus se laisse séduire et vend son secret; alors le dieu irrité reprend sa première forme et change le parjure en pierre de touche. Apollon cependant finit par découvrir l'auteur du vol, et alla sur le mont Cyllène pour réclamer ses génisses. L'enfant jouait alors avec les flèches du dieu dans son berceau. Par d'adroites flatteries il sut détourner sa colère, entra en composition avec lui et lui fit hommage d'une écaille de tortue sur laquelle étaient tendues quatre cordes harmonieuses. Apollon, charmé de ce présent, lui offrit en échange une baguette de coudrier qui avait la propriété de réconcilier ceux que la haine divisait. Mercure ne tarda pas à en faire l'essai. Ayant vu deux serpents qui se battaient, il la jeta entre les deux reptiles; aussitôt leur fureur se calma, et, s'entrelaçant, ils s'enroulèrent autour de cette baguette magique. Mercure les y fixa avec un clou d'or, et se forma un sceptre qu'il appela son caducée.

Peu de temps après il quitta ses chères nourrices et monta vers l'Olympe pour prendre place parmi les immortels. Tous les jours il égayait les dieux par de nouvelles espiègleries : à Neptune il enlevait son trident, à Mars son glaive, à Vulcain ses outils, à Vénus sa ceinture et à Jupiter son sceptre. Une fois pourtant le maître des dieux fronça le sourcil et chassa son fils du ciel :

l'imprudent avait osé toucher à son tonnerre pour le cacher; mais sa main s'était calcinée au contact du feu céleste, et il avait poussé un grand cri qui l'avait trahi.

Mercure descendit donc du ciel et revint parmi les hommes. Il se fit berger comme Apollon. Son troupeau s'enrichissait chaque soir de bêtes nouvelles qu'il recrutait en maraudant dans les pâturages voisins. Pendant longtemps les pâtres conservèrent l'usage de placer sa statue à l'entrée de leurs bergeries pour les préserver des attaques nocturnes des voleurs, qui, à l'aspect vénéré de leur dieu, passaient outre et allaient exercer plus loin leur coupable industrie. Mercure, ennuyé de la vie pastorale, revêtit le manteau des orateurs et parcourut les grandes villes, rassemblant le peuple sur les places publiques et ouvrant des écoles pour y enseigner les règles de l'art oratoire. Son génie inquiet et remuant ne put s'accommoder longtemps de ce genre de vie; il abandonna la tribune pour se livrer au commerce et aux spéculations industrielles : on vit alors les fortunes les plus solidement établies s'écrouler par les manœuvres frauduleuses de la cupidité et de la mauvaise foi.

Les jours de son exil étant achevés, Mercure remonta dans l'Olympe, et par son empressement officieux à rendre service aux immortels, il sut bientôt reconquérir leur estime et leur confiance. Il devint le messager des dieux, l'ambassadeur et le plénipotentiaire de Jupiter. Celui-ci lui confia une mission délicate et difficile.

Jupiter avait changé en génisse la nymphe Io, fille d'Inachus, pour la garantir de la haine jalouse de l'implacable Junon. Depuis longtemps Junon cherchait en tous lieux sa rivale sans pouvoir la rencontrer. A la vue de cette blanche génisse qui errait sur les bords du Pénée, elle soupçonna que la jeune nymphe pouvait bien être cachée sous cette forme. Elle l'enchaina par les cornes et la confia à son fidèle Argus. C'était un monstre qui avait cent yeux autour de la tête : quand il sommeillait il n'en fermait que deux à la fois et tour à tour ; les autres veillaient sans intermittence. Jupiter, touché de la triste destinée de cette jeune fille, chargea Mercure de tuer Argus et de rendre à la nymphe Io sa première forme.

Le petit-fils d'Atlas met des ailes à ses pieds, et, le caducée à la main, il fend l'espace et descend sur la terre. Arrivé en Thessalie, il rencontre un troupeau de chèvres, le dérobe, et vient s'asseoir vêtu en pâtre sur le rocher où était Argus. La nuit commençait à s'abaisser sur les montagnes. Mercure prend sa lyre et en tire des sons si doux et si plaintifs que le monstre aux cent yeux ne s'aperçoit point que les ombres couvrent la terre. Bientôt les vapeurs du sommeil descendent sur ses paupières ; il ne peut plus résister aux douceurs du repos. Mercure fait entendre par gradation des sons plus doux encore ; enfin Argus laisse tomber sa tête appesantie, ses yeux se ferment. Mercure profite de ce moment et lui coupe la tête avec son glaive ; puis, touchant Io de son caducée, il lui rend sa première forme. Junon, sensible à la triste destinée de son fidèle gardien, voulut du moins que son souvenir vécût éternellement, et sema ses cent yeux comme autant de pierres précieuses sur le plumage du paon, son oiseau favori.

Jupiter, charmé de l'heureuse issue de cette mission, eut encore recours à l'adresse de Mercure dans une autre circonstance. Sémélé, fille de Cadmus, cédant aux perfides conseils de Junon qui la poursuivait de sa haine, avait prié Jupiter de se montrer à elle dans tout l'éclat de sa divinité. Comme le maître des dieux avait juré par le Styx de lui accorder tout ce qu'elle demanderait, il se trouva lié par ce serment redoutable. Il parut donc à ses regards armé de la foudre, le front couronné d'éclairs. Aussitôt le palais s'embrase : Sémélé et le petit Bacchus, son fils, sont ensevelis sous les ruines de l'édifice. Jupiter ordonne à Mercure d'aller arracher à la mort la mère et l'enfant : l'agile messager s'élance avec la rapidité de la flèche, et, arrivé aux lieux consumés par la foudre, il cherche Sémélé et son fils ; il ne retrouve plus que le petit enfant, l'emporte dans l'Olympe, et le cache dans la cuisse de Jupiter pour le soustraire aux regards jaloux de l'acariâtre Junon.

On a aussi déjà vu comment Mercure, après la guerre des Titans, avait aidé Jupiter à enchaîner Prométhée sur le mont Caucase. Junon elle-même, émerveillée de son adresse et de son habileté, lui pardonna la mort d'Argus et le chargea de punir un insolent mortel qui l'avait outragée : c'était Ixion, roi des Lapithes. Mercure l'ayant trouvé dans la vallée de Thessalie, le précipita pieds et poings liés au fond du Tartare, et l'attacha avec des chaînes de fer sur une roue qui tournait sans interruption.

L'adroit messager aida encore Pluton, le roi des enfers, à conduire Proserpine, fille de Cérès, dans les profondeurs du Tartare. En récompense de ce service, Pluton lui donna à remplir aux enfers une fonction redoutable. Toutes les âmes des morts trouvaient, à leur sortie du corps qu'elles avaient habité, le dieu ailé, qui les conduisait, le caducée en main, sur les bords du Styx. Caron, le vieux nocher des enfers, les embarquait dans sa nacelle, après avoir reçu toutefois de chacune d'elles une obole [1] pour payer la traversée. Celles qui n'apportaient pas à l'inflexible vieillard le prix du passage étaient condamnées à errer plaintives et malheureuses tout le long du fleuve. C'est pour cela que les anciens avaient soin de mettre sous la langue ou dans la main des morts une petite pièce de monnaie.

Cent ans après, dit-on, Mercure reprenait ces âmes aux enfers, les ramenait sur la terre et les introduisait dans des corps nouveaux. C'est sur cette migration des âmes qu'est fondée la métempsycose, croyance religieuse apportée d'Égypte par Pythagore. On raconte de ce philosophe, qu'ayant un jour aperçu un bouclier sus-

1. Petite pièce de monnaie.

pendu à la voûte d'un temple, il s'écria tout à coup : « Voilà le bouclier que je portais au siége de Troie sous le nom d'Euphorbe ! » D'abord les âmes passaient du corps humain dans celui d'un animal, puis dans celui d'une plante, pour revenir après ces trois révolutions successives, espacées de cent ans en cent ans, dans le groupe de l'humanité. Plus tard on décréta que cette migration des âmes ne s'opérerait plus que dans des corps de même nature.

Cette croyance est encore adoptée par quelques peuples de l'Inde. Ils ont des prêtres, appelés bramines, chargés d'entretenir des caravansérails[1] où sont entassés pêle-mêle tous les animaux malades, parce qu'ils s'imaginent que sous cette forme sont peut-être cachés quelques-uns de leurs parents ou de leurs amis.

Les diverses attributions dont Mercure était chargé avaient répandu son culte dans toutes les parties du monde. En Égypte on lui immolait des autruches, emblèmes de sa vélocité ; en Grèce, les langues des victimes, symbole de son éloquence. En Italie, on lui dédiait la première figue et les prémices des fruits. Devant les portes des maisons et le long des routes, on élevait en son honneur de petites statues de pierre nommées *hermès* pour préserver les propriétés contre les voleurs. En Achaïe, il avait un oracle célèbre qu'on allait consulter de tous les pays de la Grèce. Ceux qui sortaient du temple devaient se boucher

1. Espèces d'hôtelleries.

les oreilles et se montrer toutefois attentifs à ce qu'ils pourraient entendre sur leur route, parce que la première parole qu'ils saisissaient devait être la réponse de l'oracle.

Les Athéniens, les Crétois et les Babyloniens avaient consacré à Mercure six jours dans l'année, pendant lesquels les maîtres servaient à table leurs esclaves, comme dans les Saturnales de Rome, dont nous avons déjà parlé. A Rome, au mois de mai, tous les marchands de l'Italie affluaient dans le temple de Mercure. La toge retroussée, ils se purifiaient dans les eaux lustrales, et, agenouillés sur les dalles du temple, ils imploraient l'indulgence du dieu pour leurs fraudes passées et à venir. Après cette étrange invocation, ils plaçaient une truie sur un bûcher et offraient du miel, du lait et des figues.

On représentait Mercure (*fig.* 9) jeune, leste, toujours souriant, à moitié couvert d'un pallium ou manteau, avec des ailes aux pieds, ainsi qu'à son *pétase,* espèce de coiffe ronde qui lui couvrait la tête. Comme messager des dieux et huissier de l'Olympe, il a des ailes blanches, le doigt sur la bouche; comme dieu des marchands, il est représenté une bourse à la main ; comme le guide des âmes, on lui donne une baguette et des ailes noires aux pieds; dieu de l'éloquence, il a une chaîne d'or suspendue à ses lèvres ; dieu des bergers, il porte un bélier sur ses épaules; dieu de la musique, il tient une tortue, parce que les lyres étaient faites de la carapace de cet animal, sur laquelle on avait fixé des cordes inégales :

c'est pour cela que les Latins appelaient la lyre *testudo*, mot qui signifie *tortue*.

Questionnaire.

A quelle époque vivait Hermès? — Quels services rendit-il aux Égyptiens? — Que fit-on de cet homme célèbre? — A quoi présidait le dieu Mercure? — De qui était-il fils? — A qui fut confiée son enfance? — Quelles qualités reçut-il de ses nourrices? — Que fit-il le jour même de sa naissance? — Que déroba-t-il à Apollon? — Comment cacha-t-il son larcin? — Que déroba-t-il encore à Apollon? — Comment punit-il le parjure Battus? — Par quel moyen apaisa-t-il la colère d'Apollon? — Quel présent lui fit ce dieu? — Comment égayait-il les dieux dans l'Olympe? — Pourquoi fut-il chassé du ciel? — Que fit-il sur la terre? — Quels furent ses divers genres de vie? — Que devint Mercure lorsqu'il fut remonté dans le ciel? — Quelle mission lui fut confiée par Jupiter? — Comment s'en acquitta-t-il? — Que fit Junon pour son fidèle Argus? — Dans quelle autre circonstance Jupiter eut-il recours à l'habileté de Mercure? — Comment Mercure sauva-t-il le petit Bacchus? — Quel service rendit-il à Pluton? — Comment fut-il récompensé? — Sur quoi reposait la doctrine de la métempsycose? — Cette doctrine n'est-elle pas encore admise chez quelques peuples de l'Inde? — Le culte de Mercure était-il répandu? — Quels animaux lui sacrifiait-on? — Quelles fêtes avait-on instituées en son honneur? — Comment représente-t-on ce dieu suivant ses divers attributs? — Pourquoi tient-il quelquefois une tortue?

CHAPITRE XI.

Mars.

Minerve, déesse de la sagesse et de l'intelligence, ne se servait de la guerre que comme d'un moyen pour forcer les hommes à accepter les bienfaits de la civilisation. Minerve, c'est aussi la Sagesse armée qui venge et maintient les droits des nations. Mais il arrivait souvent qu'un peuple, poussé par des instincts sauvages, par la fureur des conquêtes, portait chez les nations voisines l'épouvante et la désolation. Cette force brutale fut aussi divinisée; on créa un dieu pour absoudre ces excès sanglants et coupables. Les Grecs le nommèrent Arès, et les Romains Mars : ce double nom est l'expression d'une même divinité, terrible, implacable, qui se plaît au milieu du sang et des ruines.

Mars, le dieu de la guerre, était fils de Jupiter et de Junon. Encore enfant, il apprit de Priape, l'un des Titans, son gouverneur, à étouffer des ours et des tigres. A l'époque de la révolte des Titans, il aida Jupiter à chasser de l'Olympe ces terribles ennemis. Plus tard, s'étant pris de querelle avec les Aloïdes, race titanide, il fut fait prisonnier, enfermé dans les entrailles de la terre, et ne dut sa délivrance qu'à l'adresse de Mercure. Toujours prêt à combattre, toujours en lutte, il tua Allyrothius, un des fils de Neptune. Le puissant dieu des mers le cita devant le tribunal des Grecs, à Athènes. Mais comme cet Allyrothius avait détruit tous les oliviers plantés dans les champs, le meurtrier fut absous. Ce tribunal devint célèbre dans la suite et reçut le nom d'Aréopage, parce que la première cause soumise à sa juridiction fut celle d'Arès ou de Mars. A l'époque du siége de Troie, il descendit de l'Olympe armé de pied en cap et se jeta dans la mêlée. Mais il reçut dans la poitrine la pointe d'une lance dirigée par le vaillant Diomède, et le cri qu'il poussa fut si terrible, que les deux armées s'enfuirent d'épouvante. Un baume bienfaisant fut appliqué sur la blessure, et elle fut bientôt cicatrisée.

Le dieu Mars avait pour sœur Bellone, déesse aussi puissante et aussi redoutable que son frère, se plaisant comme lui au jeu cruel des batailles. C'était elle qui attelait le char de son frère quand il partait pour la guerre. Elle le suivait dans les combats, l'œil en feu, les cheveux épars, un fouet sanglant à la main, escortée de la Discorde, qui jetait au milieu des bataillons des torches incendiaires, de la Fuite et de la Terreur, divinités terribles qui broyaient sous les roues de leurs chars les enfants, les vieillards et les femmes.

Le culte d'Arès fut peu répandu dans la Grèce; on ne lui éleva point de temples. Sparte seule vénérait une de ses statues; cette statue était liée et garrottée, pour que le dieu ne passât point du côté des ennemis. Mais à Rome le culte de Mars fut toujours en grande vénération. Les Romains le regardaient comme le fondateur de leur empire, puisqu'il passait pour être le père de Romulus et de Rémus. Numa, second roi de Rome, institua en l'honneur du dieu un collége de prêtres nommés saliens. L'origine de cette institution sacerdotale a quelque chose d'étrange et de merveilleux. Voici ce qu'on raconte à ce sujet:

Une peste horrible désolait la ville. Un bouclier tomba du ciel, et tout à coup le fléau disparut. Numa alla consulter, selon sa coutume, la nymphe Égérie. Il lui fut répondu que ce bouclier donnerait la soumission de tous les peuples de l'univers à la ville qui le conserverait. Le roi, pour empêcher qu'on ne l'enlevât, fit aussitôt fabriquer onze boucliers parfaitement semblables et en confia la garde à douze prêtres. Tous les ans ces prêtres parcouraient la ville en dansant, vêtus d'une tunique de pourpre, armés de lances et portant sur leurs épaules les boucliers sacrés. Ces fêtes s'appelaient Anciles, du mot latin *ancilia*, boucliers échancrés. Auguste, après la bataille de Philippes, éleva au dieu Mars, hors de la ville, un temple magnifique qui servait de forteresse et de rempart aux murs qu'il protégeait.

On représente Mars (*fig.* 10) sous la forme d'un vieillard à large poitrine, couvert d'une cuirasse d'airain, coiffé d'un casque, armé d'une lourde lance, vêtu le plus souvent d'une robe flottante. Sur les champs de bataille, il est traîné sur un char attelé de chevaux fougueux conduits par Bellone. Le vautour, emblème de sa force, et le coq, celui de sa vigilance, lui étaient consacrés. On immolait en son honneur des taureaux, des béliers, des chevaux, et quelquefois des prisonniers de guerre.

Vénus.

Les païens, comme on l'a déjà vu, avaient personnifié non-seulement les phénomènes de la nature, mais encore les facultés physiques ou intellectuelles de l'homme, ses vertus et ses vices, ses qualités et ses travers. La beauté fut aussi divinisée, et cette nouvelle divinité s'appela Vénus chez les Latins, chez les Grecs Aphrodite, c'est-à-dire *née de l'écume*. Elle était fille du Ciel et de la Mer. Voici comment sa naissance est racontée dans la Fable. Uranus ayant été blessé par Saturne, quelques gouttes de son sang tombèrent dans l'Océan. Aussitôt un flocon d'écume, blanc comme la neige, s'entr'ouvre à la surface des eaux, et l'on voit sortir une jeune déesse d'une ravissante beauté, mollement balancée par les vagues et caressée par le souffle des zéphyrs. Les Tritons et les divinités de la mer l'environnent, la placent sur une conque marine [1] et la déposent dans l'île de Cypre. Assise sur le rivage, elle secoue sa longue chevelure imbibée d'eau, y répand de suaves parfums, se couronne de roses, et monte, brillante et radieuse, vers l'Olympe. A son arrivée, il y eut un long murmure d'admiration. Jupiter l'adopta pour sa fille et la plaça sur un trône à ses côtés. Tous les dieux la souhaitèrent pour épouse; mais ils furent tous éconduits. Le pauvre Vulcain seul, qui s'était tenu à l'écart, n'osant pas manifester ses prétentions à cause de sa difformité et de sa laideur, fut préféré à tous ses rivaux par la volonté souveraine de Jupiter.

Peu de temps après, un événement imprévu vint troubler les joies de l'Olympe. Tous les dieux assistaient aux noces de Thétis et de Pélée, dont nous parlerons plus tard. Au milieu du festin la déesse Discorde, qui n'avait point été invitée, voulant se venger de cet affront, jeta sur la table une pomme d'or avec cette inscription : *A la plus belle*. Toutes les déesses voulaient s'en emparer; mais Jupiter intervint et remit la décision de cet important débat à un berger phrygien nommé Pâris, célèbre par sa beauté, sa sagesse et son intelligence. Il était fils du roi Priam, et il gardait les troupeaux de son père sur le mont Ida. Les prétentions de toutes les autres déesses ayant été écartées, restaient trois rivales, Junon,

---

1. Grande coquille.

Minerve et Vénus, qui comparurent devant leur juge. Junon et Minerve, pour se concilier ses suffrages, lui promirent, l'une des honneurs et des richesses, l'autre la sagesse et la vertu. Vénus seule ne lui promit rien ; mais son maintien noble et décent, son sourire plein de grâce, la douceur de ses yeux, charmèrent le jeune Troyen, qui lui adjugea le prix de la beauté.

Les compagnes inséparables de Vénus étaient les trois Grâces, Aglaé, Thalie et Euphrosine, filles de Jupiter et d'Eurynomie. Ces déesses, occupées à dispenser aux hommes d'inépuisables bienfaits, furent représentées sous les formes les plus gracieuses et les plus pures. Toujours jeunes et ne pouvant vieillir, elles indiquaient que le souvenir d'un bienfait doit être inaltérable ; vives et légères, elles apprenaient aux hommes à s'obliger promptement, à ne point retarder une bonne action ; elles se tenaient par la main et dansaient en rond, pour indiquer que les devoirs réciproques des hommes à l'égard les uns des autres resserrent les liens de l'affection et de la reconnaissance. On les représentait habituellement l'une tenant une rose, l'autre une branche de myrte, et la troisième un dé. Toute la Grèce était pleine de temples et de statues qui leur étaient consacrés. Dans les repas on les invoquait à haute voix, et on faisait des libations en leur honneur. On leur offrait des gâteaux de maïs, du miel et du lait.

Le culte de Vénus fut célèbre dans toute la Grèce, mais surtout dans l'île de Cypre, à Paphos, à Cythère, à Gnide, à Amathonte. Dans toutes ces villes on lui avait élevé des temples magnifiques. Des prêtresses, le front couronné de myrte, desservaient ces temples et offraient à leur déesse du lait, du miel et des colombes, quelquefois seulement de l'encens et des parfums. À Rome, les libations terminées, on égorgeait une chèvre blanche; les chairs de la victime étaient jetées sur le bûcher et soumises à l'action d'un feu de genièvre et d'acanthe. Ensuite de jeunes Romaines vêtues de blanc, s'avançant vers l'autel, déposaient quelques boucles de leurs cheveux, qui étaient suspendues à la voûte du temple.

On consacrait à Vénus le myrte, la pomme, la rose, le cygne et la colombe. On la représente assise tantôt sur un char attelé de chèvres, tantôt sur une conque marine traînée par deux colombes, accompagnée d'une foule de Néréides et de Tritons qui nagent autour d'elle. Le fameux Praxitèle avait fait une Vénus qui passait pour le chef-d'œuvre de la sculpture antique; cette statue, placée dans le temple de Gnide, attirait un immense concours de peuples qui venaient l'admirer.

Vénus avait un fils, nommé Cupidon ou le dieu de l'amour, qui, malgré sa mère, épousa Psyché : voici ce que la Fable raconte à ce sujet. Dans une certaine ville régnait un roi qui avait trois filles, toutes trois fort belles. Quelques charmes que pussent avoir les deux aînées, il n'était pas impossible de leur donner des louanges proportionnées à leur mérite; mais pour la plus jeune, sa beauté était si rare et si merveilleuse, que toute l'éloquence humaine n'avait point de termes pour l'exprimer. Les peuples et les rois venaient déposer leurs hommages aux pieds de cette beauté surnaturelle, dont l'âme était encore plus belle. Psyché, en grec, signifie *âme*. Le culte de Vénus fut négligé; ses autels ne recevaient plus ni fleurs, ni encens, ni vœux, ni offrandes. La déesse, profondément irritée de cet abandon, médita une vengeance terrible. Les parents de Psyché étaient allés consulter l'oracle de Milet sur le sort de leur fille bien-aimée; l'oracle, secrètement inspiré par l'implacable ressentiment de Vénus, répondit : « Exposez sur une montagne escarpée cette jeune fille, parée comme pour un jour de noces; n'espérez point pour elle un époux du sang des mortels, mais un monstre de la race des vipères, cruel, affreux, porté sur des ailes à travers les airs, se servant du fer et du feu pour ravager le monde. » Ses parents et tout le peuple, cédant à l'oracle, conduisent dans le triste lieu de son exil la malheureuse Psyché, voilée comme un jour d'hymen. Après les plus tendres embrassements, après les derniers adieux, seule elle gravit le penchant de la montagne, au bas de laquelle est un affreux précipice, et, arrivée au sommet, elle s'assied épuisée de fatigue et s'endort profondément.

A son réveil, la montagne et le précipice ont disparu. Psyché se trouve dans un jardin merveilleux, orné d'un grand nombre de beaux arbres, au milieu desquels coule une source transparente comme le cristal; non loin de là s'élève un palais magnifique, dont les murs sont revêtus d'or et d'albâtre et les parvis incrustés de perles et de diamants. Tout cela est l'ouvrage du fils même de Vénus, de l'Amour, qui a choisi Psyché pour son épouse; mais Psyché ne voit personne dans ce séjour enchanté; seulement un jour elle entend une voix qui lui dit: « Ici vous êtes maîtresse et souveraine; commandez, et vous serez obéie. » Un autre jour, la même voix lui dit encore : « Ne cherchez point à me connaître, ou vous seriez perdue. » Et chaque soir, quand la nuit avait répandu ses sombres voiles sur la terre, l'époux mystérieux entrait dans la demeure de Psyché, et chaque matin il disparaissait avant le lever de l'aurore.

Cependant Psyché avait obtenu de son époux la permission de voir ses sœurs : Zéphyre les transporta sur ses ailes dans le pays magique. A la vue des éblouissantes richesses qui entourent leur sœur cadette et du bonheur qu'elle semble goûter, une noire jalousie se glisse dans leur âme; et, voulant perdre Psyché, elles lui conseillent de chercher à connaître l'être invisible qui exécutait toutes ses volontés. Psyché cède à leurs perfides conseils; et la nuit suivante, au moment où son époux est endormi, elle se lève doucement, allume une lampe, et tandis qu'elle se penche pour contempler ses traits, sa main tremblante laisse tomber une goutte brûlante d'huile sur l'épaule du dieu. L'Amour s'éveille brusquement et s'envole, et avec lui disparaissent aussi et le palais enchanté et les jardins merveilleux. Psyché se retrouve seule, abandonnée au milieu d'un affreux désert : éperdue, désespérée, elle se précipite dans les ondes écumeuses d'un torrent; mais les flots la reçoivent avec respect et la déposent mollement sur la rive opposée.

Cependant ses indignes sœurs, voulant savoir le résultat de leur perfidie, se mettent en route pour le palais et montent sur le rocher d'où Zéphyre les a déjà transportées dans ce séjour enchanté. Elles l'appellent, et, joyeuses, s'élancent dans l'air; mais Zéphyre ne veut point leur prêter ses ailes, et elles tombent dans le précipice, où elles trouvent la mort, juste châtiment de leur méchanceté.

Psyché, ne pouvant mourir, s'abandonne à sa triste destinée et s'en va errante dans toutes les contrées, cherchant l'époux qu'elle a perdu. Partout rebutée et cédant à son désespoir, elle se rend auprès de Vénus, se jette à ses genoux et lui demande grâce avec des larmes. L'inflexible déesse ne veut point pardonner, et elle impose à la jeune fille suppliante des travaux au-dessus de ses forces : il faut qu'elle aille puiser une eau noire et fétide à une fontaine gardée par d'horribles serpents, qu'elle aille chercher dans des lieux inaccessibles un flocon de laine d'or sur le dos d'une brebis sacrée; il faut encore qu'elle sépare en très-peu de temps, dans un immense monceau de grains d'orge, le blé et l'avoine qui y sont entassés pêle-mêle. Un secours invisible l'aide à vaincre ces difficultés ; mais Vénus n'est point encore satisfaite. Elle ordonne à Psyché de descendre aux enfers et d'aller demander à Proserpine une boîte mystérieuse qu'elle doit lui remettre. Toujours guidée par son invisible protecteur, qui n'est autre, comme on le pense bien, que son divin époux, elle pénètre dans les sombres demeures de Pluton et reçoit la boîte des mains de Proserpine, qui lui recommande de ne pas l'ouvrir. Mais Psyché, ne pouvant résister au désir de voir ce que la boîte contenait, l'entr'ouvre, et une vapeur épaisse et fétide se répand autour d'elle ; Psyché tombe évanouie. Heureusement le fils de Vénus veillait sur elle ; il fait rentrer la vapeur dans la boîte fatale, rend ses sens à sa charmante et fidèle épouse, et tous deux prennent le chemin de l'Olympe. Jupiter, ému de pitié au récit de cette douloureuse destinée, ordonne à Vénus d'oublier son ressentiment. La réconciliation fut sincère : Psyché fut admise à la table des dieux et reçut l'immortalité.

La beauté, ce don gratuit de la nature, rend quelquefois celui qui en est pourvu orgueilleux, plein de vanité, amoureux de lui-même. L'histoire de Narcisse nous montre les tristes effets de cette folle passion. Narcisse, jeune adolescent doué d'une beauté merveilleuse, était l'orgueil et la joie de sa famille. Sa mère avait consulté l'oracle sur son avenir ; on lui répondit qu'il parviendrait à une longue et heureuse vieillesse s'il pouvait ne point se connaître lui-même, c'est-à-dire ignorer toujours le don fatal qu'il avait reçu en naissant. Narcisse aimait à parcourir les bois, les fraîches vallées et les vertes prairies. Une jeune nymphe, nommé Écho, que la jalouse Junon avait chassée du ciel et qu'elle poursuivait encore de sa haine, avait vu bien des fois le beau Narcisse, cachée qu'elle était dans le creux des rochers; mais elle n'osait sortir de sa retraite et lui parler, de peur d'être surprise par l'implacable déesse. Ennuyée de vivre toujours seule, de ne pouvoir dire à personne ses peines et ses douleurs, elle se sentit atteinte d'une sombre mélancolie et se consuma de tristesse. Bientôt il ne lui resta plus que les os et la voix; Junon enfin eut pitié de la pauvre jeune fille et la changea en rocher, en lui donnant la propriété de répéter les derniers sons, de redire les dernières paroles de la voix qu'elle entendait.

Non loin des lieux témoins de cette triste aventure, une fontaine limpide roulait ses flots argentés; jamais les bergers ni les troupeaux ne s'y étaient désaltérés; jamais oiseau, ni bête sauvage, ni feuille tombée des arbres, n'avait troublé la pureté de ses eaux. C'est là qu'un jour Narcisse vint reposer ses membres épuisés par la chaleur et les fatigues de la chasse. Charmé de la limpidité de cette source, il veut étancher sa soif; mais tandis qu'il boit, épris de son image qu'il aperçoit dans l'onde, il demeure en extase devant lui-même, le visage immobile comme une statue de marbre ; rien ne peut le détacher des bords mystérieux de cette fontaine, ni la faim, ni le besoin du repos. Sans cesse penché sur le cristal des eaux, il se consume, il se fond, comme la cire devant la flamme légère, ou comme un flocon de neige que pénètre un rayon du soleil. Ses sœurs, les Naïades, le cherchèrent longtemps et ne trouvèrent à la place de son corps qu'une fleur jaune, appelée *Narcisse* comme leur frère.

Questionnaire.

Quel nom portait le dieu de la guerre? — De qui Mars était-il fils? — Quels furent ses premiers exploits? — Pourquoi fut-il cité devant le tribunal d'Athènes? — Quel nom prit alors ce tribunal? — Par qui Mars fut-il blessé au siége de Troie? — Quelle était la sœur de ce dieu? — Quelles étaient les fonctions de Bellone? — De qui était-elle escortée? — Chez quel peuple le culte de Mars fut-il en honneur? — Quelle est l'origine de l'institution des prêtres saliens? — Quel prince éleva un temple au dieu Mars? — Comment ce dieu était-il représenté? — Sous quel nom la beauté fut-elle divinisée? — Racontez la naissance de Vénus. — A qui fut-elle donnée pour épouse? — Que se passa-t-il aux noces de Thétis et de Pélée? — Quelles déesses se disputèrent la pomme? — Qui fut choisi pour arbitre de cette dispute? — A qui la pomme fut-elle adjugée? — Quelles étaient les compagnes de Vénus? — Comment les Grâces étaient-elles représentées? — Dans quelles villes Vénus était-elle surtout honorée? — Que lui offrait-on? — Comment la représentait-on? — Racontez la fable de Psyché. — Racontez celle d'Écho; celle de Narcisse.

CHAPITRE XII.

Divinités de la terre.

Cybèle, déesse de la terre. — Ses différents noms. —
Le berger Atys. — Culte et attributs de Cybèle.
Cérès, déesse de l'agriculture. — Enlèvement de sa fille
Proserpine. — Voyages de Cérès. — Ses vengeances. —
Ses bienfaits. — Histoire de Triptolème. — Culte, fêtes
et images de Cérès.
Plutus, dieu des richesses. — Ses attributs.

Cybèle.

Si le ciel ou l'Olympe avait les grands dieux
pour habitants, la terre avait aussi, selon la
Fable, ses divinités tutélaires ou malfaisantes.
Déjà la terre avait été personnifiée sous le nom
de Tellus, femme de Cœlus et mère de Saturne
et de Cybèle. Mais Tellus n'était encore qu'une
puissance improductive; c'était la terre nue et
aride. Aussi elle disparait et s'efface devant une
divinité plus puissante et plus active, qui fut la
mère des grands dieux et la nourricière des
hommes : ce fut Cybèle ou la Terre, sa fille, épouse
de Saturne et mère de Pluton, de Neptune et de
Jupiter. Après l'expulsion de Saturne et le partage de l'empire du monde, Cybèle se réserva la
souveraineté de la terre. C'est en Lydie et en

Phrygie que cette déesse fut principalement honorée. Elle avait confié le soin de son culte à un berger phrygien, nommé Atys. Celui-ci s'étant rendu coupable de désobéissance, la déesse irritée lui inspira une telle frénésie, que, dans ses transports de fureur, le jeune insensé allait attenter à sa vie. Cybèle, émue de pitié, le changea en pin, et cet arbre lui fut alors consacré.

De la Phrygie, le culte de Cybèle passa dans la Grèce et dans l'Italie. Ses prêtres, appelés Galles, Curètes, Corybantes ou Dactyles, célébraient ses fêtes en dansant au bruit des cymbales et des tambours et en poussant des cris et d'horribles hurlements. On représente Cybèle sous les traits d'une femme robuste et ordinairement assise, pour montrer la fécondité et la stabilité de la terre; d'une main elle porte une clef, de l'autre un tambour ou un disque figurant le globe de la terre; sa tête est couronnée de tours, et des lions traînent son char (*fig.* 11).

Cérès.

Cybèle eut deux filles, Junon et Cérès : la première, mariée à Jupiter, alla vivre dans les splendeurs de l'Olympe, auprès de son auguste époux. Cérès ne voulut point abandonner sa vieille mère; elle resta auprès d'elle, l'aidant à apprendre aux hommes l'art de cultiver la terre, d'y jeter les semences, d'y récolter les moissons. Outragée par Neptune son frère, elle ressentit de cette offense une douleur si vive, qu'elle s'enfuit loin de tous les regards, et alla vivre dans le fond d'une caverne obscure et inconnue. La terre, privée de sa bienfaisante influence, devint inculte et stérile, et les hommes mouraient, décimés par la famine. Jupiter, attristé de cette effrayante dépopulation, envoya le dieu Pan sur les traces de la fugitive. Pan la retrouva dans les bois de l'Arcadie. Jupiter, instruit de l'asile de la déesse, lui envoya une députation d'immortels pour la supplier de reprendre ses bienveillantes fonctions. Cérès ne put résister à ces sollicitations ; elle recommença ses courses accoutumées, et on vit reparaître avec elle la fertilité et l'abondance.

Le lieu qu'elle préférait à tous les autres était la Sicile, sans doute à cause de la fécondité de cette contrée, que les anciens appelaient le grenier de l'Italie. Ce fut là qu'elle eut la douleur de perdre sa fille bien-aimée, Proserpine. Pluton, le dieu des enfers, ne pouvant trouver d'épouse qui consentît à vivre dans son ténébreux empire, résolut d'en obtenir une à tout prix. Un jour, passant par la Sicile, il aperçut dans la riante vallée d'Enna un essaim de jeunes nymphes, et parmi elles Proserpine cueillant des fleurs dans une corbeille. Un seul instant suffit au roi des enfers pour la voir et l'enlever. La déesse tremblante appelle d'une voix plaintive sa mère et ses compagnes, mais plus souvent sa mère. Dans sa douleur, elle déchire les longs plis de sa tunique blanche et jette au vent les fleurs qu'elle a cueillies ; mais Pluton excite de la voix ses noirs coursiers, et le char rapide franchit les lacs, les vallées et les montagnes. Une nymphe cependant, nommée Cyane, avait entendu les cris plaintifs de la jeune fille ; elle sort de sa grotte, reconnaît sa compagne et étend les bras pour barrer le passage au ravisseur. Le redoutable Pluton prend son sceptre, et d'un bras vigoureux frappe la terre ; et la terre ébranlée lui ouvre un chemin jusqu'au Tartare et reçoit son char, qui roule dans l'abîme. La malheureuse Cyane est métamorphosée en un lac qui porte son nom.

Cérès, désolée de la perte de sa fille chérie, veut la chercher sur toutes les terres et dans toutes les mers, et ne se repose ni le jour ni la nuit. Elle allume deux torches de pin aux flammes du mont Etna, et portée sur un char que traînent deux dragons ailés, elle court partout où son trouble l'emporte. Arrivée en Lycie, épuisée et défaillante, elle se penche sur les bords d'une source pour étancher sa soif ; mais des paysans occupés en ce lieu poursuivent la déesse de leurs moqueries et l'empêchent de boire ; Cérès irritée les change en grenouilles et poursuit sa route. Un autre jour, pressée par la faim, elle entre dans la cabane d'une vieille femme qui lui présente un doux breuvage composé d'orge et de miel. Tandis que Cérès boit à longs traits, un enfant, nommé Stellion, au regard dur et insolent, s'arrête devant elle et rit de son avidité. La déesse offensée jette le reste du breuvage sur le front de l'enfant, qui, changé subitement en lézard, s'enfuit et va se cacher dans le buisson voisin.

Cérès reprend sa course à travers les déserts de l'Attique; arrivée à l'endroit où fut depuis Éleusis, elle prend les traits d'une pauvre et vieille femme et s'assied près d'une fontaine. Les quatre filles de Céléus, roi de la contrée, viennent puiser de l'eau à cette fontaine, et, touchées de compassion en voyant cette pauvre vieille qui pleure, elles s'informent avec bonté du sujet de ses douleurs. Elle se dit naufragée et jetée à la côte par des pirates, et elle désire avoir des enfants à élever pour gagner sa vie. Les jeunes princesses la conduisent à leur mère Métanire, qui invite l'étrangère à s'asseoir. Cérès refuse les tapis de pourpre comme ne convenant pas à sa triste position, et n'accepte qu'une natte de feuilles sèches et de mousse.

Métanire confie à la déesse son fils Triptolème, qui est encore au berceau. Cérès, décidée par la reconnaissance à conférer à cet enfant l'immortalité, lui prodigue les soins les plus tendres, le frotte d'ambroisie, l'échauffe dans son sein pendant le jour, et la nuit elle l'épure par le feu. La reine l'ayant surprise dans ses invocations nocturnes, pousse un cri de désespoir en voyant son fils au milieu des flammes et exhale sa douleur en plaintes amères. Alors Cérès se dépouille de ses rides et de ses années et se manifeste dans toute la splendeur et la majesté des déesses. Elle reproche à Métanire l'imprudence qui prive son fils de l'immortalité qu'elle s'occupait de lui donner, et commande d'élever un autel dans un grand temple où désormais se célébreront, institués par elle, d'illustres mystères. Le lendemain, Céléus convoque le peuple, annonce les événements de la nuit et les ordres de la déesse; puis, d'accord avec le vœu du pays, il élève dans Éleusis le temple et l'autel que de mystérieuses cérémonies doivent rendre si fameux.

Quand Cérès quitta la ville où elle avait reçu une si bienveillante hospitalité, Triptolème ne put se décider à se séparer de sa bonne nourrice; il la suivit dans tous ses voyages. Cérès lui fit présent d'une charrue et d'une herse et l'initia aux secrets de l'agriculture. Ils parcoururent ensemble les déserts de la Scythie; le roi de cette contrée, nommé Lyncus, voulut, par jalousie, faire périr Triptolème, mais il fut changé en lynx. Cérès et Triptolème revinrent dans l'Attique, où la déesse se sépara de son compagnon de voyage pour aller encore à la recherche de sa fille. Triptolème enseigna aux habitants de l'Attique l'art d'ensemencer la terre et de faire du pain, et, après sa mort, il obtint de leur reconnaissance un temple et un autel.

Cependant Cérès, après des recherches inutiles, était revenue en Sicile, et, arrivée sur les bords de Cyane, elle aperçut un voile blanc qui flottait sur les eaux: ce voile était celui de sa fille. Ce fut alors qu'une nymphe appelée Aréthuse lui apprit que Proserpine avait été enlevée par le dieu des enfers. Cérès s'élance aussitôt sur son char, monte vers l'Olympe et se jette aux pieds de Jupiter, le suppliant de lui rendre son enfant. Le maître des cieux, touché de sa douleur, cède à ses prières et lui promet le retour de sa fille, à condition toutefois que Proserpine n'aura pris aucune nourriture depuis son entrée dans le royaume de Pluton. La pauvre mère, remplie de joie et d'espérance, descend aux enfers, revoit sa fille bien-aimée, et déjà elle l'entraîne avec elle hors du ténébreux empire, lorsque le gardien de Proserpine, Ascalaphe, vient déclarer qu'il a vu la jeune déesse manger quelques grains de grenade. Cérès, dans sa colère, change Ascalaphe en hibou, et, désespérée, elle va de nouveau adresser ses prières au maître des dieux ; mais Jupiter ne peut point revenir sur sa première décision ; du moins, pour adoucir la douleur d'une mère, il ordonne que Proserpine passera six mois auprès de Cérès et six mois auprès de son époux. N'est-ce pas là l'emblème du grain de blé qui reste enfoui pendant six mois dans le sein de la terre, et reparaît ensuite pour être moissonné ?

Cérès est la personnification de la terre cultivée et féconde ; ses courses à travers le monde représentent l'agriculture se propageant de contrée en contrée. Triptolème, qui ne veut pas se séparer de sa bonne nourrice, c'est l'agriculteur fixé au sol, ne pouvant s'en détacher, parce que la terre cultivée par ses soins lui offre une source intarissable de richesses.

Cérès est donc la déesse de l'agriculture : aussi tous les peuples de la terre lui dressèrent des autels et multiplièrent ses fêtes à l'envi. Dans ses temples on lui immolait une truie, parce que cet animal dévaste les moissons, ou peut-être parce qu'il avait appris aux hommes à fouir la terre. On lui sacrifiait encore un bélier aux cornes entrelacées de guirlandes, de roses et de myrte.

Une ville, entre toutes les autres, se distingua par son zèle religieux envers Cérès : c'est Éleusis, ville de l'Attique. Là étaient les armes de la déesse, ses oracles, son temple privilégié, les vrais adorateurs de son culte. Tout Grec libre devait avant sa mort se faire initier aux mystères de la Bonne déesse, sous peine d'être regardé comme impie et sacrilége. On croyait que les initiés étaient l'objet des soins particuliers des dieux, qu'ils étaient plus heureux que les autres hommes pendant leur vie, et qu'après leur mort ils occupaient les premières places dans les champs Élysées. Pour ne point accorder ces avantages à des gens indignes, on se montrait difficile sur le choix des candidats. Les esclaves, les grands coupables, étaient exclus des initiations, qui se faisaient à Éleusis tous les cinq ans. Ces fêtes, appelées Éleusines, duraient neuf jours; et les prêtres, pour les rendre plus vénérables et plus imposantes, y déployaient une pompe et une magnificence extraordinaires.

Le premier jour, les néophytes ou candidats, après s'être purifiés avec de l'eau lustrale [1] et

1. C'était de l'eau dans laquelle on avait plongé un tison ardent pris au foyer des sacrifices.

s'être couronnés de myrte, entraient dans le sanctuaire, où le grand prêtre, par un serment redoutable, leur faisait jurer de garder le silence sur ce qu'ils verraient ou entendraient. Alors des bruits effrayants retentissaient à leurs oreilles, la terre semblait trembler sous leurs pas ; des fantômes et d'autres figures étranges apparaissaient au milieu des ténèbres, puis tout à coup ces ombres disparaissaient pour faire place à des lumières éblouissantes. Après ces diverses épreuves et quelques autres cérémonies, les candidats recevaient leur consécration définitive. Ils se purifiaient une dernière fois ; puis, la tête couronnée de bandelettes, ils entraient dans le grand sanctuaire où était la statue de la déesse, revêtue de draperies de pourpre brodées d'or. Ensuite le grand prêtre, ouvrant les portes du temple à la multitude assemblée, remplissait de vin deux urnes de terre, les brisait et en jetait les morceaux du côté de l'orient et du côté de l'occident, symbole de la vie humaine : alors l'assemblée se dispersait. Les initiés conservaient avec un respect religieux la robe qu'ils avaient portée le jour de l'initiation ; quand elle était usée de vétusté, ils la consacraient à la déesse. On célébrait encore en l'honneur de Cérès d'autres fêtes appelées Thesmophories, en reconnaissance des lois sages qu'elle avait données aux mortels.

Cérès est représentée (*fig*. 12) sous la figure d'une femme belle et majestueuse, la tête couronnée d'épis, et tenant dans ses mains une faucille et une gerbe ; quelquefois aussi elle porte une torche, en souvenir du voyage qu'elle fit à la recherche de sa fille.

Un roi de Thessalie, nommé Érysichthon, qui méprisait le culte de Cérès, dévasta une forêt qui lui était consacrée. La déesse le punit de cette profanation. En proie à une faim dévorante que rien ne pouvait assouvir, le malheureux vendit ses meubles, son palais, tous ses biens. Ces ressources épuisées, il fut réduit à vendre sa fille unique, qui avait obtenu des dieux le don de changer de forme à volonté et d'être tour à tour génisse, cerf, brebis, pour subvenir aux besoins de son père. Cette ressource elle-même ne suffisant plus, Érysichthon, toujours aiguillonné par les tourments d'une faim incessante, se dévora lui-même membre par membre.

Plutus.

Plutus, personnification de la richesse, était fils de Cérès et de Jasion, c'est-à-dire de l'agriculture et du travail. Dans sa jeunesse, il était doué d'une excellente vue; mais comme il s'était vanté un jour devant le maître des dieux de ne protéger que ceux qui étaient vertueux et savants, Jupiter voulut que tous les hommes participassent à ses dons et le rendit aveugle. Depuis ce temps, les méchants, ne pouvant plus être discernés des bons, vont assiéger les portes de son palais et s'en retournent souvent comblés de ses faveurs. A Athènes, ce dieu veillait à la garde du trésor public. On le représentait sous la figure d'un vieillard aveugle et boiteux avec une bourse à la main. Il venait lentement, disent les anciens, mais il s'enfuyait à tire-d'aile.

Questionnaire.

Qu'était-ce que Cybèle? — Dans quelles contrées était-elle principalement honorée? — Comment punit-elle Atys? — Quel était le nom des prêtres de Cybèle? — Comment célébraient-ils ses fêtes? — Comment représente-t-on Cybèle? — Quelles furent ses deux filles? — Que fit Cérès? — Où se retira-t-elle? — Quel dieu la fit consentir à reparaître parmi les hommes? — Quelle contrée préférait-elle à toutes les autres? — Par qui sa fille lui fut-elle enlevée? — Quelle nymphe voulut arrêter Pluton? — Que fit le dieu? — Quelle résolution prit Cérès? — Comment punit-elle des paysans qui voulaient l'empêcher de boire? — Quelle fut la punition d'un enfant moqueur? — Par qui fut-elle accueillie dans l'Attique? — Comment voulut-elle témoigner sa reconnaissance à la reine Métanire? — Quelle recommandation fit-elle au roi Céléus? — Par qui Cérès fut-elle accompagnée dans ses voyages? — Quel art Triptolème enseigna-t-il aux habitants de l'Attique? — Comment Cérès apprit-elle que sa fille était aux enfers? — Quelle condition Jupiter mit-il au retour de Proserpine? — Comment Ascalaphe fut-il puni de son indiscrétion? — Quelle décision prononça ensuite Jupiter? — Dans quelle ville Cérès était-elle spécialement honorée? — Décrivez les mystères d'Éleusis. — Comment Cérès est-elle représentée? — Racontez l'histoire d'Érysichthon. — Qu'était-ce que Plutus? — Pourquoi Jupiter le rendit-il aveugle? — Comment le représentait-on

CHAPITRE XIII.

Bacchus, dieu du vin. — Sa naissance. — Son éducation.
— Ses voyages et ses conquêtes. — Le vieux Silène. —
Culte et fêtes de Bacchus.
Vulcain, dieu du feu. — Sa naissance. — Ses travaux.
— Les Cyclopes. — Culte et attributs de Vulcain.

Bacchus.

Le premier homme qui, d'après les récits des
anciens, planta et cultiva la vigne et qui en
transmit la précieuse découverte aux peuples,
dut s'attirer leur respect et leur reconnaissance.
Son nom se perpétua dans le souvenir des hommes, et, lorsque commença l'apothéose de la nature, on le fit monter au rang des dieux sous le
nom de Bacchus. Sa vie, comme celle de toutes
les divinités, se trouva mêlée d'incidents merveilleux et surchargée de symboles.

D'après la mythologie grecque, Bacchus, dieu
du vin et de la joie, était fils de Jupiter et de
Sémélé, princesse thébaine. Sa mère, cédant
aux sollicitations perfides de la jalouse Junon,
voulut voir le maître des dieux dans tout l'éclat
de sa gloire et de sa puissance; mais elle fut victime de sa curiosité. Jupiter parut armé d'éclairs
et de tonnerres, le palais s'embrasa, et Sémélé
périt consumée au milieu des flammes. L'enfant

fut sauvé par Mercure, qui l'emporta sur ses ailes dans l'Olympe. Jupiter, comme nous l'avons déjà vu, pour soustraire le nouveau-né aux regards de son implacable épouse, le cacha dans sa cuisse. On explique cette dernière circonstance, en disant que l'enfant fut nourri sur une montagne de l'Inde appelée *Méros*, mot qui en langue grecque veut dire *cuisse*.

Quelque temps après, le petit Bacchus sortit de sa retraite et fut confié à sa vieille tante Ino, qui lui donna pour nourrices les nymphes et les Heures. Plus tard un agriculteur nommé Silène se chargea de son éducation et lui enseigna la culture de la vigne. Junon, ayant découvert le lieu où était caché l'enfant, le poursuivit de sa vengeance. Un jour Bacchus, épuisé de fatigue, s'était endormi à l'ombre d'un arbre. Junon envoya contre lui un serpent à deux têtes; au bruit que fit l'énorme bête en rampant au milieu des broussailles, le dieu se réveille et l'étouffe dans ses bras. Une autre fois, elle le frappa de folie, et l'enfant se mit à courir le monde jusqu'en Phrygie, où Cybèle le guérit, après l'avoir admis aux initiations de son culte. Il échappa encore à un autre danger : il s'était endormi dans l'île de Naxos, lorsque des pirates tyrrhéniens, inspirés par Junon, vinrent l'enlever et l'enchaînèrent; mais le dieu, s'étant réveillé, brisa ses liens, et, dans sa colère, il changea les pirates en dauphins.

Cependant Bacchus grandit, et, après avoir aidé Jupiter d'une manière glorieuse à vaincre les géants, il résolut de marcher sur les traces

des héros et de surpasser la gloire des plus illustres conquérants. Ses projets de conquêtes
n'avaient rien de terrible et de sanguinaire; son
seul désir était de porter la civilisation et l'art de
faire le vin dans les contrées les plus éloignées.
Il partit donc et se dirigea vers les Indes, accompagné du vieux Silène et d'une foule d'hommes
et de femmes armés de thyrses [1] et de tambours.
Bacchus était monté sur un char traîné par deux
tigres : sa tête était couronnée de pampre et de
lierre ; un thyrse lui servait de sceptre. L'armée
civilisatrice toucha enfin la terre désirée, qui fut
soumise en peu de temps à la douce et pacifique
domination du dieu des vendanges. Les nations
voisines vinrent d'elles-mêmes se ranger sous sa
loi. Après leur avoir appris l'art de cultiver la
vigne, après avoir établi partout la plus parfaite
harmonie et répandu partout l'abondance, Bacchus s'embarqua emportant avec lui l'amour et
les regrets des peuples qu'il avait conquis.

Bacchus reprit la route de la Grèce. Son vaisseau, mollement bercé par les vagues, fut poussé
vers l'île de Naxos, cette île sauvage et déserte
qui déjà lui avait été fatale. Un jour, en se promenant au pied d'un rocher contre lequel la mer
venait briser ses flots, il entendit une voix touchante et plaintive qui semblait sortir du fond
d'une grotte. Il s'approche, il écoute, et tout à
coup une femme jeune, pâle, les cheveux épars,

---

1. Le thyrse était un javelot entouré de pampre et de
lierre et terminé par une pomme de pin.

s'élance comme pour se jeter dans la mer. Bacchus, plus rapide que l'éclair, se précipite sur ses pas et l'arrête au bord de l'abîme. Cette infortunée était Ariane, fille de Minos, roi de Crète, abandonnée par Thésée, son époux, sur cette côte aride. Elle raconte à Bacchus ses douleurs, ses nuits d'angoisses passées dans cette affreuse solitude, et les larmes qu'elle a versées. Le dieu la rassure et la console par de bienveillantes paroles ; le calme renaît peu à peu dans son âme ; elle consent à vivre et à devenir son épouse. Quelques années après Ariane mourut, et son corps fut transporté au ciel au milieu des constellations.

Bacchus, pour distraire sa douleur, quitta l'île de Naxos et se dirigea vers l'Attique. Toutes les villes à l'envi lui ouvraient leurs portes, et les peuples jonchaient de fleurs les routes par lesquelles il passait. Le roi de l'Attique, Inachus, lui avait donné l'hospitalité dans son palais. Le temps de la vendange étant arrivé, ce prince rassembla tous les pâtres de la vallée d'Athènes pour leur faire goûter le jus de la vigne. Les coupes se remplissent jusqu'aux bords, et les bergers, habitués à l'eau des sources, ressentirent toutes les fureurs de l'ivresse. Se croyant empoisonnés, ils se précipitèrent sur le roi, le mirent en lambeaux et jetèrent son corps dans un puits. Sa fille Érigone, inquiète de ne pas voir son père, le cherchait en tous lieux. Attirée par les aboiements d'une petite chienne nommée Méra, qui suivait toujours son maître, elle s'en alla de ce côté. L'animal, à la vue de sa maitresse, s'élança vers elle et, la tirant par sa robe, l'amena jusqu'au bord du puits. Là elle découvrit avec horreur le corps sanglant et mutilé de son père. Dans son désespoir, l'infortunée jeune fille se pendit aux branches d'un arbre qui ombrageait la fontaine. La fidèle Méra, toujours couchée à la même place, mourut de faim et de douleur. Jupiter transporta ces trois victimes dans le ciel : Inachus y devint la constellation du Bouvier, Érigone celle de la Vierge, et Méra fit partie de la Canicule sous le nom de Sirius. Les pâtres, pour expier leur crime, dressèrent un autel à Inachus et instituèrent en son honneur des fêtes que l'on célébrait en se balançant sur une corde attachée à deux arbres.

Bacchus, toujours inconsolable de la perte d'Ariane, voulut descendre aux enfers pour y voir encore cette épouse chérie. Il pénétra dans le sombre empire de Pluton et y séjourna trois ans. Ensuite il reparut sur la terre, et, quand il vit que la culture de la vigne était popularisée dans un grand nombre de contrées, il comprit que sa mission était achevée, et il remonta vers l'Olympe, emportant les regrets et la reconnaissance de tous les peuples. Toutefois il leur laissa comme un autre lui-même son père nourricier, le vieux Silène. C'était un bonhomme, gros et gras, à tête chauve, au nez camus et bourgeonné, tenant une coupe de vin, tantôt cheminant sur un âne, tantôt marchant d'un pas chancelant, appuyé sur un thyrse. Silène fixa sa résidence en

Arcadie, soumit cette contrée, et rendit sa domination si douce, que les habitants lui élevèrent des autels. Toutes les fois qu'une fête se célébrait dans l'Olympe, le bon Silène voyait arriver à lui un messager des dieux, et il se mettait en route pour les demeures célestes, tout joyeux de s'asseoir à la table des immortels, qu'il égayait de ses propos malins et bouffons.

Le culte de Bacchus, originaire d'Égypte, se propagea rapidement sur toute la terre. A Athènes ses fêtes, nommées *Dionysiaques*, de son nom *Dionysos*, se célébraient avec la plus grande magnificence. Elles avaient lieu tous les ans aux mois de mars et de septembre. Dès le matin, son temple était pavoisé de riches tentures et décoré de pampre et de lierre. Ses prêtres, rangés en file, promenaient sa statue à travers les vignes et par les montagnes. Venaient ensuite les bacchantes, prêtresses du dieu, dansant en cadence et chantant des hymnes, portant des corbeilles d'or pleines de fruits et de serpents apprivoisés. Lorsque le cortége passait dans les rues, les habitants égorgeaient un porc sur la porte de leurs maisons. Arrivés sous un figuier planté en dehors des murailles, les prêtres lui sacrifiaient un bouc, et revenaient triomphalement, portant l'holocauste et la statue jusque sous le parvis du temple; là ils brûlaient la graisse et les entrailles des victimes, et le reste des chairs était distribué aux assistants. Le soir, on donnait un grand festin public que présidaient les bacchantes, et qui dégénérait souvent en orgie par suite des copieuses libations qui s'y faisaient en l'honneur du dieu de la vigne.

Rome adopta les Dionysiaques grecques sous le nom de *Bacchanales*. Là aussi elles perdirent leur caractère religieux et sacré, et devinrent une source de licence et de désordre, au point que le sénat, qui ne se souciait guère de toucher aux joies publiques, parce que le peuple y laissait toujours quelque chose de son indépendance, se vit obligé de les supprimer. Mais les habitudes populaires prévalurent, et la loi redevint muette. Les mêmes fêtes reparurent après une courte interruption, plus infâmes et plus licencieuses encore. Les prêtres de Bacchus, couronnés de lierre, la face souillée de lie de vin, portaient leur patron avec tous ses attributs. Ensuite venaient les bacchantes, couvertes de peaux de tigres attachées avec des ceintures de lierre : les unes, la chevelure en désordre, secouaient en l'air des torches allumées ; les autres, armées de thyrses et de tambours, l'œil en feu, furieuses, couraient, dansaient, bondissaient convulsivement au milieu du cortége. Puis venait une multitude de petits hommes vêtus en satyres et traînant des boucs ornés de guirlandes et destinés à être immolés. Enfin, arrivait le dieu Pan, avec sa flûte, suivi de loin par le vieux Silène, qui se soutenait avec peine sur ses jambes avinées. A toutes les haltes que faisait le cortége, on immolait, soit un bouc, parce qu'il broute les vignes en fleur, soit une pie, oiseau babillard, image vivante de l'indiscrétion des buveurs.

Bacchus était fort jaloux des honneurs qui lui étaient dus, et il punissait cruellement ceux qui osaient les lui refuser. La Fable nous a transmis quelques-unes de ses terribles vengeances. Penthée, roi de Thèbes, n'ayant pas voulu prendre part aux orgies qui se célébraient en l'honneur du dieu de la vigne, fut mis en pièces par sa propre mère et ses tantes, que ce dieu avait rendues furieuses. Lycurgue, roi de Thrace, fut privé de la vue pour avoir voulu arrêter la marche des prêtres de Bacchus; enfin les filles de Minée, roi d'Orchomène, en Béotie, coupables de n'avoir pas interrompu leurs travaux pendant la célébration des fêtes du dieu, furent changées en chauves-souris.

On représentait Bacchus (*fig.* 13) sous les traits d'un beau jeune homme à la chevelure blonde et flottante, monté sur un char traîné par des tigres ou des panthères. Sa tête est couronnée de pampre et de lierre, et quelquefois cette couronne est surmontée de deux cornes, par allusion à la paire de bœufs qu'il avait le premier accouplés pour le labour de la terre. De la main droite, il tient un thyrse autour duquel s'enlace un cep de vigne. Ces divers attributs indiquaient Bacchus conquérant et civilisateur. Bacchus, dieu des buveurs, était représenté assis sur un tonneau, le nez bourgeonné, tenant une coupe dans sa main.

Vulcain.

Il y eut un homme nommé Vulcain qui, le premier, découvrit l'action du feu sur les métaux, qui sut les extraire des montagnes où ils étaient renfermés, et qui, à l'aide de fourneaux creusés dans les rochers de l'île de Lemnos, les façonna selon ses caprices et les divers besoins des hommes. Les peuples, par reconnaissance, le mirent au nombre des immortels, le firent naître de Jupiter et de Junon et le vénérèrent comme le dieu du feu. Sa mère, honteuse de sa laideur et de sa difformité, ne pouvait se consoler de lui avoir donné le jour. Et cependant le pauvre enfant aimait bien sa mère; car Jupiter, dans un accès de colère, ayant, comme nous l'avons déjà vu, suspendu Junon à la voûte étoilée avec une chaîne d'or, Vulcain se hâta d'aller la délivrer. Malheureusement Jupiter l'aperçut et le précipita du haut de l'Olympe. L'infortuné traversa, neuf jours durant, les régions aériennes et tomba tout meurtri dans l'île de Lemnos. Les habitants de l'île lui prodiguèrent des soins attentifs; dans sa chute il s'était cassé la cuisse et il resta boiteux toute sa vie. Voulant laisser des marques de sa reconnaissance à ce peuple hospitalier, il lui apprit à tirer l'étincelle cachée dans le caillou, à alimenter la flamme, à s'en servir pour fondre les métaux et les façonner. Il établit lui-même des forges et se mit à fabriquer des ustensiles de labourage, des colliers et des bracelets pour les jeunes filles, des armures d'airain et d'acier pour les guerriers. Les dieux entendirent parler des merveilleux ouvrages de l'habile artiste et voulurent aussi avoir des produits de son industrie. Vulcain se vit forcé d'agrandir ses forges et de s'adjoindre des compagnons.

En creusant les montagnes pour en extraire les métaux, le marbre et le granit, il trouva une race d'hommes monstrueux, attachés deux à deux dans d'immenses cavernes : c'étaient les Cyclopes, enfants de Cœlus et de Tellus, que Jupiter avait emprisonnés dans les entrailles de la terre pour avoir participé à la révolte des Titans. Ces êtres hideux et difformes n'avaient qu'un œil, rond et énorme, au milieu du front. Vulcain, sentant le parti qu'il pourrait tirer de ces robustes géants, habitués à vivre dans les souterrains, fit présent à Jupiter d'une arme puissante, la foudre, avec prière de rendre les captifs à la liberté pour l'aider dans ses travaux. Ses désirs furent exaucés. Les Cyclopes, au nombre de cent, arrivèrent dans l'île de Lemnos et forgèrent une quantité innombrable de foudres pour le maître des dieux à l'époque de la guerre des géants. Plus tard ce fut aussi avec l'un de ces tonnerres que le dieu de la médecine, Esculape, fut foudroyé. Apollon fit tomber sa vengeance sur les forgerons de Vulcain, qui furent tous tués à coups de flèches. Vulcain, privé de ses compagnons, abandonna ses fourneaux et retourna dans l'Olympe. Il y bâtit un magnifique palais d'or et de cristal, divisé en autant de compartiments spacieux qu'il y avait de divinités, et fit aussi un trône d'or massif pour le maître des dieux. L'infatigable artiste, pour complaire à Thétis, divinité de l'Océan, forgea une armure d'acier et d'airain pour son fils Achille; ce fut lui encore qui fabriqua le fameux sceptre d'Agamemnon, le collier d'Hermione et la couronne d'Ariane. Tous ces ouvrages étaient autant de chefs-d'œuvre.

Vulcain eut des temples en Égypte, en Grèce et à Rome. Ménès, roi d'Égypte, lui éleva dans Memphis un temple de la plus grande magnificence, que ses successeurs embellirent à l'envi. A Athènes, on célébrait des fêtes en son honneur : c'étaient des courses appelées *Lampadophories*, dans lesquelles trois jeunes gens couraient dans le stade avec des torches allumées qu'il fallait porter jusqu'au but sans les laisser s'éteindre.

Romulus, premier roi de Rome, bâtit un temple à ce dieu en dehors des remparts et institua des fêtes appelées *Vulcanales*, qui duraient huit jours, et pendant lesquelles on allumait des feux dans divers quartiers de la ville et sur les collines. On jetait dans un brasier tous les animaux que l'on rencontrait. La garde du temple de Vulcain était confiée à la vigilance de quatre chiens. Le lion lui était consacré, parce que cet animal, quand il rugit, semble jeter du feu par les yeux.

On représentait Vulcain (*fig.* 14) appuyé sur une enclume, les bras nus, les cheveux négligés, les jambes cagneuses[1], la tête couverte d'un bonnet rond et pointu, tenant un marteau de la main droite et de la gauche des tenailles. On le voit encore armé de sa massue et ouvrant la tête de Jupiter.

Vulcain, comme on l'a déjà vu, avait épousé Vénus, déesse de la beauté.

Questionnaire.

Qu'était-ce que Bacchus? — De qui était-il fils? — Comment périt sa mère? — Par qui fut-il sauvé? — Qui eut-il pour nourrices? — Qui fut chargé de son éducation? — Quels dangers courut-il? — Quelle conquête entreprit-il? — De qui était-il accompagné? — Les peuples se soumirent-ils facilement? — Racontez comment il délivra Ariane. — Que devint-elle après sa mort? — Comment Bacchus fut-il accueilli dans l'Attique? — Racontez la mort d'Inachus. — Que devint sa fille? — Pourquoi Bacchus descendit-il aux enfers? — Combien de temps y séjourna-t-il? — Qui laissa-t-il sur la terre quand il remonta dans l'Olympe? — Quelles fêtes célébrait-on à Athènes en l'honneur de Bacchus? — Comment s'appelaient ces fêtes à Rome? — Comment les célébrait-on? — Racontez quelques-unes des vengeances de Bacchus. — Comment représentait-on ce dieu? — Qu'était-ce que Vulcain? — Comment devint-il boiteux? — Qu'enseigna-t-il aux habitants de Lemnos? — Qui prit-il pour compagnons de ses travaux? — Comment les perdit-il? — Que fit alors Vulcain? — Quels travaux exécuta-t-il? — Dans quelles contrées Vulcain fut-il honoré? — Comment représentait-on ce dieu?

1. C'est-à-dire tournées en dedans.

CHAPITRE XIV.

Divinités subalternes.

Palès. — Flore. — Zéphyre. — Pomone. — Vertumne.
— Pan. — Terme. — Sylvain. — Satyres. — Faunes.
— Nymphes. — Histoire des principales nymphes.

Les grandes divinités terrestres étaient Cybèle ou la terre, Cérès ou l'agriculture, Bacchus ou la vigne, Vulcain ou le feu. L'imagination des hommes, une fois en possession du monde matériel, et toujours sollicitée à produire, ne s'arrêta point à ces personnifications supérieures. Elle groupa autour d'elles une multitude d'éléments dont elle fit autant de dieux. La terre entière, avec tout ce qu'elle renferme et ce qu'elle produit, fut traduite en personnes divines. Ainsi les prés, les fleurs, les fruits, les saisons, les bois, les routes, les sources et les montagnes eurent leurs divinités particulières : toutefois le culte de ces divinités ne fut point universellement reconnu. De là la qualification de dieux subalternes qui leur fut donnée. Le cercle de leurs attributions était restreint et ne sortait pas de la chose à laquelle ils présidaient.

Palès était la déesse des pâturages et des troupeaux. Elle avait à Rome des fêtes nommées *Palilies*, qui se célébraient au mois de mars, époque de l'année où la germination se développe. Elles étaient spécialement solennisées par les bergers, qui appelaient de leurs vœux et de leurs prières la bienveillante sollicitude de la déesse pour la nourriture de leurs troupeaux. Dès le point du jour, vêtus de leurs plus beaux habits, ils purifiaient le bétail et les étables, en dressant à l'entrée un bûcher alimenté avec du soufre, du pin, du laurier et du romarin. Après cette purification expiatoire, ils offraient, par la main d'un prêtre, du lait, du miel et des gâteaux de maïs et de pur froment. Venait ensuite un grand repas public, et le soir on allumait dans différents quartiers des feux de joie autour desquels les pâtres dansaient en cadence, s'accompagnant de cymbales, de tambours et de chants joyeux.

Flore était la déesse des fleurs, la gracieuse allégorie du printemps. Elle eut pour époux le frais et blond **Zéphyre**, dont la tiède haleine caresse les fleurs et porte la vie dans la nature. Les Sabins les premiers lui avaient élevé des temples, et, en se confondant avec le peuple romain, ils introduisirent à Rome le culte de cette déesse. Ses fêtes étaient annuelles et se nommaient *Florales :* elles duraient six jours et commençaient au mois d'avril. Elles produisirent les *jeux Floraux,* si fameux dans l'antiquité. Ces jeux se célébraient à Rome pendant la nuit, à la lueur des torches, dans le grand cirque de la rue Patricienne. Le sentiment religieux qui les caractérisait à l'origine s'effaça bientôt, et ces réunions nocturnes amenèrent une foule de scandales et de désordres. On représentait Flore brillante de fraîcheur et de jeunesse, au milieu des lis et des roses, tenant une corne d'abondance d'où s'échappent des fruits et des fleurs.

Pomone présidait aux fruits, aux vergers et aux jardins. Elle devint l'épouse de **Vertumne**, divinité des saisons. Elle avait cependant fait vœu de ne jamais se marier, et Vertumne fut obligé d'épuiser auprès d'elle toutes les ressources et toute la mobilité de sa nature. Pour surmonter les obstacles qui s'opposaient à cette union, il implora et obtint des dieux la faveur de changer de forme à son gré. D'abord il se montra à la déesse sous les traits d'un jeune laboureur courbé sur sa charrue depuis le lever du soleil jusqu'à celui des étoiles. Voyant que Pomone cueillait ses fruits et cultivait ses arbres sans daigner même jeter sur lui un seul regard, il revint sous les traits d'un moissonneur, coupant les gerbes avec une ardeur sans pareille ; et Pomone se souciait peu de l'infatigable travailleur. Il reparut une troisième fois sous la forme d'un vigneron, faisant tomber sous sa serpe les grappes vermeilles ; mais il ne fut pas plus heureux, et il s'en retourna le soir à sa cabane triste et désespéré. Enfin, poussé à bout par l'inflexible déesse, il se présente à elle sous les traits d'une vieille femme causeuse. Pomone, ennuyée de vivre seule, la prit à son service pour l'aider dans ses travaux. Vertumne, ayant gagné peu à peu les bonnes grâces de la déesse par ses douces paroles, se défait un jour de ses rides et de ses années et revient à elle souriant et joyeux. Pomone consentit enfin à le prendre pour époux. Cette transformation de Vertumne représente l'année avec ses variations successives : le laboureur est le symbole du printemps, le moissonneur celui de l'été, le vigneron celui de l'automne, et la vieille femme celui de l'hiver.

Le culte de Pomone, venu de l'Étrurie, s'introduisit à Rome. On représentait la déesse assise sur une grande corbeille remplie de fleurs et de fruits, tenant un rameau et des pommes. Vertumne avait un temple à Rome, et des fêtes qui se célébraient en octobre, époque de la récolte des fruits. On le représentait sous les traits d'un jeune homme couronné de fleurs et d'épis, les épaules couvertes d'une peau de bête fauve, et tenant à la main une serpe pour émonder [1] les arbres.

Pan, dans la tradition égyptienne, était regardé comme le principe de la fécondité de la nature, et, comme tel, mis au nombre des divinités supérieures. On retrouvait dans chaque ville de l'Égypte ses temples et ses statues. Dans le mythe grec, Pan n'était qu'une divinité secondaire et subalterne, présidant aux campagnes et aux forêts. La Fable lui donne pour père tantôt Jupiter, tantôt Mercure, et il vint au monde avec les cornes, les jambes et le pelage d'un bouc. A son apparition, les nymphes d'Arcadie s'enfui-

---

1. Retrancher d'un arbre les branches nuisibles ou inutiles.

rent éperdues et poussant des cris d'effroi. Son père, ne pouvant lui trouver de nourrice, le chargea sur ses épaules et le transporta dans l'Olympe. A la vue de cette pauvre et malencontreuse créature, les immortels, et Bacchus entre autres, poussèrent un si grand éclat de rire, que les voûtes de l'Olympe en furent ébranlées.

Pan, ramené en Arcadie, et ne pouvant, à cause de sa laideur, vivre avec les hommes, s'enfonça dans la profondeur des bois et se fit le compagnon des boucs et des loups. Ayant appris que les Titans devaient se réunir sur la terre pour escalader les hauteurs de l'Olympe, il se rendit au lieu de leur assemblée, et ayant ramassé sur le bord de la mer un énorme coquillage, il en fit sortir des sons si effrayants, que la race titanide, saisie d'épouvante, se mit à fuir rapidement dans toutes les directions : de là le nom de *terreur panique*. On doit à ce dieu l'invention de la flûte à sept tuyaux, assemblage de roseaux taillés inégalement. Cette découverte le rendit si orgueilleux, qu'il osa défier Apollon lui-même. Il fut vaincu dans cette lutte, et l'on sait que Midas, qui lui avait attribué la victoire, reçut des oreilles d'âne en punition de son ignorance.

Pan était le dieu des bergers, des vallées verdoyantes et fertiles, des forêts sombres et épaisses. Il protégeait les troupeaux, vivifiait les pâturages et apprivoisait les bêtes fauves. En Grèce, on s'inquiéta peu de cette divinité champêtre ; mais à Rome son culte était entouré de vénération et d'hommages, en mémoire de Romulus et de Rémus allaités par une louve. De là le nom de *Lupercales* donné à ses fêtes, qui se célébraient dans le mois de février. On lui offrait du lait, du miel, deux chèvres et un chien. La peau des victimes était découpée par la main des prêtres en lanières avec lesquelles on faisait des fouets pour les enfants qui couraient par les rues, battant ceux de leurs petits camarades qu'ils rencontraient.

Comme personnification de la nature féconde et produisant toutes choses, on représentait le dieu Pan avec des cornes sur le front, symbole des rayons du soleil; avec une peau de bête fauve étoilée sur la poitrine, image de la voûte céleste avec les astres; la carnation vive et pourprée, pour désigner la chaleur et l'éclat du ciel; il avait les jambes et les pieds hérissés de poil, allégorie de la nature inférieure ou de la terre avec les arbres et les plantes. Comme gardien des bois et protecteur des troupeaux, il avait le corps d'un bouc et une houlette dans la main.

Terme était un dieu d'origine romaine, inventé par Numa. Les premiers habitants qui peuplèrent Rome n'étaient qu'un ramas de brigands et d'esclaves fugitifs, habitués au vol et au pillage. Numa, pour protéger les propriétés, entoura les limites des champs de pierres carrées dont il fit une divinité immobile et implacable. Il lui bâtit aussi un temple sur la roche Tarpéienne. Lorsque Tarquin le Superbe voulut élever sur cette montagne un temple à Jupiter, il fallut déranger les autels et les statues qui s'y trouvaient déjà. Ces dieux bénévoles consentirent à se laisser déplacer; mais le dieu Terme tint bon : il resta cramponné au roc sur lequel il était planté, et, de guerre lasse, les ouvriers le laissèrent à sa place.

On célébrait dans le mois de février des fêtes appelées *Terminales*. Pendant leur durée, les bornes des routes, des rues et des champs étaient ornées de guirlandes et de fleurs ; on les arrosait de lait et on les teignait du sang des agneaux immolés en l'honneur du dieu Terme.

Silvain, divinité champêtre, était le protecteur des forêts. Il passait pour être le fils de Faunus, avec lequel on le confond souvent. Il était fort honoré en Italie, et à Rome il avait deux temples, l'un sur le mont Viminal, l'autre sur le bord de la mer. Ses prêtres, qui formaient un des principaux colléges de Rome, ornaient ses autels de branches de pin et de cyprès. Silvain était l'ennemi des enfants, à cause sans doute du penchant qu'ont les enfants à casser les branches des arbres.

Les **Satyres** étaient des dieux champêtres, habitant les bois sombres et profonds. Ils étaient d'une épouvantable laideur, tout velus, avec des cornes au front et des pieds de bouc. Comme ils effrayaient et dispersaient les troupeaux, les bergers, pour se les rendre propices, leur offraient les premiers fruits et les nouveau-nés de leurs brebis.

Les **Faunes**, divinités champêtres de même forme et de même nature que les satyres, avaient aussi les mêmes attributions. Toutefois, ils étaient un peu moins velus, moins cornus et moins sauvages. Aussi, dans l'ordre hiérarchique, ils avaient une certaine supériorité sur leurs frères d'origine. Ils descendaient de Faunus, troisième roi d'Italie, qui enseigna le premier les travaux de l'agriculture aux habitants de la contrée. Le pin et l'olivier sauvage leur étaient consacrés.

Les **Nymphes** étaient primitivement les âmes des morts, que les poëtes faisaient revenir du Tartare et errer autour des tombeaux et le long des demeures qu'elles avaient aimées sur la terre. On les voyait dans les vallées, sur le bord des fleuves et des fontaines, à l'entrée des grottes, sous des formes légères, aériennes, vaporeuses, enveloppées de nuages et de brumes. Plus tard, on donna le nom de nymphes aux jeunes filles issues du sang des dieux et des hommes. Elles étaient toujours fraîches et jeunes, mais elles pouvaient mourir après une révolution indéterminée de siècles. Tout l'univers était plein de ces gracieuses divinités. Celles qui tourbillonnaient dans les sphères du ciel s'appelaient Uranies; celles qui habitaient des grottes de cristal au fond des eaux se nommaient Océanides et Naïades. Les Napées parcouraient les bois et les prairies ; les Oréades peuplaient les montagnes. Les nymphes des forêts étaient les Hamadryades; les nymphes des arbres, les Dryades : celles-ci naissaient et mouraient avec l'arbre qu'elles protégeaient.

Les nymphes avaient à Rome un temple célèbre, incendié par Clodius vers la fin de la république. On leur offrait du lait, du miel, des gâteaux; plus tard, on leur immola des chèvres et des agneaux. On les représente sous la forme de jeunes filles, toujours jeunes, toujours fraîches, portant des corbeilles ou des urnes, la chevelure bouclée et flottante sur les épaules.

Questionnaire.

Qu'appelle-t-on divinités subalternes? — Qu'était-ce que Palès? — A quelle époque se célébraient ses fêtes? — Comment se célébraient-elles? — Qu'était-ce que Flore? — Qui eut-elle pour époux? — Quelles fêtes et quels jeux furent institués en son honneur? — Comment représente-t-on cette déesse? — Qu'était-ce que Pomone? — Comment devint-elle l'épouse de Vertumne? — Quelle allégorie renferme ce récit? — Comment étaient représentées ces deux divinités? — Qu'est-ce que le dieu Pan? — Sous quelle forme vint-il au monde? — Pourquoi se retira-t-il au fond des bois? — Quelle invention est due au dieu Pan? — Où était-il particulièrement honoré? — Comment était-il représenté? — Quelle est l'origine du dieu Terme? — Quelle fête célébrait-on en son honneur? — Qu'était-ce que Silvain? — Où était-il honoré? — Où habitaient les satyres? — Comment les bergers se les rendaient-ils favorables? — Qu'était-ce que les faunes? — Quels arbres leur étaient consacrés? — Sous quelle forme étaient représentées les nymphes? — Quels lieux habitaient-elles? — Que leur offrait-on?

CHAPITRE XV.

Divinités de la mer.

Océan. — *Téthys.* — Les dieux fleuves. — Les Océanides. *Neptune,* dieu des mers. — Sa naissance. — Ses exploits et ses voyages. — Son culte et ses attributs.

Océan.

La mer avec ses eaux incorruptibles, son flux et son reflux, son immensité, sa puissance et ses tempêtes, dut vivement émouvoir l'imagination des hommes. Aussi, de la même manière qu'ils avaient fait du ciel et de la terre des divinités isolées, ils personnifièrent l'eau et en firent un être chargé de gouverner tout ce qui dépendait de son vaste empire. La source murmurante du rocher, le fleuve majestueux, le lac immobile, le torrent impétueux, devinrent les tributaires de ce dieu puissant, nommé Océan, fils de Cœlus et de Tellus. Il habitait au fond des mers un palais de corail et de perles, ayant pour sceptre un trident et pour trône une conque incrustée de pierreries. On le représente couché sur les ondes, le front surmonté de deux pinces d'écrevisse, ayant à ses pieds un monstre marin, et tenant une urne immense, intarissable, d'où s'échappent en bouillonnant de vastes nappes d'eau. Il épousa Téthys, et de cette union naquirent des fleuves et un grand nombre de filles nommées Océanides.

Tous ces enfants reçurent une portion de la divinité de leur père, et ils jouissaient de presque toutes les prérogatives du vieil Océan, dans la sphère d'action qui leur était dévolue.

Les dieux fleuves les plus célèbres dans les récits mythologiques étaient l'Achéloüs, l'Eurotas, le Pactole et le Tibre.

L'Achéloüs prend sa source dans les montagnes du Pinde et va se jeter dans la mer Ionienne. Un jour qu'Hercule poursuivait Déjanire, la fiancée du dieu fleuve, Achéloüs, transporté d'une fureur subite à la vue de son rival, se précipita en bouillonnant par-dessus ses rives et couvrit de ses flots les campagnes environnantes. Hercule vint à bout de le dompter et le traversa à la nage. Alors Achéloüs prit la forme d'un taureau, mais il ne fut pas plus heureux; car dans la lutte il perdit une de ses cornes, et, tout honteux de sa défaite, il alla se cacher au fond de sa source.

L'Eurotas, fleuve de Laconie, arrosait la ville de Sparte. Les Spartiates l'adoraient comme un dieu et lui donnaient le nom de *Fleuve-roi*, nom qu'il a conservé encore aujourd'hui. Les rives de ce fleuve étaient bordées de myrtes, de lauriers-roses et d'oliviers au pâle feuillage. Diane la chasseresse aimait à s'y reposer le soir et à se baigner dans ses ondes fraîches et limpides. C'est là aussi, sur les bords du fleuve, que Daphné avait été changée en laurier, et que Castor et Pollux, qui passaient pour être les fils de Jupiter, se livraient à leurs exercices gymnastiques.

Le Pactole, dieu fleuve de Phrygie, reçut de Midas la merveilleuse propriété de rouler des paillettes d'or dans le courant de ses eaux. On dit encore que les pierres qui bordaient ses rives, une fois placées auprès d'un trésor, rendaient des sons étranges et mystérieux, au bruit desquels les voleurs s'enfuyaient remplis d'effroi.

Le Tibre, fleuve d'Italie, traverse la ville de Rome. Il est personnifié par les peintres et les poëtes sous la figure d'un vieillard, les cheveux couronnés de fleurs et de fruits, symbole de la fertilité de ses rives. A ses pieds est couchée une louve allaitant Romulus et Rémus.

Parmi les autres dieux fleuves, on peut encore nommer l'Alphée dans le Péloponèse, le Céphise dans l'Attique, le Scamandre et le Simoïs dans la Troade.

Tous ces dieux fleuves étaient représentés avec une barbe limoneuse, une tête couronnée de joncs et une urne d'où s'épanchent leurs ondes. Lorsque leurs eaux étaient navigables on leur donnait une ancre, un gouvernail ou un aviron.

Les Océanides étaient représentées sous les traits de jeunes filles aux yeux bleus, aux cheveux ruisselants et de la couleur des flots. C'étaient les patronnes des nautoniers, dont elles conduisaient les nacelles à travers l'immense étendue des mers, les protégeant contre les brisants et les tempêtes. Aussi, au moment de mettre à la voile, tous les marins leur adressaient des prières ; si pendant la traversée une tempête s'élevait, on égorgeait en leur honneur un taureau noir, et le sang de la victime, recueilli dans une urne, était jeté goutte à goutte dans la mer pour en apaiser la fureur.

Le vieil Océan, effrayé lui-même de la multiplicité de ses enfants, recula devant la difficulté de diviser son empire en portions égales au nombre des prétendants. Peut-être aussi voulut-il épargner à sa race les soucis inséparables de la royauté. De concert avec Téthys, son épouse, il résolut de se débarrasser d'un fardeau trop lourd pour son grand âge et de céder l'empire des mers à son neveu Neptune. Toutefois, en abdiquant, il se réserva un droit de suzeraineté sur la plus vaste portion de ses États, qui garda depuis son nom.

Neptune.

Neptune, dieu des mers, était fils de Cybèle et de Saturne. Comme ses frères et ses sœurs, il échappa à la voracité de son père, grâce à la prévoyance de sa mère, qui fit avaler à Saturne un jeune poulain enveloppé de langes. Puis Cybèle fit descendre doucement l'enfant des hauteurs de l'Olympe et le cacha dans une bergerie d'Arcadie. Il fut confié aux soins d'un pâtre nommé Arno. Devenu grand, il aida son frère Jupiter dans sa lutte contre les Titans, qu'il enferma dans le Tartare après les avoir garrottés avec de grosses chaînes. Dans la guerre des Géants, il ne montra pas le même courage : on le vit fuir de l'Olympe un des premiers, sous la forme d'un cheval; plus tard, il conspira avec les immortels contre le maître des dieux, et il fut chassé du ciel et condamné à passer une année sur la terre. Se promenant un jour au bord de la mer avec Apollon, son compagnon d'exil, il rencontra Laomédon le Troyen, occupé à relever les murailles de la ville de Troie. Ce prince pria les deux augustes proscrits de l'aider dans ses travaux; ils se mirent à l'œuvre : Neptune coupait et taillait les pierres, les plaçant ensuite par assises parallèles, les unissant entre elles et les consolidant avec de la terre détrempée d'eau; Apollon animait les travailleurs par les accords de sa lyre harmonieuse. L'ouvrage achevé, Laomédon leur refusa le salaire convenu, et, pour se soustraire à leurs importunités, il leur ordonna de sortir de ses États.

Apollon et Neptune ne firent pas longtemps attendre leur vengeance. Le dieu du soleil, à la suite de chaleurs dévorantes, infecta l'air d'exhalaisons pestilentielles, et les Troyens périssaient en grand nombre. Neptune, de son côté, submergea les campagnes de la Troade et suscita un monstre marin qui dévorait ceux que la peste ou l'inondation avait épargnés. Les Troyens, en proie à ces horribles fléaux, allèrent consulter l'oracle. Il fut répondu que, pour apaiser les dieux irrités, il fallait exposer une jeune fille à la voracité du monstre. On tira de l'urne le nom de la victime, et le grand prêtre appela, au milieu de la silencieuse consternation des assistants, Hésione, la fille unique de Laomédon. L'infortunée, arrachée des bras de son père, fut conduite au lieu du supplice; mais Hercule la délivra, en tuant le monstre d'un coup de sa redoutable massue.

Vint ensuite le débat entre Neptune et Minerve, qui aspiraient tous les deux à l'honneur de donner leur nom à la ville nouvelle que Cécrops venait de bâtir dans l'Attique. Nous avons déjà vu que Minerve, en produisant un olivier chargé de fruits, l'emporta sur Neptune, qui avait fait sortir de terre un superbe cheval. Pareil débat fut encore porté devant les immortels par les deux mêmes divinités au sujet de la ville de Théagène. Jupiter sut cette fois concilier les deux ambitions rivales en donnant le titre de roi à Neptune et celui de protectrice à Minerve. C'est par allusion à ce différend que les habitants de Théagène avaient empreint sur leur monnaie, d'un côté, le trident de Neptune et, de l'autre, l'effigie de Minerve.

L'histoire fabuleuse de Neptune renferme, comme celle des autres dieux, sous le voile de l'allégorie, quelque vérité morale ou la découverte d'un art nouveau. Ainsi l'origine du ciment ressort de la construction des murailles de Troie, que Neptune rendit indestructibles. Les premiers architectes se contentaient d'asseoir les pierres les unes sur les autres sans les unir ; plus tard on les consolida en les revêtant d'une couche de sable imprégné d'eau que le soleil durcissait. Cette double action de l'eau et du soleil a été personniliée sous le nom des deux divinités qui présidaient à ces deux principes.

Neptune, avec son teint basané, ses yeux verdâtres, sa barbe limoneuse, sa couronne de joncs marins et sa fourche à trois pointes, ne pouvait point trouver d'épouse qui consentît à partager son empire. A la fin, ennuyé de vivre seul au fond des eaux, il résolut d'employer la ruse. Il députa un dauphin vers une des filles de l'Océan, nommée Amphitrite, et l'éloquent messager, arrivé près de l'Océanide, lui rendit compte de sa mission, lui parla de la beauté et de la puissance du dieu, et de l'immense empire qui lui serait dévolu si elle accueillait la proposition qui lui était faite. Amphitrite céda à ces adroites insinuations : le jour des noces fut indiqué, et tous les habitants de l'élément liquide furent invités à venir embellir le cortége de leur jeune souveraine. Alors on vit accourir de toutes parts les oiseaux aquatiques, les poissons, les énormes cétacés, les fleuves, les Océanides et une foule innombrable de Néréides. En tête du cortége s'avançaient les tritons, à la chevelure verte et ruisselante, tirant de leurs conques recourbées des sons retentissants. Venaient ensuite quatre coursiers marins, aux naseaux fumants, aux crins hérissés, et qui traînaient sur des roues d'or la conque royale de Neptune. Puis arrivait le puissant dieu des mers, le front ceint d'un magnifique diadème, tenant d'une main son redoutable trident et de l'autre caressant les flots. A sa droite marchait sa royale épouse, environnée de ses sœurs et de jeunes nymphes. Tout le reste de la population des eaux bondissait de joie autour des deux augustes divinités. Le cortège se dirigea vers l'île de Cythère, où les noces devaient se célébrer.

Neptune, roi des mers, ébranlant les montagnes et les forêts au bruit de sa marche, franchissant l'horizon en trois pas, remuant à son gré les vents et les tempêtes, était une divinité puissante et redoutée, et, comme telle, universellement vénérée.

Athènes, qui par son commerce maritime atteignit un si haut degré de puissance et de prospérité, ne se montra pas ingrate envers son dieu tutélaire. Elle lui avait spécialement consacré le mois de décembre, qu'elle appelait *Poseidôn* (époux de la mer). Pendant ce mois si fécond en tempêtes, on décorait le temple du dieu avec une magnificence inouïe et des prières publiques lui étaient adressées.

Les jeux se célébraient dans l'isthme de Corinthe et s'appelaient jeux Isthmiques. Toute la Grèce y accourait : on décernait des prix pour la course, le javelot, le disque, la poésie et la musique; les vainqueurs recevaient une couronne de pin. Lorsque la Grèce passa sous la domination romaine, on introduisit dans ces jeux des combats d'animaux. On attribue l'institution des jeux Isthmiques à Thésée, qui se disait fils de Neptune.

À Rome, Neptune, comme dieu des mers, avait des fêtes qui se célébraient dans le mois de février. Ce mois lui était spécialement consacré, parce que c'était à l'arrivée du printemps qu'avait lieu le départ des vaisseaux. Alors se faisaient des libations avec de l'eau de mer, de fleuve ou de fontaine. Puis les prêtres immolaient sur ses autels un taureau blanc ou un cheval; les aruspices découpaient les entrailles des victimes pour en extraire le fiel, qui lui était réservé par allusion à l'amertume des eaux de la mer.

Comme dompteur de chevaux, il avait dans la même ville des fêtes appelées *Consuales*, instituées par Romulus. Pendant toute la durée de ces fêtes, de nombreuses cavalcades parcouraient les divers quartiers de Rome, et, à chaque station, on immolait au dieu un bélier ou un taureau.

On représentait Neptune (*fig*. 15) toujours armé de son trident, tantôt debout sur les flots, tantôt sur un char ou sur une conque que traînent quatre coursiers ou quatre dauphins. Les roues dorées ne font qu'effleurer la surface des ondes. Autour de lui bondissent les tritons et les Océanides.

Questionnaire.

Sous quel nom l'eau fut-elle personnifiée? — Où habitait l'Océan? — Comment était-il représenté? — Qui épousa-t-il? — Quels enfants eut-il de cette union? — Quels sont les principaux dieux fleuves? — Comment étaient représentées les Océanides? — Par qui étaient-elles invoquées? — A qui l'Océan céda-t-il l'empire des mers? — De qui Neptune était-il fils? — Comment échappa-t-il à la voracité de son père? — Où fut-il caché par sa mère? — Pourquoi fut-il ensuite chassé du ciel? — De quels travaux s'occupa-t-il? — Quel autre dieu avait-il pour compagnon? — Reçurent-ils la récompense promise? — Comment se vengèrent-ils? — Par qui Hésione fut-elle délivrée? — Quels débats s'élevèrent entre Neptune et Minerve? — Quelles allégories renferme l'histoire de Neptune? — Quel moyen employa ce dieu pour obtenir une épouse? — Comment furent célébrées les noces? — De quelle manière Neptune était-il honoré à Athènes? — Où se célébraient les jeux Isthmiques? — Comment le dieu était-il honoré à Rome? — Comment Neptune était-il représenté?

CHAPITRE XVI.

Divinités secondaires et subalternes de l'empire des eaux. — Nérée. — Protée. — Fable d'Aristée. — Triton. — Glaucus. — Mélicerte ou Palémon. — Phorcys. — Les Sirènes. — Les Harpies — Éole. — Zéphyre. — Aurore.

L'immense étendue des eaux se trouva bientôt peuplée d'une foule d'êtres aux formes étranges, créés selon le caprice des poëtes, qui en firent des divinités secondaires. Voici quelles étaient ces principales divinités sous le rapport de leurs prérogatives.

Nérée, fils de l'Océan et de Téthys, avait épousé Doris, une des Océanides. De cette union naquirent les Néréides ou Dorades, nymphes de la mer, spécialement honorées par les matelots, parce qu'elles avaient le pouvoir de calmer les tempêtes. Les côtes de la mer Égée étaient parsemées de petites chapelles élevées en leur honneur et ornées de coquillages et de branches vertes. On leur immolait quelquefois des chèvres blanches; on leur offrait aussi du lait, du miel et de l'huile. On les représentait sous la forme de gracieuses jeunes filles, avec de longs cheveux entrelacés de perles, et portées sur des dauphins.

Nérée avait reçu des dieux le don de prophétie et le pouvoir de changer de forme à son gré pour échapper aux importunités de ceux qui venaient le consulter sur l'avenir. Il prédit au Troyen Pâris les maux que l'enlèvement d'Hélène devait attirer sur la ville de Troie. Ce fut encore lui qui fit connaître à Hercule les moyens de s'emparer des pommes d'or du jardin des Hespérides. On représente Nérée sous la figure d'un vieillard, portant une longue barbe azurée et entouré de ses filles qui dansent en chœur.

Protée était fils de l'Océan et de Téthys. Neptune lui confia la garde de ses troupeaux, composés de phoques ou veaux marins. Protée apporta dans l'accomplissement de ses fonctions une aptitude et un zèle qui furent dignement récompensés. Le dieu des mers lui fit don de la science du passé, du présent et de l'avenir, et le doua en même temps de la faculté de prendre toutes les formes pour échapper aux obsessions des visiteurs importuns. Deux fois cependant le vieux devin se laissa surprendre; nous allons dire dans quelles circonstances.

Ménélas, roi de Sparte, désirait savoir en quels lieux Pàris avait caché Hélène, qu'il avait enlevée. Il apprit de l'oracle que Protée seul pourrait lui découvrir sa retraite, mais que, pour aborder le divin prophète, il fallait le surprendre pendant son sommeil et le lier avec de grosses cordes. Ménélas suivit ces instructions, et, accompagné de trois braves compagnons d'armes, il entra au point du jour dans la grotte où Protée reposait au milieu de son troupeau. Pour mieux tromper le devin, ils s'étaient enveloppés dans des peaux de phoques. Ils s'approchent donc de Protée en silence, se précipitent sur lui et le garrottent fortement. Le devin, pris au dépourvu, se transforme subitement et devient tour à tour lion, serpent, sanglier, panthère, feu dévorant, torrent rapide : il épuise toutes ses ressources, mais à chaque nouvelle transformation, on l'étreint plus fortement encore. Enfin, vaincu, épuisé de fatigue, il se décide à parler et dit à Ménélas ce que ce prince voulait savoir.

Aristée était fils d'Apollon et de Cyrène. Son éducation fut confiée aux nymphes de la Thessalie, qui lui apprirent l'art de construire des ruches à miel. Un jour il poursuivait Eurydice, épouse d'Orphée, lorsqu'un serpent caché sous l'herbe mordit la jeune fille au talon et lui fit une blessure mortelle. Les nymphes, irritées de la perte de leur compagne, détruisirent les ruches et les abeilles d'Aristée. Celui-ci, dans sa douleur, se dirige vers la grotte qu'habitait sa mère et lui fait, en versant des larmes, le récit de ses malheurs. Cyrène console son fils et lui donne le conseil d'aller interroger Protée, en l'instruisant de tout ce qui était nécessaire pour assurer le succès de son entreprise. Aristée surprend le dieu endormi sur le rivage de la mer et le charge de liens. Le dieu, pour lui échapper, essaye les plus étranges transformations ; mais Aristée le poursuit sans relâche et parvient à lui faire reprendre sa véritable figure. Alors Protée lui explique la cause de ses infortunes et lui ordonne d'immoler à l'ombre plaintive d'Eurydice quatre taureaux d'un an et autant de génisses blanches. Le sacrifice achevé, Aristée vit sortir des entrailles des victimes un essaim d'abeilles qui alla s'abattre dans les ruches placées autour de sa cabane.

Viennent ensuite les divinités secondaires et subalternes, d'une puissance très-limitée.

D'abord il faut nommer **Triton**, fils de Neptune et d'Amphitrite, moitié homme, moitié poisson. C'était le messager et le héraut de Neptune, dont il précédait le char, faisant sortir du fond de leurs gouffres toutes les populations aquatiques, au bruit terrible de sa conque marine. Afin qu'il accomplît avec plus de rapidité les messages de son souverain, on lui avait donné une légion de tritons inférieurs, chargés de porter les ordres du dieu des mers à toutes les puissances de ce vaste empire. On les représentait avec une longue chevelure azurée, de larges oreilles, des yeux bleus, des mains armées de griffes, les bras faits en forme de nageoires et la poitrine couverte d'herbes marines. Le reste du corps se terminait en poisson.

Glaucus, avant de faire partie des divinités de la mer, était un jeune pêcheur de la Béotie. Un jour, s'étant aperçu que les poissons qu'il déposait sur le rivage reprenaient une force nouvelle après avoir touché certaines herbes et s'élançaient d'un seul bond dans les flots, il s'imagina que ces herbes contenaient des propriétés étranges et mystérieuses. Il en cueillit quelques tiges, et à peine y eut-il goûté, qu'il se sentit atteint du même vertige, et, fatalement entraîné par une force inconnue, il se précipita dans la mer. Aussitôt l'Océan et Téthys, le recueillant dans leurs grottes, le dépouillèrent de sa nature mortelle, et, après l'avoir purifié dans l'eau de cent fleuves, ils lui communiquèrent le don de l'immortalité. Les Béotiens, instruits de cette apothéose, élevèrent au nouveau dieu un temple où les pêcheurs se rendaient en foule pour se le rendre propice par leurs sacrifices et leurs prières.

Mélicerte ou **Palémon** était fils d'Athamas et d'Ino. Athamas ayant tué un de ses enfants dans un accès de fureur, Mélicerte s'enfuit avec sa mère, et tous deux, arrivés sur le bord de la mer, désespérés, égarés par la douleur, se précipitèrent dans les flots, où ils trouvèrent la mort. Un dauphin prit le corps de l'enfant sur son dos et le transporta à l'isthme de Corinthe, où Sisyphe, roi de la contrée, lui éleva un magnifique tombeau. Depuis ce moment, Mélicerte fut honoré comme une divinité marine, sous le nom de Palémon. Ce dieu, appelé Portumne par les Romains, protégeait l'entrée des vaisseaux dans le port. Sa mère Ino fut adorée par les Grecs sous le nom de Leucothoé et par les Romains sous celui de Matuta.

Phorcys, autre dieu marin de second ordre, était fils de Neptune. Chassé par Atlas du pays de Corse et de Sardaigne, il alla trouver son père, qui lui donna l'immortalité. Les matelots l'invoquaient pendant les temps d'orage. Il eut pour fille la nymphe Scylla. Celle-ci, victime de la jalousie de Circé, fameuse magicienne, se baigna sans le savoir dans une fontaine empoisonnée, et se vit aussitôt changée en un monstre horrible armé de douze griffes, à six têtes et à six gueules qui aboyaient sans cesse pour effrayer les matelots. Épouvantée, frappée de délire à la vue de cette affreuse métamorphose, elle se précipita dans les flots à l'endroit qui porte aujourd'hui le nom de détroit de Messine. C'est elle qui, avec Charybde, amène les naufrages qui ont rendu ce détroit si fameux.

Les **Sirènes,** nymphes célèbres par la douceur enchanteresse de leurs voix, étaient filles du fleuve Achéloüs. Elles étaient primitivement au nombre de trois et habitaient la Sicile, terre aimée d'Apollon. Compagnes de Proserpine et désolées de l'enlèvement de leur jeune amie, elles prièrent les dieux de leur accorder des ailes pour voler à la poursuite du ravisseur. N'ayant pu le trouver, elles vinrent se réfugier sur les bords de la mer, entre l'île de Caprée et l'Italie. Un oracle leur avait prédit qu'elles vivraient toujours si elles pouvaient arrêter les voyageurs qui naviguaient près des côtes, mais qu'elles périraient aussitôt qu'elles laisseraient passer un mortel sans le séduire par la douceur de leur voix. Aussi à peine une voile paraissait-elle à l'horizon, qu'une ravissante harmonie se faisait entendre au milieu du murmure des flots. Les matelots, attirés par ces chants mélodieux, s'arrêtaient comme enchaînés, ne se souvenant plus ni de leur patrie ni du but de leur voyage, oubliaient de boire et de manger et périssaient consumés par la faim. Aussi la côte voisine était parsemée d'ossements blanchis. Cependant, lorsque les Argonautes passèrent auprès de l'île qu'elles habitaient, elles firent de vains efforts pour les attirer. Orphée prit sa lyre et les enchanta elles-mêmes à un tel point, qu'elles devinrent muettes et jetèrent leurs instruments dans la mer. Ulysse, roi d'Ithaque, à son retour de la guerre de Troie, sut aussi échapper à leurs séductions, en se faisant attacher au mât de son vaisseau et en bouchant avec de la cire les oreilles de ses compagnons. Alors les sirènes se précipitèrent dans les flots et les dieux les métamorphosèrent en rochers. On les représentait sous la forme de belles et gracieuses jeunes filles jusqu'à la ceinture, et sous la forme d'oiseaux depuis la ceinture jusqu'aux pieds.

Les **Harpies** étaient trois sœurs, filles de Neptune et de la Mer. La plus célèbre d'entre elles se nommait Céléno. Ces divinités malfaisantes, déchaînant les vents et les tempêtes, jetant la peste et la famine partout où elles s'abattaient, vivaient ordinairement dans la Thrace et dans les îles de la mer Ionienne. C'étaient des monstres à la face ridée, au bec et aux ongles crochus, au corps de vautour, souillant tout ce qu'ils touchaient, toujours chassés et revenant sans cesse. Ces harpies ne sont, dit-on, autre chose que des bandes de corsaires qui pillaient les mers et infestaient les côtes.

Éole était le puissant roi des vents. Il habitait les sept îles Vulcanies, appelées depuis Éolides, autour desquelles murmuraient des bruits harmonieux : c'était le bruit des vents qu'il tenait enfermés dans de profondes cavernes creusées sous son palais. Armé de son trident, il les faisait sortir ou rentrer à son gré. Ulysse ayant abordé dans ses États, Éole lui fit présent à son départ d'une outre immense dans laquelle les vents étaient renfermés. Mais les matelots imprudents ouvrirent cette prison, et les vents impétueux sortirent aussitôt à grand bruit et, soulevant les flots, causèrent une tempête furieuse, qui fit périr tous les vaisseaux d'Ulysse.

Les vents soumis aux ordres d'Éole se divisaient en deux familles : les uns, issus des géants les plus redoutables, troublaient l'air et soulevaient les tempêtes ; les autres, enfants des dieux, étaient favorables aux mortels. Les quatre vents principaux étaient : Borée, vent du nord ; Auster, vent du sud; Eurus, vent du sud-est; Zéphyre, vent de l'ouest.

Le plus impétueux était Borée, qui habitait la Thrace, la plus septentrionale des contrées connues des anciens. Ses ailes étaient chargées d'ouragans, sa barbe et ses cheveux enveloppés de brouillards, de nuages et de pluie, et de ses pieds il soulevait d'épais tourbillons de poussière. Ses yeux lançaient la foudre et les éclairs, et au bruit de sa marche les mers et la terre tremblaient. On le représente quelquefois emporté par douze coursiers rapides qui courent sur les épis sans les rompre et rasent les flots sans y tremper leurs pieds.

Zéphyre était le vent tutélaire des matelots. Sa brise était douce et tiède; quand elle se faisait sentir, les vaisseaux sortaient de l'Italie et se dirigeaient vers les îles. Zéphyre avait épousé Flore, la déesse des fleurs. C'était un bel et blond jeune homme, à l'air doux, couronné de guirlandes, portant des ailes de papillon, glissant légèrement à travers les airs et semant des fleurs sur sa route.

Aurore, fille de Titan et de la Terre, ouvrait les portes du jour. C'était une radieuse et éblouissante jeune fille, aux doigts de rose, vêtue d'une robe de safran, enveloppée de nuages légers, sortant d'un palais brillant comme l'or, et montant tous les matins sur un char couleur de feu et traîné par quatre chevaux blancs. Autour d'elles voltigent les Heures, qui se tiennent par la main; puis, à un signal donné, l'une d'elles secoue une torche sur le monde, et tout à coup le soleil s'élance du sein des flots qui bouillonnent autour de son char enflammé, et le jour paraît.

Aurore avait épousé le chasseur Tithon, qui reçut le don d'immortalité, mais non pas celui d'une immortelle jeunesse. Aussi il devint si cassé avec l'âge qu'il fallait l'emmailloter comme un enfant. Jupiter, par pitié, le transforma en cigale.

Questionnaire.

Qu'est-ce que Nérée? — Quelles furent ses filles? — Comment les honorait-on? — Quel pouvoir Nérée avait-il reçu des dieux? — Sous quelle figure était-il représenté? — Qu'était-ce que Protée? — Que lui confia Neptune? — Comment le récompensa-t-il? — Dans quelles circonstances et par qui Protée fut-il consulté? — Quels moyens fallait-il prendre pour le forcer à parler? — Qu'était-ce que Triton? — Quelles étaient ses fonctions? — Comment étaient représentés les tritons? — Racontez l'histoire de Glaucus. — Quels dieux lui donnèrent l'immortalité? — Qu'était-ce que Mélicerte? — Comment fut-il sauvé des eaux? — Sous quel nom fut-il honoré? — Qu'était-ce que Phorcys? — Que devint sa fille Scylla? — Que fit-elle dans son désespoir? — Où habitaient les sirènes? — Quelle était leur occupation? — Que leur avait prédit l'oracle? — Comment cette prédiction s'accomplit-elle? — Sous quelle forme les sirènes étaient-elles représentées? — Quel était le nombre des harpies? — Sous quelle forme les représentait-on? — Pourquoi étaient-elles redoutées? — Qu'était-ce qu'Éole? — Où avait-il établi sa résidence? — Quels étaient les vents principaux? — Quel était le plus impétueux? — Qu'était-ce que Zéphyre? — Comment était représentée Aurore? — Qui avait-elle épousé? — Que devint Tithon?

CHAPITRE XVII.

Divinités des enfers.

Pluton, dieu des enfers. — Son empire. — Son culte, ses attributs et ses images. — Ministres de Pluton. — Les juges. — Les Parques. — Les Furies. — Charon. — Némésis.

En étudiant les croyances religieuses des divers peuples de la terre, on retrouve toujours l'idée d'une éternelle providence qui s'empare de l'âme à sa sortie du corps pour la placer dans les régions qu'elle a mérité d'habiter : régions sombres et terribles pour ceux qui, pendant leur vie, ont épouvanté la terre par leurs crimes ; régions paisibles et heureuses pour ceux que le vice n'a point souillés. Le monde païen, qui ne connaissait que notre hémisphère, et qui plaçait les bornes de la terre aux rochers de l'Atlas et aux plaines de l'Espagne, s'imaginait que par delà ces limites était un espace vide, infini et ténébreux qui menait à l'empire des morts. C'était l'Érèbe[1], où habitait la Nuit, toujours enveloppée de nuages : tantôt cette sombre déesse voyage dans l'espace sur un char d'ébène traîné par deux chevaux noirs, tantôt elle parcourt son

---

1. L'Érèbe était aussi considéré comme une divinité infernale.

empire d'un vol rapide et silencieux, cachant sous les plis flottants de sa robe un essaim de légers fantômes et de songes. A ses côtés planent le Sommeil et la Mort. C'est dans l'Érèbe que les âmes privées de sépulture erraient cent ans, avant d'aller séjourner dans les demeures qui leur étaient préparées. De là un chemin ténébreux conduisait à l'Achéron, fleuve terrible sur les bords duquel se pressaient les âmes des morts en attendant que le nocher des enfers, le vieux Charon, les reçût dans sa barque. Quatre autres fleuves traversaient encore le sombre séjour : c'étaient le Styx, ou fleuve de la haine, dont les eaux âcres et mordantes rongeaient les plus durs métaux et s'enroulaient neuf fois autour des enfers ; le Cocyte, ou fleuve des gémissements et des angoisses, alimenté par les larmes des coupables ; le Phlégéton, qui roulait des torrents de flamme et de bitume ; enfin le Léthé, ou fleuve d'oubli, dans les eaux duquel se désaltéraient les ombres des morts pour perdre le souvenir des maux qu'elles avaient éprouvés sur la terre.

Au delà de l'Achéron se trouvait un rempart d'airain flanqué de tours formidables et de forteresses de diamant. A la porte d'entrée veillait un énorme chien appelé Cerbère, monstre à trois têtes hérissées de serpents, et dont les gueules béantes étaient armées de dents noires et tranchantes. Il laissait librement passer les âmes qui descendaient de la barque et déchirait sans pitié celles qui essayaient de sortir du gouffre.

On entrait alors dans le Tartare, prison formidable ceinte d'un triple rang de remparts avec des portes d'airain. Suivant Hésiode, le plus célèbre écrivain de la théogonie ancienne, le Tartare était aussi éloigné de la terre que celle-ci l'était du ciel. Aussi une enclume d'airain tombant du ciel roulerait neuf nuits et neuf jours, et arriverait le dixième sur la terre ; une enclume d'airain tombant de la terre roulerait neuf nuits et neuf jours, et arriverait le dixième dans le Tartare. Là étaient renfermés les géants, les Cyclopes et la race titanide. Pour garder ces divinités déchues, Pluton y avait fixé le siége de son gouvernement. Assis sur un trône d'airain, armé d'une longue fourche à deux pointes, il présidait à ce vaste et sombre empire.

Pluton.

Fils de Saturne et de Cybèle, Pluton fut soustrait à la voracité de son père par un stratagème de sa mère, qui, à l'aide d'un merveilleux breuvage, fit rejeter au vieillard le jeune Pluton, qu'il avait avalé à sa naissance. Il contribua puissamment à la victoire que Jupiter remporta sur les Titans, armé qu'il était d'un casque qui le rendait invisible. En récompense de ce service, son frère lui donna le gouvernement du Tartare.

Près de Pluton siége une jeune divinité aux doux regards, mais triste, mélancolique et résignée : c'est Proserpine, fille de Cérès, que le roi des enfers enleva en Sicile, tandis qu'elle cueillait des fleurs dans la vallée d'Enna. Elle n'est plus, comme autrefois, environnée de gracieuses et souriantes compagnes; elle est la souveraine d'une cour sombre, triste, affreuse. A sa droite est la Mort, dont la main décharnée porte une faux tranchante. Sur les marches de son trône, on voit la Fureur sanglante, qui déchire tout ce qui l'environne; la Haine, qui distille le fiel; l'Hypocrisie, qui soulève son masque; la Trahison, qui secoue ses torches et prépare ses poisons; la Vengeance, qui fouette l'air de ses serpents. La Guerre et la Discorde s'y montrent aussi, la tête hérissée de couleuvres.

Pluton, divinité redoutée et inexorable, n'eut en Grèce ni temples ni autels; son culte se célébrait dans la profondeur des forêts. A Rome, on lui éleva un temple qui restait ouvert pendant le mois de février, mois consacré à ce dieu. Les sacrifices s'y faisaient la nuit, à la pâle clarté des lampes, sur des autels ornés de branches de cyprès. On lui immolait le plus souvent un couple de taureaux noirs sans tache, et qui n'avaient point encore passé sous le joug. Le grand prêtre s'emparait de la victime, brûlait de l'encens sur son front, la liait sur un bûcher bordé d'arbres funéraires, et lui ouvrait le ventre avec un couteau à manche d'ébène, au moment où elle regardait la terre. Ensuite le feu placé sous le bûcher consumait la victime tout entière avec ses bandelettes, ses entrailles, les liens qui l'attachaient; et les cendres, recueillies dans une urne, étaient promenées trois fois autour de l'enceinte du temple. On consacrait à Pluton le cyprès, le narcisse, l'ache et le capillaire. On représentait ce dieu sur un char d'ébène, la tête couverte d'un casque, tenant à la main un sceptre à deux pointes et des clefs (*fig.* 16). Ce casque était l'emblème des nuages et des brouillards qui enveloppent les enfers ; les clefs signifiaient que les portes de la vie sont fermées sans retour à ceux qui descendent dans l'empire ténébreux.

Non loin du palais de Pluton, s'élevait un tribunal redoutable où les âmes des morts entraient pour être jugées selon leurs œuvres ; il était composé de trois juges, **Minos, Éaque** et **Rhadamanthe.** Afin d'éviter la confusion qu'aurait amenée l'innombrable foule de morts qui se présentaient chaque jour devant ce tribunal, on avait établi deux portes de communication, l'une pour les âmes venues d'Europe, l'autre pour les âmes venues d'Asie. Les premières étaient sous la juridiction d'Éaque, les secondes sous celle de Rhadamanthe. Minos présidait le conseil, et décidait souverainement du sort des ombres.

Ces juges avaient été des rois de la terre renommés par leur sagesse et leur justice. Minos était fils de Jupiter et d'Europe ; roi de l'île de Crète, il civilisa son royaume, donna des lois à son peuple et le rendit heureux par la douceur de son gouvernement. Éaque était fils de Jupiter et d'Égine ; il régna dans l'île d'Énopie, qu'il nomma Égine en l'honneur de sa mère. Sous son règne, une horrible famine, suivie d'une peste plus horrible encore, dépeupla ses États ; Jupiter lui

donna le pouvoir de changer les fourmis en
hommes, d'où leur est venu le nom de Myrmidons. Ce prince, le plus équitable des rois de son
temps, gouverna ses sujets avec tant de justice,
qu'il mérita après sa mort une place parmi les
juges des enfers. Rhadamanthe était fils de Jupiter et d'Europe et frère de Minos; forcé de
quitter l'île de Crète à la suite d'un meurtre
involontaire, il se retira en Lycie, où il fonda
une colonie qu'il administra avec une admirable
sagesse. Les peuples avaient une si haute opinion
de son équité, que, lorsqu'ils voulaient exprimer
un jugement juste, quoique sévère, ils disaient:
C'est un jugement de Rhadamanthe. Jupiter,
pour le récompenser, lui confia la judicature aux
enfers. De ces trois juges, représentés comme
des vieillards aux regards austères, Minos était le
plus vénéré; il était, comme nous l'avons déjà
vu, président de la cour infernale. Il tenait un
sceptre, emblème de sa souveraineté, et agitait
l'urne fatale où étaient renfermées les destinées
des hommes.

Un peu plus loin on voyait un antre immense,
éclairé par la sombre lueur de torches résineuses,
où vivaient trois vieilles femmes ridées, boiteuses, pâles, couronnées de gros flocons de laine
blanche entremêlée de fleurs de narcisse : c'étaient
les **Parques**, toutes les trois filles de l'Érèbe et
de la Nuit, ou, suivant quelques poëtes, de Jupiter et de Thémis. La plus jeune d'entre elles,
nommée Clotho (la fileuse), tenait une quenouille
dont la base touchait au Tartare et le sommet au

ciel, et qui était chargée de laine blanche ou noire mêlée d'un peu d'or et de soie. A ses côtés est assise Lachésis (qui file le sort) ; de la main gauche elle tourne sans cesse un fuseau, et de la droite elle dirige le fil qui fuit sous ses doigts. La troisième, appelée Atropos (qui ne tourne plus), était la Parque inflexible, inexorable ; armée de ses terribles ciseaux, elle allait et venait dans la caverne, tranchant un fil dès que la voix du Destin désignait une victime.

Ces mystérieuses divinités ne sont que des allégories cachées sous les divers attributs dont elles ont été revêtues. Vieilles et ridées, elles représentaient l'éternité des décrets divins. L'antre sombre qu'elles habitaient était le symbole de l'obscurité qui enveloppe les destinées des mortels. Boiteuses, elles désignaient l'inégalité des accidents de la vie humaine. La quenouille de Clotho représentait les événements passés groupés autour de la vie ; le fuseau de Lachésis était l'image du présent ; les ciseaux d'Atropos étaient celle de l'avenir. La laine blanche, mêlée d'or et de soie, désignait une vie longue et heureuse ; la laine noire, une vie courte et malheureuse. Maîtresse du sort des hommes, leur distribuant le bonheur et le malheur, ces divinités eurent des temples dans tous les pays. Des prêtres, la tête couronnée de fleurs, leur immolaient des brebis noires.

Les **Furies** étaient des divinités infernales, filles de l'Achéron et de la Nuit : on en compte trois, Alecto ou Alecton, Tisiphone et Mégère.

Ministres des vengeances des dieux et de Pluton en particulier, elles étaient chargées du soin de châtier les ombres des grands coupables, de porter l'épouvante dans leurs âmes et de les tourmenter par toutes sortes de visions effrayantes. Tantôt armées de torches ardentes et de serpents, elles désolaient la terre par les maladies, les guerres et les pestes; tantôt elles entraient violemment dans le cœur des coupables, s'attachant à eux comme le vautour s'attache à sa proie, et les assourdissant d'un bruit étrange qui les poursuivait dans leur sommeil, au milieu de leurs fêtes et de leurs plaisirs : c'est l'image des remords qui déchirent sans cesse l'âme du méchant.

Les Furies avaient des temples et des autels dans les forêts de la Grèce et de l'Italie. On ne s'approchait qu'en tremblant de ces enceintes sacrées : l'impie y était sur-le-champ frappé de quelque fléau; mais l'homme injustement poursuivi y trouvait un asile inviolable. Les Grecs, de peur de déplaire à ces redoutables divinités, avaient choisi pour elles le nom d'Euménides ou déesses bienveillantes. Dans les sacrifices, on leur immolait des béliers et des tourterelles. On leur consacrait encore le narcisse, le genièvre, le cèdre et le cyprès. On les représentait avec un air sévère et menaçant, les yeux farouches, la tête hérissée de serpents, une torche ardente dans une main et un fouet de couleuvres dans l'autre.

Charon, dont le nom acquit une si grande célébrité, était encore une divinité infernale ; il était fils de l'Érèbe et de la Nuit. Chargé de transporter au delà de l'Achéron les ombres qui lui étaient amenées par Mercure, il avait une barque faite d'écorce, qui sillonnait sans cesse les eaux du fleuve. C'était un vieillard robuste, triste, au front ridé, à longue barbe, aux yeux noirs et perçants ombragés d'épais sourcils. Avant de recevoir un passager dans sa barque, l'inflexible nocher des enfers n'oubliait jamais d'exiger une obole, prix de la traversée : c'est pour cela que les anciens avaient le soin de placer sous la langue des morts une petite pièce de monnaie qu'on appelait le *denier de Charon*. Le vieux nocher repoussait impitoyablement l'ombre qui ne soldait point le prix du passage, et elle était condamnée à errer cent ans sur la rive du fleuve avec les âmes dont les corps n'avaient point reçu de sépulture.

Némésis était une des plus terribles divinités païennes. Fille de Jupiter et de la Nécessité, ou de l'Érèbe et de la Nuit, elle veillait sur les crimes des hommes et sur leurs bonnes actions, punissant le vice et récompensant la vertu. Elle poursuivait les coupables avec acharnement, et personne n'échappait à la vengeance de cette redoutable déesse. Son culte était universellement répandu sur la terre. Quinze chapelles avaient été bâties en son honneur autour du lac Mœris, lac au fond duquel les Égyptiens plaçaient la dernière demeure des bons et des méchants. A Rome, on l'appelait Némésis la Sainte : on croyait par

cette flatterie la rendre favorable. Elle avait au
Capitole un autel où les soldats, avant de commencer une campagne, allaient déposer leurs
offrandes. On la représente couverte d'un voile,
pour indiquer que la vengeance divine est impénétrable; appuyée sur un gouvernail, symbole de
son action incessante sur tout l'univers. On lui
donne encore des ailes, pour exprimer la rapidité de sa course. Elle tient aussi d'une main
un flambeau qui éclaire les consciences et découvre les secrets de l'âme; de l'autre, un fouet
hérissé de serpents avec lequel elle frappe les
méchants.

Questionnaire.

Qu'est-ce que l'Érèbe? — Par qui était-il habité? —
Quels étaient les fleuves des enfers? — Qu'y avait-il au
delà de l'Achéron? — Qu'était-ce que le Tartare? — Était-
il éloigné de la terre? — Que renfermait-il? — De qui
Pluton était-il fils? — Quel service rendit-il à son frère
Jupiter? — Comment en fut-il récompensé? — Qui est
placé auprès de Pluton dans les enfers? — Où et comment
ce dieu était-il honoré? — Comment le représentait-on?
— De combien de juges était composé le tribunal des en
fers? — Quels étaient ces juges? — Toutes les âmes ve-
naient-elles par la même porte pour être jugées? — Racontez l'histoire des trois juges. — Quel était le plus vénéré
des trois? — Qu'était-ce que les Parques? — Quelles
étaient les fonctions de chacune d'elles? — Ces divinités
étaient-elles honorées? — Combien comptait-on de Furies? — Quel était leur nom? — De quel soin étaient-
elles chargées? — Dans quelles contrées avaient-elles
des autels? — Sous quel nom les Grecs les désignaient-

ils? — Comment étaient-elles représentées? — Quelles
étaient les fonctions de Charon? — Qu'exigeait-il avant
de passer les âmes? — Que devenait l'âme qu'il repoussait? — Qu'était-ce que Némésis? — Quelles étaient ses
fonctions? — Où était-elle honorée? — Comment la représentait-on?

CHAPITRE XVIII.

Description du Tartare. — Supplices des grands coupables
dans les enfers. — Sisyphe. — Salmonée. — Phlégyas.
— Ixion. — Tantale. — Les Danaïdes. — Les Titans.
— Tityе. — Description des champs Élysées.

Dans le Tartare était une prison éternelle,
entourée d'un triple rang de murailles, des eaux
de trois grands fleuves, couverte de lacs infects,
traversée par des torrents de feu, hérissée de
tours et de forteresses d'airain, remplie de fournaises ardentes, et peuplée de monstres et de
furies qui s'abattaient comme des oiseaux de
proie sur les ombres des méchants pour les dé-
chirer sans pitié. Aussi cette prison retentissait
jour et nuit des cris de douleur et de désespoir
que poussaient les fils ingrats, les traîtres, les
amis infidèles, les hypocrites, les meurtriers, les
parjures et les impies. On y voyait Tantale,
Ixion, Sisyphe et d'autres grands coupables qui
avaient épouvanté la terre par leurs crimes.

Sisyphe, fils d'Éole, passait pour être le fondateur de Corinthe, qu'il enrichit et rendit puis-

sante aux dépens de toutes les contrées voisines, où il exerçait d'affreuses pirateries. Tous les étrangers qui abordaient dans ses Etats, il les tuait sans pitié en les faisant écraser sous des monceaux de pierres. Thésée, roi d'Athènes, purgea enfin l'Attique de ce brigand. Mortellement atteint d'une flèche et sur le point de rendre le dernier soupir, il fit venir ses plus fidèles serviteurs, et voulant mettre à l'épreuve leur dévouement et leur affection, il leur recommanda de laisser son corps sans sépulture. Les ordres de Sisyphe furent exécutés comme il l'avait voulu. Alors, irrité de se voir si bien obéi, et désirant se venger, il demanda à Pluton la permission de retourner pour quelques jours sur la terre, promettant de revenir aussitôt que le délai serait expiré. Mais, à peine sorti du Tartare, il oublia sa promesse et reprit son genre de vie habituel, vie de ruses, de perfidies et de cruautés. Les dieux se virent forcés de lui dépêcher le fidèle Mercure, ce messager rapide, qui descendit à Corinthe, s'empara de Sisyphe et le ramena aux enfers à coups de caducée. Pour le punir de sa désobéissance et des crimes dont il avait souillé sa vie, on le condamna à rouler sans relâche une lourde pierre jusqu'au sommet d'une montagne, d'où elle retombait aussitôt, poussée par une force inconnue; image sensible des misères inévitables de la vie humaine.

Tout près de Sisyphe on voyait Salmonée, son frère, roi de l'Élide, dans le Péloponèse. Entre autres folies, ce prince orgueilleux et cruel eut celle de se faire dieu de son vivant. Par son ordre, les statues des dieux furent renversées et on y substitua les siennes. Le nom du puissant Jupiter fut effacé du fronton des temples ; on y inscrivit celui du tyran. Pour s'attirer les hommages de la foule, il imagina de construire un pont d'airain qui traversait une partie de la ville, et sur lequel il se faisait traîner la nuit dans un char dont les roues rapides et retentissantes imitaient le roulement du tonnerre. Là, nouveau Jupiter tonnant, il lançait des torches ardentes sur une foule de malheureux que ses satellites assommaient subitement sans être vus. Tandis qu'il s'amusait à foudroyer ses sujets, Jupiter le foudroya lui-même et le précipita au fond du Tartare.

Phlégyas, fils de Mars, était roi des Lapithes, peuple de la Thessalie habile à manier les chevaux. Il avait une fille nommée Coronis, qu'Apollon lui enleva. Le malheureux père, égaré par la douleur, courut armé d'une torche au temple de Delphes et y mit le feu. Le dieu, irrité, le tua à coups de flèches et le précipita dans les enfers, où il fut condamné à rester éternellement étendu sous un rocher dont la chute toujours imminente menace de l'écraser.

Ixion, fils de Phlégyas, avait succédé à son père comme roi des Lapithes. Ayant épousé la fille d'un prince voisin, nommé Dionée, non-seulement il refusa de payer à son beau-père ce qu'il lui avait promis, mais il l'attira chez lui à Larisse, sous prétexte d'une réconciliation, et le fit périr en le précipitant dans une fosse remplie de charbons ardents. A peine ce crime fut-il accompli, que les Furies accoururent, secouant leurs torches sur la tête du meurtrier, jetant la terreur dans son âme et le livrant à toutes les horreurs du plus profond désespoir. Sans cesse assailli par d'effrayantes visions, maudit des hommes, repoussé partout, il implora la commisération de Jupiter, qui, touché de ses larmes et de son repentir, lui pardonna son crime et l'admit même à la table des dieux. Ixion paya cette noble hospitalité par la plus noire ingratitude : il osa insulter Junon, l'auguste épouse du maître des dieux. Jupiter, cette fois, se montra inflexible : il précipita le coupable dans le Tartare et le fit attacher sur une roue hérissée de serpents, qui tournait sans interruption.

Tantale, fils de Jupiter, était un puissant roi de Phrygie. Sa vie ne fut qu'une suite continuelle de fraudes et de crimes. Un jour il reçut les dieux à sa table, et, voulant mettre à l'épreuve la science de ses divins hôtes, il leur servit les membres de son fils Pélops. Ils ne touchèrent point à cet horrible mets ; Cérès seule, se laissant tromper, dévora une épaule du pauvre enfant, que Jupiter ressuscita, et auquel il donna une épaule d'ivoire pour remplacer celle qui manquait. Alors tous les dieux prièrent Jupiter d'infliger à cet homme sacrilége un châtiment qui égalât la grandeur de son crime. Tantale fut précipité dans le Tartare. On le voit plongé jusqu'à la ceinture au milieu d'un lac dont les eaux sont d'une admirable limpidité et dont les bords sont couverts d'arbres chargés de fruits. Dévoré par la soif, tourmenté par la faim, il veut boire, mais à peine a-t-il baissé la tête, que l'eau fuit rapidement devant ses lèvres desséchées; il veut manger, il essaye de cueillir un fruit, mais la branche se retire au moment où il croit la saisir. Ce tourment se renouvelle tous les jours, à chaque moment, et dure éternellement. Les poëtes ont fait de ce supplice l'emblème de l'avare qui n'ose pas toucher aux trésors qu'il entasse et au milieu desquels il vit misérablement tourmenté.

Parmi les grands coupables punis dans les enfers se trouvaient encore les Danaïdes, filles de Danaüs, roi d'Argos. Elles étaient cinquante, et elles furent mariées aux cinquante fils d'Égyptus, roi d'Égypte. C'est bien malgré lui que Danaüs avait consenti à cette alliance, car l'oracle lui avait prédit qu'il périrait sous les coups d'un de ses gendres. Aussi, voulant à tout prix prévenir le danger qui le menaçait, il rassemble ses filles et leur fait jurer d'égorger leurs époux la nuit même de leurs noces. Toutes promirent d'obéir et tinrent parole. Une seule, nommée Hypermnestre, émue de compassion, sauva son époux Lyncée, aimant mieux s'exposer à tout le courroux de son père que de se souiller d'un meurtre abominable. Quant à ses sœurs, elles ne tardèrent pas à recevoir la punition de leur crime; elles allèrent l'expier aux enfers, condamnées à verser éternellement dans un tonneau sans fond une eau qu'elles puisent à une source intarissable.

En parcourant le sombre séjour des enfers, on voyait étroitement enchaînés dans les prisons du Tartare les Titans, ces fils orgueilleux du Ciel et de la Terre, dont nous connaissons l'histoire. On remarquait parmi eux Gyas, Cottus et Briarée, dont les cinquante têtes et les cent bras ne peuvent plus nuire. Non loin de là est un immense géant dont le corps couvre neuf arpents de terre : c'est Titye, qui, ayant insulté Latone, fut tué à coups de flèches par Apollon et Diane et précipité dans le Tartare Là, un insatiable vautour, attaché sur sa poitrine, lui dévore le foie et les entrailles, qu'il déchire sans cesse et qui renaissent éternellement pour son supplice.

Mais sortons de ces lieux de ténèbres, de douleur et de lamentations, et entrons dans les champs Élysées, séjour des ombres vertueuses. Là se trouvent les fils pieux et soumis qui ont honoré et soigné la vieillesse de leurs parents, les rois qui se sont appliqués à rendre leurs peuples heureux, les guerriers qui ont versé leur sang pour leur patrie ; enfin, tous les justes que les dieux ont voulu récompenser. Un printemps éternel règne dans ces lieux fortunés ; l'haleine des vents ne s'y fait sentir que pour répandre le parfum des fleurs. Un nouveau soleil et de nouveaux astres n'y sont jamais voilés de nuages. Des bocages embaumés, des bois de rosiers et de myrtes, couvrent de leurs ombrages frais les heureux habitants de ce séjour chéri des dieux. Mille petits ruisseaux d'une onde pure arrosent des gazons toujours renaissants et fleuris et entretiennent une délicieuse fraîcheur. Un nombre infini d'oiseaux font résonner les bocages de leur doux chant, qui n'est interrompu que par les voix touchantes des grands poëtes et des musiciens célèbres. Une terre toujours riante, toujours féconde, renouvelle ses productions trois fois l'année, et présente alternativement ou des fleurs ou des fruits.

C'est là que coule avec un doux murmure le fleuve Léthé ; et ses ondes font oublier aux ombres qui les boivent tous les maux de la vie. Aussi les souvenirs de la terre n'altèrent point le bonheur de ces hommes justes. Là, plus de douleurs, plus de vieillesse : là, jamais on ne ressent les ardeurs de la canicule; jamais les noirs aquilons n'osent souffler ni faire sentir les rigueurs de l'hiver. « Ni la guerre altérée de sang, dit Fénelon, ni la cruelle envie qui mord d'une dent venimeuse, ni les jalousies, ni les défiances, ni les vains désirs, n'approchent jamais de cet heureux séjour de la paix. La maladie, la pauvreté, les craintes, les regrets, les remords, ne peuvent y avoir aucune entrée. »

Là les ombres bienheureuses goûtent encore les plaisirs purs qu'elles ont préférés pendant leur vie. Achille, aux pieds légers, poursuit dans les bois les bêtes féroces; Nestor raconte ses exploits. De robustes athlètes s'exercent à la lutte et se livrent des combats où le sang ne coule plus. De sages vieillards parlent des mystères du ciel, chantent les louanges des dieux et vont s'asseoir à des banquets où règne une douce gaieté. « Leur joie, dit Fénelon[1], est noble et pleine de majesté : c'est un goût sublime de la vérité et de la vertu qui les transporte. Je ne sais quoi de divin coule sans cesse au travers de leurs cœurs; ils voient, ils goûtent qu'ils sont heureux, et sentent qu'ils le seront toujours. Dans ce ravissement divin, les siècles coulent plus rapidement que les heures parmi les mortels ; et cependant mille et mille siècles écoulés n'ôtent rien à leur félicité toujours nouvelle et toujours entière. Ils ne portent plus ces vains diadèmes dont l'éclat cache tant de craintes et de noirs soucis : les dieux mêmes les ont couronnés de leurs propres mains avec des couronnes que rien ne peut flétrir. »

Les champs Élysées représentaient pour les anciens un séjour si délicieux qu'ils les plaçaient soit dans les îles Fortunées (îles Canaries), dont le sol était d'une admirable fertilité, soit, et c'était là l'opinion la plus accréditée, au delà des colonnes d'Hercule, dans les belles campagnes de la Bétique (Andalousie, en Espagne).

Questionnaire.

Décrivez la prison du Tartare. — Quels sont les coupables qui y étaient renfermés? — Racontez l'histoire de Sisyphe. — Quel était son supplice dans les enfers?—

1. L'Élysée décrit par Fénelon dans *Télémaque* est véritablement un paradis chrétien. En comparant cette description avec celle des anciens poëtes, on voit quels progrès le christianisme a fait faire à la raison et au cœur de l'homme.

Quel crime avait commis Salmonée? — Quelle fut sa punition? — Qu'était-ce que Phlégyas? — Pourquoi fut-il précipité dans les enfers? — A quel supplice fut-il condamné?
— Racontez l'histoire d'Ixion. — Dites son supplice. —
Qu'était-ce que Tantale? — Que fit-il pour éprouver les
dieux? — Racontez son supplice. — De quelle passion
ce supplice est-il l'emblème? — Racontez l'histoire et le
crime des Danaïdes. — A quel supplice furent-elles condamnées? — Quels autres grands coupables voyait-on
encore dans le Tartare? — Quel était le supplice du géant
Titye? — Par qui les champs Élysées étaient-ils habités?
— Décrivez ce séjour. — Pourquoi les âmes buvaient-
elles l'eau du Léthé? — Quels étaient les plaisirs des
âmes bienheureuses? — Où les anciens plaçaient-ils les
champs Élysées?

CHAPITRE XIX.

Divinités allégoriques.

La Guerre ou Bellone. — La Discorde; les noces de Pélée
et de Thétis. — La Renommée. — La Victoire. — La
Fortune. — La Nécessité. — L'Occasion. — Le Silence. — Le Sommeil. — Les Songes; Morphée. — La
Justice.

Il faudrait de longues pages pour énumérer
toutes les divinités allégoriques inventées par les
anciens : car nous savons qu'ils s'étaient plu à
personnifier, à diviniser toutes les passions, tous
les sentiments de l'âme, les vertus comme les

vices, les biens comme les maux. Nous devons donc nous borner à faire connaître les principales divinités.

La **Guerre** était personnifiée sous les traits d'une femme, Bellone, appelée par les Grecs *Enyo*, d'un mot qui signifie *tuer*. On la disait fille de Phorcys et de Céto. Elle était chargée du soin de préparer le char et les chevaux de son frère Mars, lorsqu'il allait à la guerre. Souvent aussi elle accompagne ce dieu, et tantôt marchant en avant du char, elle agite à grand bruit un fouet sanglant ; tantôt siégeant sur le char même, elle excite les deux coursiers, Pavor et Formido (la peur et l'effroi), soit avec son fouet ensanglanté, soit avec la pointe d'une lance. Bellone avait à Rome un temple célèbre près de la porte Carmentale ; il fut élevé l'an de Rome 469 (av. J. C. 285), pour satisfaire à un vœu d'Appius Claudius pendant la guerre des Samnites. C'est là que le sénat s'assemblait quand il s'agissait de décerner les honneurs du triomphe à un général vainqueur et lorsqu'on donnait audience aux ambassadeurs. Deux autres temples, non moins fameux, étaient consacrés au culte de Bellone dans les deux villes qui portaient le nom de Comana, l'une en Cappadoce, l'autre dans le Pont. Une corporation puissante de prêtres exerçait une autorité sans limites sur les immenses possessions annexées à chacun de ces temples, et le grand prêtre, leur chef, marchait presque l'égal du roi. Le nombre des prêtres qui desservaient le temple de Comana en Cappadoce s'élevait, dit-on, à plus de six mille : ils célébraient les fêtes de Bellone par des danses bizarres, des bonds frénétiques, des gestes convulsifs ; ils se faisaient aussi des incisions sur le corps avec des épées, et offraient à la déesse le sang qui coulait de leurs blessures. Les poëtes représentent Bellone les cheveux épars, le feu dans les yeux, agitant une torche d'une main et tenant de l'autre un fouet ensanglanté, dont elle se sert pour animer les combattants (*fig.* 17).

La **Discorde**, divinité malfaisante, était appelée *Eris* ou *Até* chez les Grecs. Compagne fidèle de Bellone, elle est la cause des meurtres, des guerres et des querelles qui divisent les peuples et les familles. On la dit fille de la Nuit, sœur de Némésis et des Parques, et on lui donne pour enfants le Travail, la Faim, la Peste, les Chagrins, les Perfidies, l'Injustice, et le Serment, qui est si funeste aux mortels quand ils se parjurent. Les peintres et les sculpteurs représentent la Discorde coiffée de serpents au lieu de cheveux, tenant une torche ardente d'une main, une couleuvre ou un poignard de l'autre, le teint livide, le regard farouche, la bouche écumante, les mains ensanglantées, avec des vêtements en désordre et déchirés. Cette divinité fut chassée du ciel à cause des troubles qu'elle semait dans l'Olympe. Peu après eurent lieu les noces de Thétis et de Pélée.

Thétis, la plus belle des Océanides, fut d'abord recherchée en mariage par Apollon, par Neptune, et même par Jupiter, le maître des dieux. Mais un vieil oracle avait déclaré que le fils de Thétis

serait plus grand que son père, et les dieux,
effrayés, retirèrent l'un après l'autre leur demande. Alors Thétis fut réduite à recevoir la
main d'un simple mortel; elle épousa le roi Pélée,
et leurs noces furent célébrées avec une grande
magnificence sur le mont Pélion. Tous les dieux
et toutes les déesses y assistèrent et firent aux
époux de riches présents. La Discorde seule, qui
n'avait point été invitée, et qui voulut se venger
de ce mépris, parut tout à coup au milieu du festin et jeta sur la table une pomme d'or sur laquelle
étaient écrits ces mots : *A la plus belle;* pomme
fatale qui fut l'occasion du jugement de Pâris, le
principe de la guerre de Troie et la source de tant
de malheurs.

Les anciens supposaient que Jupiter ne marchait jamais sans être entouré d'un nombreux
cortége dans lequel on remarquait la **Renommée**, que la Terre, disait-on, avait enfantée
pour publier les crimes des dieux qui avaient ex-
terminé les géants ses enfants. Depuis, Jupiter
lui ordonna de ne parler que des hommes. On
la représente comme une déesse énorme, ayant
cent bouches, cent oreilles et de longues ailes
garnies d'yeux en dessous; elle tient aussi une
trompette, emblème de sa puissante voix. Voici
la description que Virgile, le prince des poëtes
latins, a faite de la Renommée : « De tous les
fléaux, dit-il, il n'en est pas de plus rapide que
la Renommée ; elle tire toutes ses forces de sa
mobilité ; c'est en courant qu'elle les accroît. Peu
redoutable d'abord, elle s'élève bientôt dans les

airs ; les pieds dans la poussière, elle cache son front dans les nues. Sa mère lui donna des ailes rapides et des pieds non moins légers. Monstre horrible, immense, autant il a de plumes sur le corps, autant d'yeux veillent sous ses ailes, et, chose merveilleuse, autant de langues, autant de bouches s'y font entendre, autant d'oreilles s'y dressent. La nuit, il vole entre le ciel et la terre, bruissant dans l'ombre ; jamais le doux sommeil ne ferme ses paupières. Le jour il se tient en sentinelle ou sur le faîte des palais élevés ou sur les hautes tours, et de là il épouvante les grandes cités, non moins opiniâtre à semer le mensonge que la vérité. » Un autre poëte latin, Ovide, décrit ainsi le palais de la Renommée : « Il est au milieu de l'univers, entre l'Océan, les terres et les plaines célestes, sur les confins des trois mondes, un point d'où se voit tout ce qui se passe en tous lieux, si éloignés qu'ils puissent être ; là toute voix qui se fait entendre vient résonner dans des oreilles toujours prêtes. C'est la demeure de la Renommée. Elle habite un palais sur le haut d'une montagne : mille issues, mille ouvertures, donnent accès dans ses murs, que ne ferme aucune porte. Nuit et jour il est ouvert : formé d'un airain retentissant, il résonne à tout bruit et répète toute parole. Au dedans jamais de silence, jamais de repos. Ce n'est pas du fracas, mais un sourd et continuel murmure, comme celui des eaux de la mer quand vous les entendez au loin, ou comme les derniers roulements du tonnerre. Là s'agite un peuple léger ; de vaines

rumeurs, vraies ou fausses, des paroles confuses,
vont, viennent, s'entre-choquent, et repaissent
les oreilles avides : ces messagers innombrables
y répandent partout les bruits divers; le mensonge va croissant dans leur bouche, et chacun
ajoute encore à ce qu'il a entendu. Là sont la
Crédulité, l'Erreur téméraire, les fausses Joies,
les vaines Terreurs, la Sédition et les Bruits in-
certains. La déesse elle-même, au milieu du palais, voit tout ce qui se passe dans le ciel, dans
l'Océan, sur la terre ; son œil scrute tout l'univers. »

Parmi les divinités qui marchaient toujours à
la suite de Jupiter, on remarquait aussi la **Victoire**, sœur de la Force et de la Valeur. Les
Grecs la nommaient dans leur langue *Nikè*. Les
Romains la représentaient avec des ailes ; mais les
Grecs la figuraient sans ailes, croyant ainsi la
mieux fixer auprès d'eux. Du reste, elle était toujours couronnée de laurier et tenait une branche
de palmier à la main. Sylla lui bâtit un temple à
Rome et institua des fêtes en son honneur. La
Victoire avait surtout une statue célèbre dans le
palais du sénat, au Capitole. Ce fut la dernière
statue païenne que le christianisme fit disparaître
des monuments publics.

La **Fortune** ne pouvait manquer d'avoir sa
place dans l'Olympe païen. Cette divinité allégorique, fille de l'Océan, selon les uns, de Jupiter
et de Némésis, selon les autres, dispensait à son
gré les richesses et la pauvreté, les plaisirs et
les peines. On la représente le plus souvent sous

les traits d'une femme chauve, aveugle, avec des ailes aux pieds, un pied en l'air, et l'autre posé sur une roue qui tourne sans cesse. La Fortune était adorée dans plusieurs contrées de la Grèce avec des attributs différents. Ainsi chez les Béotiens, elle tenait dans ses bras Plutus, le dieu des richesses; chez les Achéens, on lui donnait une corne d'abondance. A Smyrne et dans quelques autres villes, on la voyait tantôt avec un croissant, tantôt avec le soleil ou l'étoile polaire sur la tête; quelquefois aussi elle tient un gouvernail, ou bien elle a un pied posé sur une proue de navire.

Les Romains admirent de bonne heure la Fortune dans leur Panthéon et lui rendirent un culte particulier. Le roi Tullus Hostilius, le premier, lui éleva un temple; un autre roi, Servius Tullius, l'imita, et dans la suite la Fortune compta jusqu'à dix temples dans la seule ville de Rome. Elle en avait encore plusieurs dans différentes contrées de l'Italie; mais le plus célèbre était celui d'Antium, dans lequel on lui faisait de continuelles offrandes.

La **Nécessité**, fille de la Fortune, accompagne toujours sa mère. Cette divinité allégorique était adorée par toute la terre, et sa puissance était telle que Jupiter lui-même lui obéissait. Elle avait à Corinthe un temple où personne, excepté ses prêtres, n'avait le droit d'entrer. On la représente avec des mains de bronze, tenant de longues chevilles et des coins de fer, symbole de son inflexibilité.

L'Occasion était en Grèce le dieu, et à Rome la déesse de l'à-propos. C'est une divinité allégorique présidant au moment le plus favorable pour réussir dans une entreprise. On la dépeint un pied en l'air, l'autre sur une roue, la tête complétement chauve par derrière, et portant sur le front une seule mèche de cheveux qu'il faut saisir au passage. Quelquefois elle est représentée glissant avec vitesse sur le tranchant d'un rasoir sans se blesser.

Les anciens révéraient le **Silence** comme un dieu, sous les noms de Sigalion et d'Harpocrate, et le représentaient avec un doigt sur les lèvres. Ses statues étaient souvent placées aux portes des temples ; elles indiquaient qu'un religieux recueillement était plus agréable aux dieux que des paroles. La mode romaine était de porter au doigt annulaire une agate onyx, bague ou sceau sur lequel était gravé un petit Harpocrate : la simple image de ce dieu rappelait aux hommes qu'ils devaient respecter le secret des lettres, secret dont la violation était regardée comme un sacrilége.

Le **Sommeil,** autre divinité allégorique, fils de l'Érèbe et de la Nuit, habitait, suivant les poëtes, les monts Cimmériens, qui avoisinent le Bosphore. Son palais était un antre profond, inaccessible aux rayons du soleil, et dont l'entrée était couverte de touffes énormes de pavots et d'autres plantes somnifères. Le dieu était représenté endormi sur un lit de feuillage ; les Songes voltigent autour de lui, et Morphée, son principal ministre, entretient un silence éternel dans cette sombre demeure. Voici la description que le poëte Ovide fait du palais du Sommeil : « Il y a dans le pays des Cimmériens une caverne profonde creusée dans les flancs d'une montagne : c'est la demeure ignorée du Sommeil. Jamais le soleil n'y fait sentir ses rayons. La terre, à l'entour, exhale de sombres brouillards; ces lieux ne sont éclairés que par la lueur douteuse d'un éternel crépuscule. Là, ni le chant de l'oiseau vigilant, ni la voix du chien fidèle, ni les bêlements des troupeaux, ni le froissement des feuilles agitées par le vent, ni les cris de l'homme, ne se font jamais entendre : c'est l'empire du muet repos. A l'entrée de la caverne croît une moisson de pavots et d'herbes assoupissantes. Là, pas de porte qui grince en tournant sur ses gonds; nul gardien ne veille sur le seuil. Au milieu s'élève un lit d'ébène, rempli d'un épais duvet et couvert d'un noir tissu où le dieu repose ses membres languissants. Autour de lui sont étendus çà et là les Songes aux formes vaines, aussi nombreux que les épis des champs, que les feuilles des forêts, ou que les sables des rivages de la mer. »

Il ne faut pas confondre le Sommeil avec **Morphée,** son fils, dieu du sommeil et le premier des Songes. C'était en effet de tous les Songes le plus habile à imiter la démarche, la figure, la voix, les vêtements et jusqu'aux paroles les plus familières de ceux qu'il voulait représenter. On le dépeint sous les traits d'un gros enfant assoupi, et on lui donne pour attributs des ailes de papillon, qui expriment sa légèreté, et une plante de pavot avec laquelle il touchait ceux qu'il voulait endormir.

Les **Songes** sont enfants du Sommeil. Les trois Songes principaux n'habitent que les palais; ils se nomment Morphée, Phobéton et Phantase. Morphée, comme on l'a déjà dit, ne prenait que la ressemblance des hommes. Phobéton, dont le nom exprime l'épouvante, prenait la forme d'un tigre, d'un lion, d'un serpent, enfin de tous les monstres sauvages qui inspirent le plus de frayeur aux hommes. Phantase a un emploi différent des deux autres : il se transforme en terre, en fleuve, en plante, en rocher; il imite tous les corps inanimés. Quant aux autres Songes, ils ne fréquentent que les demeures du peuple, sous des formes tantôt agréables, tantôt effrayantes. Les uns sont faux, les autres vrais; les premiers sortent des enfers par une porte d'ivoire, les seconds par une porte de corne. Ceux-ci annoncent des biens ou des maux réels; ceux-là ne sont que de pures illusions et de vains fantômes de l'imagination.

Nous terminerons l'énumération des principales divinités allégoriques par la **Justice**, fille de Jupiter et de Thémis. On la représente sous les traits d'une jeune fille tenant d'une main une épée nue. On suppose aussi qu'elle est assise sur une pierre carrée, prête à prescrire des peines pour le vice et des récompenses pour la vertu.

Questionnaire.

Comment était personnifiée la Guerre? — Quelles étaient les fonctions de cette divinité? — N'avait-elle pas un temple à Rome? — Où avait-elle encore deux autres temples? — Comment les prêtres célébraient-ils ses fêtes? — Comment est représentée Bellone? — Quelle est sa compagne fidèle? — Quels sont les enfants de la Discorde? — Comment cette déesse est-elle représentée? — Racontez ce qui arriva aux noces de Thétis et de Pélée. — Qu'était-ce que la Renommée? — Quelle description Virgile en fait-il? — Décrivez le palais de la Renommée. — Comment était représentée la Victoire? — Où était placée une statue célèbre de cette déesse? — Qu'était-ce que la Fortune? — Sous quelle figure représentait-on cette déesse? — Quels sont ses attributs? — Dans quelles contrées était-elle adorée? — Où était son temple le plus célèbre? — Comment représentait-on la Nécessité? — Où avait-elle un temple? — Qu'était-ce que l'Occasion? — Sous quel nom les anciens révéraient-ils Harpocrate? — De qui le Sommeil était-il fils? — Où habitait-il? — Quelle description Ovide fait-il du palais du Sommeil? — Qu'était-ce que Morphée? — De qui les Songes étaient-ils les enfants? — Quels étaient les Songes principaux? — Quelles étaient les attributions de chacun d'eux? — Par où sortaient les Songes faux? les Songes vrais? — De qui la Justice était-elle fille? — Comment la représentait-on?

CHAPITRE XX.

Héros ou demi-dieux.

Hercule. — Son enfance. — Ses premiers exploits. — Choix d'Hercule entre la Vertu et la Volupté. — Ses travaux. — Sa mort. — Son apothéose.

Dans l'opinion vulgaire des Grecs et des Romains, les héros étaient des hommes nés soit d'un mortel et d'une déesse, soit d'un dieu et d'une mortelle. On les appelait aussi demi-dieux. A leur mort, ces hommes privilégiés retournaient dans le ciel et se confondaient avec les dieux. De tous les héros, le plus célèbre est sans contredit Hercule, dont nous allons raconter la vie et les travaux.

Hercule eut pour père Jupiter, et pour mère Alcmène, fille d'Electryon, roi de Mycènes. Il était encore au berceau, lorsque la jalouse et vindicative Junon envoya contre lui deux serpents monstrueux. L'enfant saisit les reptiles et les étouffa sans peine dans ses bras. Ce fut là son premier exploit. Dès ce moment, le divin Tirésias prédit la gloire du jeune héros et annonça qu'un jour il vaincrait les géants. On raconte que Junon, malgré la haine que lui inspirait le fils d'Alcmène, consentit à allaiter le merveilleux enfant; mais Hercule la mordit si fort, qu'elle le repoussa loin d'elle aussitôt, et quelques gouttes de lait, s'épanchant sur la voûte céleste, y tracèrent une longue traînée blanche, irrégulière, qu'on appelle la *voie lactée*.

L'éducation du jeune Hercule fut confiée aux maîtres les plus habiles. Autolycus lui enseigna à conduire un char et à lutter; Euryte, roi d'Œchalie, à tirer de l'arc. Avec Eumolpe, il apprit la musique; avec Linus, l'art de tirer des sons de la lyre; avec Castor et Pollux, les exercices gymnastiques. Enfin le centaure Chiron lui donna les leçons de la science et de la morale. Linus n'eut point à se louer de son disciple : un jour qu'il lui reprochait avec assez d'aigreur une faute qu'il avait commise, Hercule irrité le frappa violemment sur la tête avec sa lyre et le tua.

Hercule était arrivé à l'âge de dix-huit ans, à cet âge où les jeunes gens, devenus maîtres d'eux-mêmes, font déjà voir s'ils suivront pendant leur vie le chemin de la vertu ou celui du vice. Un jour il était assis dans un lieu solitaire, livré à ses réflexions, lorsqu'il vit s'avancer deux femmes d'une grande taille : l'une, joignant la noblesse à la beauté, n'avait d'ornements que ceux de la nature; elle était vêtue de blanc; dans ses yeux régnait la pudeur, dans tout son air la modestie : c'était la Vertu. L'autre avait cet embonpoint qui accompagne la mollesse, et, sur son visage apprêté, la céruse et le fard altéraient les couleurs naturelles; les regards effrontés, parée de manière à faire ressortir sa beauté, elle se considérait sans cesse elle-même, et ses yeux semblaient chercher des admirateurs : c'était la Volupté. Lorsqu'elles furent toutes deux plus près d'Hercule, la première vint à lui sans hâter le pas; mais l'autre, voulant la prévenir, accourut vers lui.

« Hercule, lui dit-elle, je vois que tu ne sais quel chemin tu dois prendre. Si tu me fais ton amie, je te conduirai par la route la plus facile et la plus riante; aucun plaisir ne te sera refusé, aucune peine n'affligera ta vie. D'abord tu n'auras à redouter ni la guerre ni les vains soucis; ta seule occupation sera de trouver les boissons et les mets qui pourront te plaire, et tout ce qui flattera le mieux tes sens; tu ne songeras qu'au moyen le plus court d'être heureux. Et si tu crains de manquer jamais des trésors qui achètent les plaisirs, rassure-toi, je t'en comblerai sans prescrire à ton corps ni à ton esprit des travaux pénibles. Tout sacrifier au bonheur, voilà le privilége de quiconque suit mes lois. »

L'autre femme s'avança à son tour et parla en ces mots : « Et moi aussi, Hercule, je parais devant toi; c'est que je n'ignore pas de qui tu tiens le jour, c'est que ton éducation m'a révélé ton caractère. Si tu choisis ma route, tu brilleras entre les grands hommes par tes exploits et tes vertus. Je ne t'abuserai pas en te promettant les plaisirs. Ce n'est qu'au prix des soins et des travaux que les dieux répandent le bonheur et l'éclat sur la vie des hommes. Si tu veux que ton corps devienne robuste et vigoureux, souviens-toi de l'accoutumer à l'empire de l'âme et de l'exercer au milieu des fatigues et des sueurs. Je donne le bonheur et la gloire à ceux qui écoutent ma voix : jeunes, ils ont le plaisir d'entendre les éloges des vieillards ; vieux, ils aiment à recueillir les respects de la jeunesse. Quand le terme fatal arrive, l'oubli du tombeau ne les ensevelit pas tout entiers ; mais leur mémoire, toujours florissante, vit dans un long avenir. »

Hercule, enflammé par ces paroles, se détourne de la Volupté et s'élance sur les pas de la Vertu. Dès ce jour il prit la résolution de détruire partout les monstres qui ravageaient la terre, d'exterminer les brigands, les tyrans impies, les destructeurs de l'humanité, de faire cesser les fléaux physiques qui opposaient des obstacles aux progrès de la civilisation. Ce fut alors qu'il commença cette foule d'exploits merveilleux, dont les plus célèbres sont connus sous le nom des *douze travaux* d'Hercule. Voici à quelle occasion ces travaux furent entrepris.

Pendant qu'Alcmène portait Hercule dans son sein, Nicippe, femme de Sthénélus, roi de Mycènes, était aussi enceinte. Junon, toujours animée d'une haine jalouse contre Alcmène, fit déclarer par Jupiter que celui des deux enfants qui naîtrait le premier aurait tout pouvoir sur l'autre ; alors elle hâta la délivrance de Nicippe, qui donna le jour à un fils nommé Eurysthée. Celui-ci, s'associant aux ressentiments de Junon, résolut de profiter des droits que lui donnait la priorité de sa naissance. Il imposa à Hercule les entreprises les plus pénibles et les plus dangereuses, soit afin de se débarrasser d'un rival dont la gloire naissante l'inquiétait, soit afin de se procurer par là de grands avantages.

Le premier des douze travaux est la lutte d'Hercule contre un lion furieux qui ravageait la forêt de Némée. Il attaque d'abord le redoutable animal à coups de flèches ; mais, voyant que les flèches glissaient sur sa peau sans lui faire de blessures, il le saisit, l'étreint de ses bras puissants et l'étouffe. Puis, chargé de cette proie monstrueuse, il se rend à Mycènes et se présente aux yeux d'Eurysthée, qui recule d'épouvante en voyant la formidable bête. Depuis ce jour Hercule porta constamment sur ses épaules la peau de ce lion comme un bouclier et comme un monument de sa victoire.

Le héros alla ensuite combattre l'hydre de Lerne, monstre horrible, né de Typhon et d'Échidna, qui ravageait les marais de Lerne et toute l'Argolide. Cette hydre avait sept têtes, et, à mesure qu'on en retranchait une, il en renaissait immédiatement une autre plus terrible. Hercule, s'apercevant de ce prodige, ordonna à Iolas, son neveu et son compagnon, de brûler la plaie sanglante, dès qu'il aurait fait tomber une tête. Le monstre finit ainsi par être complétement vaincu. Hercule, après avoir tué l'hydre, trempa ses flèches dans le sang venimeux du reptile, et ce poison devait rendre incurables et mortelles toutes les blessures qu'elles faisaient.

Une biche aux cornes d'or et aux pieds d'airain habitait sur le mont Ménale, et avait tou-

jours échappé à la poursuite des chasseurs par la
rapidité de sa course. Le roi de Mycènes com-
manda à Hercule de la lui apporter vivante. Hercule la poursuivit pendant une année, et l'atteignit enfin sur les bords du Ladon, en Arcadie,
après l'avoir estropiée avec une flèche. Chargé de
cette belle proie, il alla demander à Eurysthée
s'il avait encore quelque entreprise à lui ordon-
ner. Docile aux ordres du monarque, il retourna
en Arcadie pour y combattre le sanglier d'Érymanthe, qui commettait d'affreux ravages dans cette
contrée. Après une longue lutte, il prit le sanglier
vivant et le porta au roi de Mycènes, qui fut saisi
d'une telle frayeur, qu'il alla se cacher dans une
cuve d'airain.

Hercule fut ensuite condamné à nettoyer les
étables d'Augias, roi d'Élide. Depuis trente ans la
fange et le fumier encombraient ces étables, dans
lesquelles mugissaient trois mille bœufs. Pour
accomplir cet immense travail, le héros détourna
les eaux du fleuve Alphée. Augias avait promis de
lui donner pour salaire la dixième partie de son
troupeau ; mais quand il vit l'ouvrage achevé, il
ne voulut plus tenir sa promesse. Hercule détrôna
ce monarque parjure.

Débarrassé de ce travail, il se mit à donner la
chasse aux oiseaux du lac Stymphale, oiseaux
gigantesques qui ne se nourrissaient, comme les
aigles, que de proie vivante et épouvantaient par
leurs ravages les hommes et les animaux. Leurs
ailes, leur bec, leur tête et leurs serres étaient de
fer ; leurs plumes mêmes, lorsqu'elles s'échap-

paient de leur corps, étaient dures, aiguës, rapides comme des traits, et faisaient de cruelles blessures. Hercule les chassa d'abord de leur repaire en frappant sur une espèce de tymbale d'airain, dont le bruit les effraya; puis il les extermina tous à coups de flèches. Du lac Stymphale, il se rendit en Crète, où un taureau monstrueux, envoyé par Neptune, commettait d'affreux ravages; Hercule dompta cette bête sauvage, qui lançait du feu par les narines, et l'apporta à Eurysthée.

La Thrace attira ensuite les regards d'Hercule. Diomède, un des rois de cette contrée, prince d'une cruauté inouïe, nourrissait ses chevaux avec de la chair humaine, mettant à mort tous les étrangers qu'il pouvait saisir. Vaincu par Hercule, il servit de pâture à ses propres coursiers. A peine le héros eut-il mis fin à cette expédition, que, pour satisfaire à un caprice d'Eurysthée, il alla combattre les Amazones, femmes célèbres par leur courage et leur habileté à tirer de l'arc. La victoire finit par rester à Hercule; il fit même prisonnière leur reine Hippolyte, qu'il donna en mariage à Thésée, son ami et son compagnon.

Hercule avait accompli neuf travaux; il en restait encore trois, et ce ne furent pas les moins difficiles. Géryon, roi de Gadès, dans l'île d'Érythie ou de Cadix, en Espagne, était un géant fameux par son triple corps, muni de six mains, de six pieds et de six ailes. Il passait pour le plus fort des hommes et faisait garder ses troupeaux par un chien à deux têtes; on dit aussi qu'il nourrissait ses bœufs de la chair de ses sujets. Hercule, par ordre d'Eurysthée, combattit ce farouche tyran et son chien, les tua tous les deux et emmena les troupeaux. Pendant qu'il était en Espagne, il sépara en deux l'isthme qui unissait l'Europe à l'Afrique, donna aux deux fragments du roc les noms de Calpé et d'Abyla, et ouvrit un passage à l'Océan et à la Méditerranée, qui se confondirent au détroit de Gibraltar, appelé aussi les Colonnes d'Hercule.

Après la défaite de Géryon, le héros conduisit son troupeau sur les bords du Tibre et s'y endormit. Cacus, géant monstrueux, dont la bouche vomissait des torrents de flammes et de fumée, profita du sommeil d'Hercule pour lui voler quelques génisses, les emmenant à reculons dans son antre, placé sur le mont Aventin. A son réveil, Hercule est instruit du vol par les mugissements des animaux dérobés; il court furieux à l'antre, dont l'entrée était fermée par un roc énorme, s'ouvre un passage en déracinant les rochers d'alentour, saisit Cacus, le soulève et l'étouffe dans ses bras.

Eurysthée, que tant de pénibles travaux n'avaient point encore désarmé, ordonna à Hercule de lui apporter les pommes d'or du jardin des Hespérides, nymphes célèbres qui habitaient, dit-on, dans le voisinage du mont Atlas. Un dragon à cent têtes, dont le sommeil ne fermait jamais les yeux, veillait sans cesse aux portes de ce jardin. Hercule tua ce dragon redoutable et cueillit les pommes d'or. Suivant un autre récit, ce serait Atlas qui aurait cueilli les pommes, et pendant ce temps Hercule, prenant la place du géant, portait le monde sur ses épaules.

Enfin, Eurysthée voulut que le héros arrachât des enfers Cerbère, le chien à triple tête dont nous avons déjà parlé. Hercule descendit dans le sombre empire, et après avoir, par son audace, surmonté tous les obstacles, il arracha Cerbère du trône de Pluton, l'enchaîna et l'emmena en Thessalie, où, dans sa fureur, le farouche animal répandit son écume venimeuse sur une foule de plantes qui devinrent des poisons mortels.

Les douze travaux étaient accomplis. Hercule, après avoir mis fin à toutes ces expéditions périlleuses, ne se crut point autorisé à vivre dans la mollesse et le repos. Il continua à parcourir la terre, prenant partout la défense des faibles et des opprimés, redressant les torts, punissant l'injustice et la violence. Il serait trop long de raconter tous les hauts faits du héros : nous mentionnerons seulement les principaux. Ainsi, il prit part à l'expédition des Argonautes, expédition dont nous ferons plus tard le récit, et il délivra Hésione, fille de Laomédon, qui avait été exposée sur un rocher pour servir de pâture à un monstre marin. En Espagne il tua Busiris, tyran cruel qui faisait périr tous les étrangers qui abordaient dans ses États. En Libye, il combattit le géant Antée, fils de Neptune et de la Terre et roi d'Irasa. Ce géant, à qui la Fable donne soixante-quatre coudées[1] de hauteur, était fort habile à la lutte et défiait tous ceux qui passaient par son royaume; il se vantait d'élever un jour à son père un temple avec les crânes des adversaires qu'il aurait vaincus. Hercule le terrassa trois fois; mais le géant se relevait toujours, reprenant de nouvelles forces à mesure qu'il touchait la Terre, sa mère. Alors Hercule le souleva en l'air et l'étouffa dans ses bras.

Hercule épousa Déjanire, dont la main lui fut disputée par le fleuve Achéloüs. Après avoir vaincu ce rival, il emportait son épouse, lorsqu'il fut arrêté par les eaux débordées d'une rivière. Le centaure Nessus lui offrit de prendre Déjanire sur son dos et de la passer à l'autre bord; mais à peine eut-il atteint la rive opposée qu'il voulut enlever la jeune princesse. Hercule, indigné de cette perfidie, lui décocha une flèche empoisonnée et le blessa mortellement. Le centaure, avant d'expirer, donna à Déjanire sa tunique teinte de sang, comme un talisman capable de lui ramener son époux, si jamais il l'abandonnait.

Les dernières années du héros furent moins glorieuses. Il devint l'esclave d'Omphale, reine de Lydie, filant à ses pieds, au milieu des dames de sa cour, et lui abandonnant sa peau de lion et sa redoutable massue pour prendre la quenouille et le fuseau.

1. La coudée ancienne équivaut à peu près à cinquante centimètres.

Hercule s'arracha cependant à ce honteux esclavage et alla mettre le siége devant la ville d'Œchalie, où habitait le roi Euryte, qui lui avait promis sa fille Iole en mariage. Il prit la ville, tua le roi et emmena la jeune Iole, qui devait peu de jours après devenir sa femme. A cette nouvelle, Déjanire, se souvenant du don de Nessus, envoie à Hercule la tunique du centaure comme un gage de sa tendresse. Mais à peine le héros a-t-il revêtu cette robe fatale, qu'un feu dévorant circule dans ses veines et lui déchire les entrailles. Rendu furieux par les douleurs atroces qu'il éprouve, il saisit Lycas, son esclave, et le précipite dans la mer. Mais la mort du malheureux Lycas n'allége point ses souffrances. Il veut arracher l'horrible tissu : efforts inutiles : sa chair se détache par lambeaux. Alors l'excès de sa douleur l'affaisse ; résigné à une mort désormais inévitable, il ordonne d'élever un immense bûcher sur le mont Œta, y monte tranquillement, se couche sur la peau du lion de Némée, repose sa tête sur sa massue, l'instrument de ses exploits, et confie ses flèches à son ami Philoctète. A peine la flamme commence-t-elle à briller que le tonnerre se fait entendre, et que la foudre vient purifier les restes mortels du héros. Alors Jupiter élève son fils dans l'Olympe, l'admet à la table des dieux et lui donne pour épouse la charmante Hébé, déesse de la jeunesse.

On représente Hercule sous les traits d'un homme robuste, la massue à la main, les épaules couvertes de la peau du lion de Némée (*fig.* 18) ; il porte aussi quelquefois l'arc et le carquois garni de flèches.

Questionnaire.

Qu'était-ce que les héros ? — De qui Hercule était-il fils ? — Quel fut son premier exploit ? — Quelle est l'origine de la voie lactée, suivant la Fable ? — Quels furent les maîtres d'Hercule ? — Racontez ce qui lui arriva lorsqu'il eut atteint dix-huit ans. — Quel choix fit-il ? — Quel dessein forma-t-il ?—Pourquoi était-il soumis à Eurysthée ? — Quels travaux lui imposa ce prince ?—Quel fut le premier des douze travaux ? — Que fit Hercule de la peau du lion de Némée ? — Qu'était-ce que l'hydre de Lerne ? — Comment Hercule vint-il à bout de tuer ce monstre ? — Racontez comment le héros s'empara de la biche aux pieds d'airain et du sanglier d'Érymanthe. — Comment parvint-il à nettoyer les étables d'Augias ? — Qu'était-ce que les oiseaux du lac Stymphale ? — Par quel moyen Hercule en délivra-t-il la contrée ? — Que fit-il en Crète ? — Qu'était-ce que Diomède ? — Comment fut-il puni ? — — Quelle expédition Hercule entreprit-il ensuite ? — Qu'était-ce que Géryon ? — Comment périt-il ? — Quel autre exploit Hercule accomplit-il en Espagne ? — Par qui son troupeau lui fut-il dérobé ? — Comment punit-il Cacus ?— Comment enleva-t-il les pommes d'or du jardin des Hespérides ? — Quel fut le douzième des travaux d'Hercule ? — Que fit le héros après avoir accompli ses douze travaux ? — Racontez ses autres exploits. — Dans quelle circonstance tua-t-il le centaure Nessus ? — Que fit le centaure avant d'expirer ? — Comment mourut Hercule ? — Que devint-il après sa mort ? — Comment représente-t-on Hercule ?

CHAPITRE XXI.

Persée. — Sa naissance. — Ses exploits. — Bellérophon.
— Le monstre Chimère. — Thésée. — Le minotaure.
— Histoire de Dédale et d'Icare. — Histoire de Piri-
thoüs. — Expédition des Argonautes.

Persée, un des plus grands héros de l'antiquité, était issu du sang de Danaüs, qui avait
usurpé ou conquis le trône de Gélanor, roi d'Argos. Acrise, grand-père de Persée, n'avait qu'une
fille, nommée Danaé. Ce prince, ayant appris de
l'oracle que son petit-fils lui ravirait la couronne
et la vie, renferma sa fille dans une tour d'airain
et rejeta toute proposition de mariage pour elle.
Prœtus, frère d'Acrise, qui se faisait surnommer
Jupiter, trouva moyen de corrompre la fidélité
des gardes de la jeune princesse ; il pénétra dans
la tour et devint l'époux de Danaé, qui donna le
jour à un fils appelé Persée.

La Fable, s'emparant de cette légende historique, raconte que Persée était fils de Jupiter,
et que le maître des dieux s'était métamorphosé
en pluie d'or pour pénétrer dans la tour où Danaé était tenue prisonnière. Quoi qu'il en soit, à
peine Persée eut-il vu le jour, que le roi Acrise,
pour échapper aux menaces de l'oracle, mit sa
fille et son petit-fils dans une nacelle à demi
brisée et les fit exposer à la merci des flots. La
nacelle fut poussée par les vents sur les côtes

de l'île Sériphe, une des Cyclades. Un pêcheur nommé Dictys sauva la mère et l'enfant et les amena à Polydecte, roi de l'île, qui les accueillit avec bonté et fit élever Persée par les prêtres de Minerve. Mais dans la suite, redoutant la présence de ce jeune homme, dont les actions semblaient annoncer déjà un héros, il chercha les moyens de l'éloigner de sa cour. Il invita tous ses courtisans à un grand festin, ordonnant à chacun d'eux de lui offrir en présent un magnifique cheval. Il pensait que Persée, se trouvant dans l'impuissance de faire un don de cette nature, s'éloignerait volontairement de ses États. En effet, le fils de Danaé, qui brûlait du désir de se signaler par quelque action d'éclat, dit au roi qu'il lui apporterait en présent la tête de Méduse, la seule des trois Gorgones qui fût mortelle. Polydecte applaudit à cette généreuse ardeur et encouragea vivement le jeune homme à tenter cette entreprise, persuadé qu'il y périrait. Mais les dieux, touchés de l'innocence de Persée, vinrent à son secours. Pluton lui prêta un casque qui avait la vertu de rendre invisible celui qui le portait; Minerve lui apporta son bouclier, et Mercure ses ailes, ses talonnières et une épée de diamant.

Muni de ces armes divines, le jeune héros alla d'abord chez les Grées ou les Vieilles, ainsi nommées parce qu'elles étaient venues au monde avec des cheveux blancs. Ces Grées, sœurs des Gorgones, n'avaient comme elles qu'un œil et qu'une dent, qu'elles se prêtaient tour à tour.

Persée, se rendant invisible, leur enleva cet œil et cette dent, et ne consentit à les leur rendre que lorsqu'elles lui eurent appris en quel lieu les Gorgones faisaient leur résidence. Il se dirigea aussitôt vers cette contrée, que les uns placent en Libye, les autres au delà de l'océan Occidental. Il trouva les Gorgones endormies. Elles avaient le pouvoir de changer en pierres tous ceux qui les regardaient : Persée, pour ne pas être pétrifié, tint constamment ses yeux fixés sur son bouclier, dans lequel les objets venaient se peindre comme dans un miroir; et s'approchant doucement, armé de son épée, il coupa d'un seul coup la tête de Méduse. Du sang de cette blessure naquit le cheval Pégase, cheval ailé et merveilleux qui devint la monture du héros.

Après cet exploit, Persée, traversant la vaste étendue des airs, arriva vers le soir en Mauritanie, où régnait Atlas, et demanda l'hospitalité à ce prince; mais Atlas, averti par l'oracle de se tenir en garde contre un fils de Jupiter, refusa de recevoir le jeune héros. Il fut puni au moment même. La tête de Méduse, que Persée lui montra, le pétrifia et le changea en ces énormes montagnes qui portent encore aujourd'hui son nom.

Persée continua ses courses aventureuses. Arrivé sur les côtes de l'Éthiopie, il vit Andromède, jeune princesse qu'on avait exposée sur un rocher, et qui était destinée à devenir la proie d'un monstre marin. Monté sur le cheval Pégase, le héros fondit du haut des airs sur le monstre, au moment où il allait dévorer sa victime, et rendit la princesse à sa famille. Peu après, il l'épouse; mais pendant que les noces se célébraient, Phinée, à qui Andromède avait été promise en mariage longtemps auparavant, entra dans le palais avec une troupe de gens armés et attaqua Persée et les convives. Persée se défendit vaillamment; mais se voyant sur le point d'être accablé par le nombre, il prit la tête de Méduse, et, la montrant à Phinée et à ses compagnons, il les changea en pierres.

Persée, désirant revoir sa mère, aborda enfin à l'île Sériphe, où il eut à combattre l'injustice et la violence de Polydecte. Il tua ce tyran cruel, et s'embarqua bientôt après pour le Péloponèse avec Danaé et Andromède. Ce fut alors que la prédiction de l'oracle se vérifia. Acrise, grand-père de Persée, apprenant que ce héros s'approchait d'Argos, voulut le voir, et alla au-devant de lui jusqu'à Larisse, sur le fleuve Pénée. Il y arriva dans le temps qu'on célébrait des jeux publics. Persée, jaloux d'y donner une preuve de son adresse à lancer le disque, frappa d'un coup mortel Acrise lui-même, qui était parmi les spectateurs. Profondément affligé de ce meurtre involontaire, et ne voulant pas régner dans une contrée qui rappelait sans cesse à son esprit le souvenir d'un parricide, il céda l'Argolide à Mégapenthe, fils de Prœtus, et reçut de lui en échange le territoire de Tirynthe, où il bâtit la ville de Mycènes, qui devint la capitale de ses Etats.

On ignore en quel temps et de quelle manière mourut Persée. Quelques auteurs disent cepen-

dant que Mégapenthe le fit périr par trahison.
On rendit au héros les honneurs divins. Les
Athéniens lui élevèrent un temple, et il eut une
statue à Mycènes et dans l'île Sériphe.

Bellérophon était fils d'un roi de Corinthe.
Ayant commis un meurtre involontaire, il fut
obligé de s'exiler, et se retira d'abord à la cour
de Prœtus, roi d'Argos, puis chez Iobate, roi
de Lycie. Ce dernier avait reçu l'ordre de faire
périr Bellérophon; mais Iobate, ne voulant pas
se souiller du sang d'un homme qu'il avait reçu
à sa table, envoya le jeune prince combattre la
Chimère. Cette Chimère était un monstre horrible qui désolait la contrée : elle avait la tête
d'un lion, le corps d'une chèvre et la queue
d'un serpent; elle vomissait continuellement des
flammes. Avec le secours de Minerve, qui lui
prêta le cheval Pégase, Bellérophon vint à bout
de ce monstre, qu'il fit périr à coups de flèches.
Plus tard, le héros, enorgueilli de son triomphe
et de ses merveilleux voyages à travers les airs,
osa se servir du cheval Pégase pour essayer d'escalader l'Olympe; mais le coursier divin, piqué
par un taon, se cabra tout à coup, et Bellérophon, honteusement jeté à bas, erra tristement
sur la terre jusqu'à sa mort.

Thésée, fils d'Égée, roi d'Athènes, annonça
dès ses plus jeunes années ce qu'il serait un jour.
Les travaux et la gloire d'Hercule enflammaient
secrètement son cœur : la nuit il rêvait aux
exploits de ce héros, et pendant le jour il se sen-
tait animé d'une noble émulation et brûlait du

désir de les imiter. Son courage fut bientôt mis à de rudes épreuves. Après avoir combattu et mis à mort plusieurs brigands redoutables, parmi lesquels il faut nommer le fameux Procuste[1], il résolut d'affranchir sa patrie du honteux et cruel tribut qu'elle payait à Minos, roi de Crète. Ce prince, irrité du meurtre de son fils Androgée, avait imposé aux Athéniens l'obligation d'envoyer chaque année en Crète sept jeunes garçons et sept jeunes filles destinés à devenir la proie d'un monstre horrible appelé Minotaure, moitié homme et moitié taureau. Ce monstre habitait le labyrinthe, construit par un artiste fameux appelé Dédale : c'était un vaste enclos rempli de bois et d'édifices disposés de manière que celui qui y était une fois entré ne trouvait plus d'issue pour en sortir.

Thésée s'offrit volontairement pour aller en Crète avec les victimes désignées par le sort. Après des prières et des sacrifices aux dieux, il s'embarqua sur un vaisseau qui portait une voile noire ; mais Égée, son père, lui fit promettre de remplacer cette voile noire par une voile blanche, s'il revenait vainqueur. Le jeune héros partit, le cœur rempli de courage et d'espérance, et lorsqu'il fut arrivé en Crète, Ariadne, fille de Minos, touchée de compassion, lui donna un peloton de

---

1. Ce Procuste ou Procruste était un brigand fameux de l'Attique qui faisait étendre ses hôtes sur un lit de fer, leur coupait l'extrémité des jambes lorsqu'elles dépassaient le lit, et faisait tirer avec des cordes ceux dont les jambes n'étaient pas assez longues.

fil et lui enseigna les moyens de sortir des détours du labyrinthe. Muni de ce secours, il tua le Minotaure et se rembarqua aussitôt, emmenant avec lui Ariadne et les jeunes enfants qu'il avait conduits en Crète. La joie de son triomphe, le plaisir de revoir la terre de l'Attique, lui firent oublier sa promesse : il ne mit point la voile blanche. Égée, son père, qui venait tous les jours sur le bord de la mer, voyant arriver le vaisseau avec une voile noire, crut que son fils était mort ; égaré par la douleur et le désespoir, il se précipita dans les flots.

Pendant ce temps, Dédale, cet habile artiste dont nous avons déjà parlé, ayant encouru la colère de Minos, fut enfermé dans le labyrinthe avec son fils Icare. Désireux d'échapper aux ennuis d'un long esclavage, il invente un art inconnu : il prend des plumes d'oiseaux, et les unissant avec du lin et de la cire, il en forme des ailes qu'il adapte à ses épaules et à celles de son fils. Mais, avant de s'aventurer dans une route pleine de périls, il donne des conseils à Icare : « Prends le milieu des airs, lui dit-il : car si ton vol s'abaisse, l'onde appesantira tes ailes ; s'il s'élève trop haut, le feu les brûlera. » Alors Dédale s'élance et vole en avant, encourageant son fils à le suivre et tremblant pour lui, comme l'oiseau qui guide dans les airs le vol novice de sa jeune famille. Mais bientôt l'imprudent Icare, se laissant entraîner au désir de s'approcher du ciel, abandonne son guide et porte plus haut son essor. Les rayons trop voisins du soleil amollissent la cire et fondent les liens de ses ailes. Vainement alors il agite ses bras privés des plumes qui le soutenaient comme des rames, il tombe dans la mer à laquelle il a donné son nom. Dédale arriva seul en Sicile, où il fut généreusement accueilli par le roi Cocalus. La fable de Dédale et d'Icare est une allégorie qui s'applique aux premiers essais de navigation à l'aide de voiles.

Cependant Thésée, devenu paisible possesseur du trône d'Athènes, mit tous ses soins à réformer le gouvernement de l'Attique. Il rassembla dans une seule ville tous les habitants de la contrée, qui jusqu'alors avaient été dispersés dans différentes bourgades; puis il divisa le peuple en trois corps et lui accorda de grands priviléges, ne se réservant pour lui-même que le droit de veiller à la sûreté des lois. Persuadé que la religion pouvait seule opposer un frein salutaire aux passions humaines, il institua plusieurs fêtes religieuses et renouvela les jeux Isthmiques en l'honneur de Neptune.

Après l'accomplissement de ces travaux pacifiques, le héros reprit le cours de ses expéditions aventureuses. Ce fut ainsi qu'il vainquit les Amazones, qu'il prit part au combat des Centaures et des Lapithes[1], à la chasse du sanglier de Calydon[2],

----

1. Les Centaures et les Lapithes se livrèrent un combat furieux aux noces de Pirithoüs.

2. Ce sanglier, envoyé par Diane, ravageait les environs de la ville de Calydon, en Étolie, lorsque les héros de la Grèce se rassemblèrent pour le détruire. Méléagre eut la gloire de le tuer.

à la conquête de la toison d'or. Sa réputation de courage et de sagesse faisait rechercher son alliance, et Pirithoüs, roi des Lapithes, en Thessalie, vint à Athènes pour voir Thésée et contracter avec lui la plus étroite amitié. Ils formèrent ensemble le projet d'enlever la jeune Hélène, fille de Tyndare, roi de Sparte. Ils réussirent dans leur projet; mais peu après Castor et Pollux, frères d'Hélène, vinrent à la tête d'une armée reprendre leur sœur, et cette guerre fut nommée guerre des *Tyndarides*. Pirithoüs et Thésée voulurent ensuite enlever Proserpine, femme d'Aidonée, roi d'Épire; mais leur coupable entreprise reçut un juste châtiment. Pirithoüs fut dévoré par les chiens d'Aidonée, et Thésée, jeté dans une obscure prison, ne dut sa délivrance qu'aux prières d'Hercule. Les poëtes, s'emparant de cette légende historique, ont raconté que Pirithoüs et Thésée descendirent aux enfers pour enlever Proserpine, femme de Pluton : Pirithoüs y fut dévoré par Cerbère; quant à Thésée, retenu prisonnier dans le Tartare et condamné à un éternel supplice, il fut délivré ensuite par Hercule.

Pendant la captivité de Thésée, les Athéniens oublièrent les bienfaits de ce prince et favorisèrent ses ennemis. Mnesthée s'empara de l'autorité souveraine, et Thésée, à son retour, se voyant froidement accueilli, se retira chez Lycomède, roi de l'île de Scyros. Mais ce prince, ami des Athéniens et de Mnesthée, ne sembla bien accueillir le héros fugitif que pour le perdre plus sûrement : il le fit périr par trahison. Dans la suite, Cimon fit transporter à Athènes les cendres et les armes de Thésée; on lui éleva un tombeau qui devint un asile inviolable et sacré pour les malheureux, les faibles et les opprimés.

L'histoire fabuleuse de la Grèce n'a pas d'événement plus célèbre ni plus rempli de fictions que la conquête de la toison d'or. Voici à quelle occasion fut entreprise cette expédition, qui a été chantée par plusieurs poëtes et entre autres par Apollonius de Rhodes[1] et par Valérius Flaccus[2].

Éson, roi d'Iolchos, en Thessalie, affaibli par l'âge, avait transmis la dignité royale à son fils Jason, et jusqu'à ce que celui-ci eût atteint sa majorité, il confia la régence à un de ses proches parents nommé Pélias. Au temps marqué, Jason vint réclamer le royaume de son père; mais Pélias, avant de lui rendre la couronne, lui imposa la condition d'aller chercher en Colchide la toison d'or. Cette toison merveilleuse provenait du bélier sur lequel Phryxus et sa sœur Hellé avaient fui les fureurs d'Ino, leur belle-mère. Arrivé au terme de son voyage, Phryxus avait sacrifié le bélier et en avait suspendu la toison dans un bois sacré. Pélias espérait bien que Jason ne reviendrait pas d'une entreprise si pleine de périls. Mais le jeune héros, avide de gloire, n'écoutant que son courage et son audace, s'engagea à mener à bonne fin cette aventure. Les héros les plus fameux de la Grèce, Hercule, Castor

1. Poëte grec, né à Alexandrie vers l'an 270 av. J. C.
2. Poëte latin, contemporain de l'empereur Vespasien.

et Pollux, Nestor, Orphée, Télamon, Thésée et beaucoup d'autres voulurent prendre part à une entreprise qui devait immortaliser leur nom.

Ils partirent du cap Magnésia sur un vaisseau nommé *Argo*, qui surpassait en grandeur tous les bâtiments construits jusqu'alors. Typhis, habile marin, fut chargé de tenir le gouvernail; Lyncée, dont la vue était très-perçante, découvrait les écueils; Orphée, par ses chants et les accords de sa lyre, devait soutenir le courage de ses compagnons et charmer les ennuis du voyage. Après avoir abordé dans diverses contrées où se passèrent de merveilleuses aventures, après avoir heureusement surmonté les difficultés et les périls d'une longue navigation, les Argonautes arrivèrent sous les murs d'Éa, capitale de la Colchide. Le roi de la contrée, Éétès, instruit de l'arrivée des étrangers et du but de leur voyage, ne refusa point de livrer la toison d'or, mais il imposa d'abord à Jason des conditions qu'il paraissait impossible de remplir. Le héros devait atteler à une charrue de diamant deux taureaux qui vomissaient des flammes, et labourer quatre arpents d'un champ que le soc de la charrue n'avait jamais déchiré; il devait semer les dents d'un dragon qui produiraient des hommes armés et exterminer tous ces guerriers l'un après l'autre, enfin combattre et tuer le dragon qui gardait la toison d'or. Il fallait en outre que ces travaux fussent achevés en trois jours. Médée, fille du roi, fameuse magicienne, donna secrètement à Jason, qu'elle devait épouser, les moyens de sortir victorieux de ces entreprises. Profitant de l'obscurité de la nuit, il détacha la toison d'or du chêne auquel elle était suspendue, et se hâta de monter sur son vaisseau avec Médée et ses compagnons. Le lendemain, Éétès, apprenant le larcin et la fuite des coupables, se mit à leur poursuite; il était sur le point de les atteindre lorsque Médée, pour conjurer le péril qui les menaçait, égorgea son frère Absyrte, dont elle dispersa sur le rivage les membres déchirés. Ce douloureux spectacle arrêta le malheureux père, qui cessa sa poursuite pour recueillir les restes épars de son fils chéri. Enfin les Argonautes, toujours conduits par Jason, arrivèrent sur les côtes de la Thessalie, d'où ils étaient partis. Avant de se séparer, les héros se jurèrent une mutuelle assistance dans les guerres qu'ils auraient à soutenir et convinrent de célébrer, à certaine époque, des jeux guerriers en l'honneur de Jupiter.

Voilà ce que raconte la Fable sur le voyage des Argonautes : voici les conjectures que peut faire l'histoire, lorsqu'on rapproche les diverses circonstances de ce récit, et qu'on le dépouille du merveilleux dont les poëtes se sont plu à l'entourer. Il faut regarder l'expédition des Argonautes comme une expédition militaire et commerciale, entreprise par les plus illustres guerriers de la Grèce; leur but était de recouvrer les trésors que Phryxus avait emportés dans la Colchide, et en même temps d'établir le commerce maritime, de former de nouveaux établissements ou de nouvelles colonies dans les pays qu'ils découvriraient.

Les Grecs équipèrent une flotte, et le vaisseau nommé *Argo* portait tous les chefs. Mal accueillis par le roi Éétès, et forcés de fuir, ils coururent les plus grands dangers et revinrent en Grèce avec un seul vaisseau.

Questionnaire.

A qui Persée devait-il le jour ? — Où fut exposée Danaé ? — Par qui fut-elle accueillie avec son fils? — Par quel moyen Polydecte éloigna-t-il Persée de sa cour?—Quelle entreprise le héros voulut-il tenter? — Comment les dieux vinrent-ils à son secours? — Qu'était-ce que les Grées? — Comment Persée les força-t-il à lui dire ce qu'il voulait savoir?—Quel moyen prit-il pour tuer Méduse? — Fut-il bien accueilli par Atlas? — Comment se vengea-t-il? — Quelle princesse délivra-t-il? — Par qui la main d'Andromède lui fut-elle disputée?—Comment Persée vint-il à bout de ses ennemis? — Comment périt Acrise? —Que fit alors Persée? — Comment dit-on que mourut ce héros? — De qui Bellérophon était-il fils? — Pourquoi fut-il obligé de s'exiler?—Quel monstre alla-t-il combattre? — Comment vint-il à bout de le tuer?—Quelle entreprise audacieuse voulut-il tenter?—Comment fut-il puni? — De qui Thésée était-il fils? — Quels furent ses premiers exploits? — Quel était le tribut que la ville d'Athènes payait alors au roi de Crète? — Racontez comment Thésée affranchit sa patrie de ce tribut. — Par quel moyen Dédale s'échappa-t-il du labyrinthe? — Quel fut le sort d'Icare, son fils? — De quels soins s'occupa Thésée à Athènes? — Racontez ses autres exploits. — Quel fut le sort de Pirithoüs? — Comment périt Thésée? — A quelle occasion fut entreprise la conquête de la toison d'or?—Racontez le voyage des Argonautes.

—Comment Jason vint-il à bout de son entreprise? — Quelles conjectures historiques peut-on faire sur cette expédition?

CHAPITRE XXII.

Cadmus. Fondation de Thèbes. — Histoire de Laïus. Son fils Œdipe. Le monstre Sphinx. Malheurs d'Œdipe.— Première guerre de Thèbes. Les sept chefs. Étéocle et Polynice. — Guerre des Épigones.

Jupiter avait enlevé Europe, fille d'Agénor, roi de Phénicie, et l'avait conduite jusqu'aux rivages de Crète. Agénor, ignorant le destin de la fille qu'il a perdue, ordonne à Cadmus, son fils, d'aller à sa recherche; sa peine, s'il ne la trouve pas, sera l'exil : ainsi le veut ce père à la fois tendre et cruel. Après avoir vainement parcouru le monde, Cadmus fuit sa patrie pour se dérober au courroux de son père et va, d'une voix suppliante, consulter l'oracle d'Apollon sur l'asile qu'il doit choisir. « Une génisse, répond le dieu, s'offrira à tes regards dans un champ solitaire ; jamais elle n'a porté le joug; prends-la pour guide, et dans le champ où tu la verras se reposer, fonde une ville et donne à la contrée le nom de Béotie[1]. »

A peine sorti de l'antre prophétique, Cadmus

1. D'un mot grec qui signifie *génisse*.

voit s'avancer à pas lents, et sans gardien, une
génisse dont le cou ne porte aucune trace de ser-
vitude ; il la suit, et, marchant sur ses traces,
il adore, dans un religieux silence, le dieu qui le
conduit. Déjà il avait franchi les eaux du Céphise[1] et les campagnes de Panope, ville de la
Phocide ; la génisse s'arrête, et tournant ses regards vers ceux qui marchent à sa suite, elle se
couche et repose ses flancs sur le gazon. Cadmus
rend grâce au dieu, baise avec respect cette terre
étrangère et salue ces montagnes et ces plaines
inconnues. Il s'apprête à offrir un sacrifice à Jupiter, et commande à ses compagnons d'aller
puiser à une source voisine l'eau nécessaire pour
les libations.

Cette source, située dans une caverne profonde, était le repaire d'un serpent monstrueux.
A peine les Tyriens ont-ils paru, que le serpent
s'élance sur eux et les fait périr sous sa dent
meurtrière ou dans les immenses replis de son
corps. Cadmus, inquiet sur le sort de ses compagnons, va à leur recherche, et peut-être eût-il
succombé comme eux sans la protection de Minerve, qui l'aida à tuer le monstre. Par les conseils de cette déesse, il sème sur la terre les dents
du reptile, qui doivent produire une moisson
merveilleuse. Tout à coup, du milieu des sillons,
surgissent des hommes armés qui, s'animant
d'une fureur étrange, s'attaquent et s'entre-tuent,
à l'exception de cinq qui survécurent pour aider

____

1. Fleuve de la Grèce.

Cadmus à bâtir sa ville nouvelle. Elle reçut le nom de Thèbes. Cadmus passe pour avoir enseigné aux Grecs l'usage des lettres de l'alphabet et apporté dans le Péloponèse la plupart des divinités de l'Égypte et de la Phénicie.

La colère des dieux sembla s'appesantir sur le royaume fondé par Cadmus. Lui-même avait fini ses jours dans l'exil. Son fils Polydore périt déchiré par des bacchantes ; son petit-fils Labdacus fut enlevé par une mort prématurée, ne laissant qu'un fils au berceau et entouré d'ennemis. Cet enfant, nommé Laïus, parvenu à l'âge de régner, après avoir perdu et recouvré deux fois la couronne, épousa Jocaste, fille de Ménœcée. C'est à cet hymen qu'étaient réservées les plus affreuses calamités. « L'enfant qui en naîtra, avait dit un oracle, sera le meurtrier de son père et l'époux de sa mère. » Ce fils naquit, et les auteurs de ses jours le condamnèrent à devenir la proie des bêtes féroces. Il fut exposé sur le mont Cithéron, dans un endroit solitaire ; ses cris, ou le hasard, le firent découvrir. Il fut présenté à la reine de Corinthe, qui l'éleva à sa cour sous le nom d'Œdipe [1] et comme son fils adoptif.

Au sortir de l'enfance, Œdipe, instruit des dangers qu'il avait courus, consulta les dieux ; et

---

1. Ce mot est formé de deux mots grecs qui signifient *enflure* et *pieds*, parce qu'il avait été trouvé les pieds enflés par les courroies dont on les avait percés pour le suspendre à un arbre.

leurs ministres ayant confirmé par leur réponse l'oracle qui avait précédé sa naissance, il fut entraîné dans le malheur qu'il voulait éviter. Résolu de ne plus retourner à Corinthe, qu'il regardait comme sa patrie, il prit le chemin de la Phocide, et rencontra dans un sentier étroit un vieillard qui lui ordonna avec hauteur de laisser le passage libre et voulut l'y contraindre par la force. Ce vieillard était Laïus. Œdipe, cédant à un mouvement de colère, se précipita sur lui et le frappa d'un coup mortel.

Après ce funeste accident, le trône de Thèbes et la main de Jocaste furent promis à celui qui délivrerait les Thébains des maux dont ils étaient affligés. Leur territoire était alors ravagé par un monstre affreux appelé Sphinx, qui avait la tête d'une jeune fille, le corps d'un chien, les griffes d'un lion, les ailes d'un aigle et une queue armée d'un dard. De la montagne où il faisait sa résidence, ce monstre se jetait sur les passants, leur proposait des énigmes à deviner et dévorait ceux qui ne pouvaient les comprendre. Œdipe délivra la contrée des ravages du monstre, et en recueillant le fruit de sa victoire, il accomplit l'oracle dans toute son étendue. Mais, quelques années après, Œdipe parvint à dévoiler le mystère de sa naissance et de ses crimes involontaires. Jocaste termina ses infortunes par une mort violente. Œdipe, à ce que rapportent quelques auteurs, s'arracha les yeux, s'exila de sa patrie, et, guidé par la tendresse et la piété de sa fille Antigone, il alla chercher un asile dans l'Attique, où il mourut.

Suivant d'autres traditions, Œdipe fut condamné à supporter la lumière du jour pour voir encore les lieux témoins de ses forfaits, et la vie, pour la donner à des enfants plus coupables et aussi malheureux que lui. C'étaient deux filles, Antigone et Ismène, et deux fils, Étéocle et Polynice, qu'il eut d'Euriganée, sa seconde femme.

Étéocle et Polynice ne furent pas plutôt en âge de régner, qu'ils reléguèrent Œdipe au fond de son palais, et convinrent ensemble de tenir, chacun à leur tour, les rênes du gouvernement pendant une année entière. Étéocle monta le premier sur le trône, et refusa d'en descendre lorsque Polynice, au bout d'un an, vint réclamer ses droits. Celui-ci, furieux de se voir ainsi trompé, se rendit auprès d'Adraste, roi d'Argos, qui lui donna sa fille en mariage et lui promit de puissants secours pour faire la guerre à Étéocle.

Telle fut l'occasion de la première expédition où les Grecs montrèrent quelques connaissances de l'art militaire. Jusqu'alors on avait vu des troupes réunies sans ordre inonder tout à coup un pays voisin et se retirer après des hostilités et des cruautés passagères. Dans la guerre de Thèbes on vit des projets concertés avec prudence et suivis avec fermeté; des peuples différents, renfermés dans un même camp et soumis à la même discipline, opposant un courage égal aux rigueurs des saisons, aux lenteurs d'un siége et aux dangers des combats journaliers.

Adraste partagea le commandement de l'armée avec Polynice, qu'il voulait établir sur le trône de Thèbes. Il y avait encore cinq autres chefs principaux : c'étaient le brave Tydée, fils d'Œnée, roi d'Étolie ; l'impétueux Capanée ; le divin Amphiaraüs; Hippomédon et Parthénopée. Aussi cette guerre fut nommée la guerre des *sept chefs*. A la suite de ces guerriers, tous distingués par leur naissance et par leur valeur, parurent, dans un ordre inférieur de mérite et de dignités, les principaux habitants de la Messénie, de l'Arcadie et de l'Argolide. L'armée, s'étant mise en marche, entra dans la forêt de Némée, où ses généraux instituèrent des jeux qu'on célébra longtemps avec la plus grande solennité en l'honneur de Jupiter Néméen.

Après avoir passé l'isthme de Corinthe, l'armée se rendit en Béotie et força les troupes d'Étéocle à se renfermer dans les murs de Thèbes. Les Grecs ne connaissaient pas encore l'art de s'emparer d'une place défendue par une forte garnison. Tous les efforts des assiégeants se dirigeaient vers les portes ; toute l'espérance des assiégés consistait dans leurs fréquentes sorties. Les actions qu'elles occasionnaient avaient déjà fait périr beaucoup de monde de part et d'autre ; déjà le vaillant Capanée venait d'être précipité d'une échelle qu'il avait appliquée contre le mur, lorsqu'Étéocle et Polynice résolurent de terminer entre eux leurs différends. Le jour pris, le lieu fixé, en présence des armées silencieuses, les deux princes, animés de la même fureur, fondirent l'un sur l'autre ; et, après s'être percés de coups, ils rendirent le dernier soupir sans pouvoir assouvir leur rage. On les porta sur le même bûcher ; et, dans la vue d'exprimer par une image effrayante les sentiments qui les avaient animés pendant leur vie, on dit que la flamme, pénétrée de leur haine, s'était divisée pour ne pas confondre leurs cendres.

Créon, frère de Jocaste, fut chargé pendant la minorité de Laodamas, fils d'Étéocle, de continuer une guerre qui devenait de jour en jour plus funeste aux assiégeants, et qui finit par une vigoureuse sortie que firent les Thébains. Le combat fut très-meurtrier ; Tydée et la plupart des généraux argiens y périrent. Adraste, contraint de lever le siége, ne put honorer par des funérailles ceux qui étaient restés sur le champ de bataille ; il fallut que Thésée, roi d'Athènes, interposât son autorité pour obliger Créon à se soumettre au droit des gens, qui commençait à s'introduire.

La victoire des Thébains ne fit que retarder leur perte. Les chefs des Argiens avaient laissé des fils dignes de les venger. Dès que les temps furent arrivés, ces jeunes princes, connus sous le nom d'*Épigones*, c'est-à-dire successeurs, et parmi lesquels on remarquait Diomède, fils de Tydée, et Sthénélus, fils de Capanée, entrèrent, à la tête d'une armée formidable, sur les terres de leurs ennemis.

On en vint bientôt aux mains ; et les Thébains, ayant perdu la bataille, abandonnèrent la ville, qui fut livrée au pillage. Thersandre, fils et successeur de Polynice, fut tué quelques années après, en allant au siége de Troie. Après sa mort, deux princes de la même famille régnèrent à Thèbes ; mais le second fut tout à coup saisi d'une noire frénésie, et les Thébains, persuadés que les Furies s'attacheraient au sang d'Œdipe tant qu'il en resterait une goutte sur la terre, mirent une autre famille sur le trône.

L'histoire d'Œdipe et les deux guerres de Thèbes ont fourni le sujet d'un poëme épique à Stace, poëte latin, et celui de plusieurs tragédies à trois grands poëtes grecs, Eschyle, Sophocle et Euripide.

Questionnaire.

De qui Europe était-elle fille? — Qui fut chargé d'aller à sa recherche? — Quelle devait être la punition de Cadmus s'il ne retrouvait pas sa sœur? — Pourquoi alla-t-il consulter l'oracle? — Quelle fut la réponse de l'oracle? — Où s'arrêta la génisse? — Que fit alors Cadmus? — Quel fut le sort de ses compagnons? — Comment Cadmus parvint-il à tuer le monstre? — Quelle moisson produisirent les dents du serpent? — Que devinrent ces guerriers? — Quel nom fut donné à la ville nouvelle? — Quelles connaissances les Grecs doivent-ils à Cadmus? — Quel fut le sort des descendants de Cadmus? — Quelle prédiction l'oracle avait-il faite sur le fils de Laïus? — Où fut exposé Œdipe? — Comment fut-il sauvé? — Par quel concours de circonstances devint-il le meurtrier de son père? — A qui fut promis le trône de Thèbes? — Qu'était-ce que le Sphinx? — Par qui la contrée fut-elle délivrée de ce monstre? — Quel fut le sort d'Œdipe? — Quels étaient ses deux fils? — Quelle convention avaient-ils faite? — Pourquoi se firent-ils la guerre? — A qui Polynice demanda-t-il du secours? — Quels étaient les chefs qui commandaient l'armée?—Parvinrent-ils à s'emparer de Thèbes? — Racontez le combat d'Étéocle et de Polynice. — Que se passa-t-il après leur mort?—Par qui la guerre fut-elle continuée? — Quelle en fut l'issue?— Quels sont les poëtes qui ont chanté ces événements?

CHAPITRE XXIII.

Guerre de Troie. Causes de cette guerre. Préparatifs de l'expédition. — Siége de Troie. Colère d'Achille. Mort de Patrocle. Combat d'Hector et d'Achille. — Prise de Troie. Suites de cette guerre.

Le repos dont jouit la Grèce après la seconde guerre de Thèbes ne pouvait être durable. Les chefs de cette expédition revenaient couverts de gloire; les soldats, chargés de butin. Les uns et les autres se montraient avec cette fierté que donne la victoire; et racontant à leurs enfants, à leurs amis empressés autour d'eux, la suite de leurs travaux et de leurs exploits, ils enflammaient les imaginations et allumaient dans tous les cœurs la soif ardente des combats. Un événement subit développa ces impressions funestes.

Sur la côte de l'Asie, à l'opposite de la Grèce, vivait paisiblement un prince qui ne comptait que des souverains pour aïeux, et qui se trouvait à la tête d'une nombreuse famille, presque toute composée de jeunes héros. Ce prince était

Priam : il régnait à Troie ; et son royaume, riche et puissant, répandait dans ce canton de l'Asie le même éclat que le royaume de Mycènes dans la Grèce.

La maison d'Argos, établie en cette dernière ville, reconnaissait pour chef Agamemnon, fils d'Atrée. La puissance de ce prince, augmentée de celle de Ménélas, son frère, qui venait d'épouser Hélène, héritière du royaume de Sparte, lui donnait une grande influence sur cette partie de la Grèce qui de Pélops, son aïeul, avait pris le nom de Péloponèse.

Tantale, son bisaïeul, régna d'abord en Lydie, et, contre les droits les plus sacrés, il retint dans les fers un prince troyen nommé Ganymède. Plus récemment encore, Hercule, issu des rois d'Argos, avait détruit la ville de Troie, fait mourir le roi Laomédon et enlevé sa fille Hésione.

Le souvenir de ces outrages restés impunis entretenait dans les maisons de Priam et d'Agamemnon une haine héréditaire et implacable, aigrie de jour en jour par la rivalité de puissance. Pâris, fils de Priam, fut destiné à faire éclore ces semences de division.

Pâris vint en Grèce et se rendit à la cour de Ménélas, où la beauté d'Hélène fixait tous les regards. Il y fut reçu avec une généreuse hospitalité ; bientôt, oubliant les droits sacrés de l'honneur, il parvint à plaire à la reine de Sparte, qui abandonna tout pour le suivre. Les Atrides voulurent en vain obtenir par la douceur une satisfaction proportionnée à l'offense. Priam ne vit dans son fils que le réparateur des torts que sa maison et l'Asie entière avaient éprouvés de la part des Grecs, et rejeta les voies de conciliation qu'on lui proposait.

A cette étrange nouvelle, les nations de la Grèce s'agitent comme une forêt battue par la tempête. La guerre est résolue. Les rois et les princes, animés des mêmes sentiments, s'assemblent à Mycènes; ils jurent de reconnaître Agamemnon pour chef de l'entreprise, de venger Ménélas et de réduire en cendres la ville de Troie. Parmi les principaux guerriers on distinguait Nestor, roi de Pylos, renommé pour son éloquence; Ajax, fils d'Oïlée, roi de Locride; Ulysse, fils de Laërte, roi d'Ithaque, fameux par sa prudence; Ajax, fils de Télamon, roi de Salamine; Diomède, roi d'Étolie; Idoménée, qui régnait en Crète; Podalire et Machaon, fils d'Esculape, qui possédaient tous les secrets de l'art de guérir; enfin Achille, le plus vaillant des Grecs.

Achille était fils de Pélée, roi des Myrmidons, en Thessalie, et de Thétis, fille de Nérée. A peine fut-il au monde que sa mère, dit la Fable, le plongea dans les eaux du Styx, et il devint ainsi invulnérable, excepté au talon par où elle le tenait pendant cette merveilleuse opération. L'éducation de l'enfant fut confiée au centaure Chiron, qui le rendit habile dans tous les exercices du corps, et en fit le plus fort et le plus vaillant des hommes en le nourrissant avec la moelle des ours et des lions. Thétis, ayant appris de l'oracle que son fils se couvrirait d'une gloire immortelle s'il allait au siége de Troie, mais qu'il y perdrait la vie, l'envoya, jeune encore, sous des habits de femme, à la cour de Lycomède, roi de Scyros, qui le fit élever avec ses filles. Mais, d'un autre côté, le devin Calchas avait annoncé aux Grecs que sans Achille ils ne pourraient jamais s'emparer de la ville de Troie. Alors Ulysse, ayant découvert la retraite du héros, se présenta chez Lycomède, déguisé en marchand, et offrit aux filles de ce prince des parures, de riches tissus, des joyaux et des armes. Les princesses choisirent les parures, mais Achille se trahit par l'empressement avec lequel il s'empara des armes, et il suivit les autres Grecs en Asie.

Après de longs préparatifs, l'armée, forte d'environ cent mille hommes, se rassembla dans le port d'Aulis, en Béotie, et onze cent quatre-vingt-six vaisseaux la transportèrent sur les côtes de la Troade.

La ville de Troie, nommée aussi Ilion, était située au pied du mont Ida, à quelque distance de la mer. Défendue par des remparts et des tours, elle était encore protégée par une armée nombreuse, que commandait Hector, le vaillant fils de Priam. Il avait sous lui un grand nombre de princes alliés qui avaient joint leurs troupes à celles des Troyens.

Les Grecs, étant débarqués malgré la résistance des Troyens, formèrent un camp retranché avec leurs vaisseaux qu'ils retirèrent sur le rivage. Comme ils ne connaissaient aucune des machines qui furent inventées dans la suite pour forcer les murailles des villes assiégées, ils étaient obligés, pour combattre les Troyens, d'attendre qu'il plût à ces derniers de sortir de leurs remparts et de descendre dans la plaine qui s'étendait entre la ville et le camp. Alors les guerriers des deux partis, armés de piques, de massues, d'épées, de flèches et de javelots, couverts de casques, de cuirasses et de boucliers, s'avançaient les uns contre les autres et s'attaquaient avec fureur. Les chefs, devenus soldats, plus jaloux de donner de grands exemples que de sages conseils, se précipitaient dans le danger, et laissaient presque toujours au hasard le soin d'un succès qu'ils ne savaient ni préparer ni suivre ; les troupes se heurtaient et se brisaient avec confusion, comme les flots de la mer que le vent pousse et repousse. La nuit séparait les combattants ; la ville ou les retranchements servaient d'asile aux vaincus : la victoire coûtait du sang et ne produisait rien. Les assiégeants et les assiégés passèrent ainsi neuf années à s'épuiser dans des combats sans résultat.

Les associations d'armes et de sentiments entre deux guerriers ne furent jamais si communes que pendant la guerre de Troie. Achille et Patrocle, Ajax et Teucer, Diomède et Sthénélus, Idoménée et Mérion, tant d'autres héros dignes de suivre leurs traces, combattaient souvent l'un près de l'autre, et, se jetant dans la mêlée, ils partageaient entre eux les périls et la gloire. D'autres fois, montés sur un même char, l'un guidait les coursiers, tandis que l'autre écartait la mort et la renvoyait à l'ennemi. La perte d'un guerrier exigeait une prompte satisfaction de la part de son compagnon d'armes.

Dans la dixième année du siége, Achille, irrité contre Agamemnon qui l'avait outragé, se retira dans sa tente. Les Troyens, profitant de son inaction, battirent plusieurs fois leurs ennemis et les assiégèrent à leur tour dans leur camp, dont ils furent sur le point de forcer les retranchements. Mais ni les dangers des Grecs, ni les prières d'Agamemnon, ne purent fléchir la résolution d'Achille, fils de Pélée. Toutefois il permit à son ami Patrocle de combattre avec ses troupes, revêtu de sa propre armure. Patrocle succomba sous les coups d'Hector. Cette mort causa une telle douleur à Achille, qu'il oublia les torts d'Agamemnon et n'eut plus de colère que pour venger son ami.

Thétis, sa mère, lui apporte des armes divines, ouvrage de Vulcain, parmi lesquelles on remarquait un bouclier d'un travail admirable. Fortifié par le nectar et l'ambroisie que Minerve lui offre par l'ordre de Jupiter, Achille court au milieu des combattants, et à peine a-t-il paru, que les Troyens, effrayés au seul son de sa voix, prennent la fuite; la plupart se précipitent dans le Xanthe, où le héros les suit : chacun de ses coups fait tomber une victime. Les cadavres amoncelés arrêtent bientôt les eaux du fleuve, qui, fatigué de carnage, demande trêve. Achille, tout entier à sa vengeance, n'écoute rien; alors le Xanthe irrité soulève ses flots bouillonnants et se précipite sur lui. Le héros recule d'abord; puis, encouragé par

Neptune et Minerve, il résiste au Xanthe, qui appelle à son secours le Simoïs et les autres fleuves ses tributaires. Dans ce moment Junon envoie Vulcain, qui force les fleuves coalisés à rentrer dans leur lit, et l'intrépide guerrier recommence aussitôt à poursuivre les ennemis avec une nouvelle ardeur.

Il arrive jusqu'aux portes de Troie; tout a fui devant ses pas. Hector seul résiste devant la porte Scée. Achille s'attache à lui, et le héros troyen, cédant à un mouvement de crainte en présence de cet implacable ennemi, fait trois fois le tour de la ville pour échapper à ses coups. Pressé enfin par le fils de Pélée, il accepte le combat et succombe avec honneur dans cette lutte mortelle. Le vainqueur, après l'avoir dépouillé de ses armes et de ses vêtements, lui perce les talons, y fait passer une courroie, et l'attachant derrière son char, il le traîne trois fois autour des remparts de la ville. Il rend ensuite les honneurs funèbres aux mânes de Patrocle, immole des captifs sur son bûcher et célèbre des jeux en l'honneur de l'ami qu'il pleure.

La nuit suivante, le roi Priam se rendit avec une forte rançon dans la tente d'Achille, et, se jetant aux genoux du héros, il lui demanda en pleurant les restes inanimés de son fils. Achille avait juré de laisser le corps d'Hector sans sépulture, en proie aux chiens et aux oiseaux; mais, à la vue de ce vieillard suppliant qui lui parlait aussi de son vieux père, il permit au malheureux Priam d'emporter les tristes restes de son fils chéri. Lui-même périt peu de temps après : Pàris le frappa au talon d'une flèche mortelle, au moment où il allait épouser dans le temple d'Apollon Polyxène, la plus jeune fille de Priam.

À la fin de la dixième année, les Grecs, lassés d'un si long siége, rebutés par tant d'attaques inutiles, eurent recours à un stratagème. Ils s'avisèrent de construire un énorme cheval de bois, cachèrent dans ses flancs des soldats armés et feignirent ensuite de se retirer et de renoncer à leur entreprise, laissant le cheval de bois sur le rivage, comme un hommage inviolable offert à Minerve. Les Troyens, ne soupçonnant pas la ruse, firent entrer le colosse dans la ville. Au milieu de la nuit, pendant que les Troyens se livraient au repos, les Grecs sortirent des flancs du cheval et ouvrirent les portes de la ville à leurs compagnons.

La plupart des habitants, surpris dans leur sommeil, périssent sous les coups de leurs ennemis. Bientôt l'incendie dévore cette ville superbe, éclairant de ses sinistres lueurs des scènes de deuil et de carnage. Ses murs, ses palais, ses temples réduits en cendres; le vieux Priam expirant au pied des autels, ses fils égorgés autour de lui ; Hécube son épouse, Cassandre sa fille, Andromaque veuve d'Hector, plusieurs autres princesses, chargées de fers et traînées comme des esclaves à travers le sang qui ruisselait dans les rues, au milieu d'un peuple entier dévoré par la flamme ou détruit par le fer : tel fut le dénoûment de cette guerre fatale.

Les Grecs avaient assouvi leur fureur, mais

ils ne jouirent pas de leur triomphe. Leur retour fut marqué par les plus cruels revers. Mnesthée, roi d'Athènes, ne revit pas sa patrie et mourut dans l'île de Mélos. Ajax, roi des Locriens, périt avec sa flotte. Ulysse, plus malheureux, eut souvent à craindre le même sort pendant les dix ans qu'il erra sur les mers avant d'arriver à Ithaque, où l'attendaient d'autres dangers. Agamemnon trouva son trône occupé par un indigne usurpateur; il périt de la main de Clytemnestre, son épouse, qui, quelque temps après, fut massacrée par Oreste, son fils. D'autres, comme Idoménée, Philoctète, Diomède, Teucer, trahis par leurs amis, furent forcés d'aller chercher dans des pays lointains une nouvelle patrie. Dans l'espace de quelques générations, on vit tomber et s'éteindre la plupart des maisons souveraines qui avaient détruit celle de Priam; et quatre-vingts ans après la ruine de Troie, une partie du Péloponèse passa entre les mains des Héraclides ou descendants d'Hercule.

La chute de Troie fit un si grand bruit dans la Grèce, qu'elle sert encore de principale époque aux annales des nations. Cet événement a fourni le sujet des poëmes les plus anciens et les plus beaux. Homère, dans l'Iliade, a chanté la colère d'Achille et les combats des Grecs sous les murs de Troie; dans un second poëme, appelé l'Odyssée, il a raconté les voyages d'Ulysse. Virgile, le plus parfait des poëtes latins, a fait, dans son Énéide, un admirable tableau de la dernière nuit de la malheureuse Troie.

Questionnaire.

Où régnait Priam? — Quel était le chef de la maison d'Argos? — Quelle était l'origine de la haine des deux familles? — Quel événement fit éclater cette haine?— Quelle résolution prirent les Grecs? — Quels étaient les principaux chefs de l'expédition?—De qui Achille était-il fils? — Comment fut-il rendu invulnérable? — A qui fut confiée l'éducation de l'enfant? — Pourquoi sa mère l'envoya-t-elle à la cour de Lycomède? — Quel moyen prit Ulysse pour entrainer Achille avec l'armée des Grecs? — Où se réunit cette armée? — Où était située la ville de Troie? — Comment était-elle défendue? — Où étaient campés les Grecs? — Où se livraient les combats? — Combien d'années se passèrent ainsi? — En quoi consistaient les associations d'armes? — Qu'arriva-t-il dans la dixième année? — Comment périt Patrocle? — Que fit alors Achille? — Racontez sa lutte contre le Xanthe. — Quel héros troyen osa se mesurer avec lui? — Comment Achille traita-t-il son ennemi mort?—Par qui fut réclamé le corps d'Hector? — Achille se laissa-t-il attendrir?— Comment périt ce héros? — Par quel stratagème les Grecs s'emparèrent-ils de Troie?—Quel fut le sort des habitants? — Que devinrent la plupart des chefs de l'armée grecque? — Quels poëtes ont chanté la guerre de Troie?

CHAPITRE XXIV.

Suites de la guerre de Troie. — Ulysse. Ses voyages et ses dangers. Les Lotophages. — Le cyclope Polyphème. — Circé. — Pénélope. Retour d'Ulysse. — Ajax. — Nestor — Philoctète. Ses aventures. — Énée. Ses voyages.

Ulysse, roi d'Ithaque, avait puissamment contribué à la prise de Troie. Après la ruine de cette ville, lorsque les princes grecs se furent embarqués pour retourner dans leurs États, il monta lui-même sur ses vaisseaux avec ses compagnons. Mais à peine fut-il en pleine mer, qu'une horrible tempête assaillit et dispersa sa flotte. Il eut la douleur de voir plusieurs de ses navires brisés contre les écueils, et, après avoir erré au gré des vents et des flots pendant neuf jours entiers, il aborda à l'île africaine des Lotophages. Cette île était couverte d'arbres dont les fruits délicieux, appelés lotos, faisaient perdre à ceux qui en mangeaient le souvenir de leurs parents et de leur patrie. A peine les compagnons d'Ulysse ont-ils goûté ce fruit aussi doux que le miel, que, loin de songer au départ, ils n'aspirent plus qu'à couler leurs jours parmi ce peuple. Savourer le lotos est leur seul plaisir, leur seule pensée ; ils ont oublié jusqu'au nom de leur pays. Ulysse, peu touché de leurs prières et de leurs larmes, les arrache à cette terre dangereuse, et, les entraînant sur ses vaisseaux, il attache les plus rebelles aux bancs des rameurs.

Le héros voguait déjà loin de cette île, le cœur rempli de tristesse, lorsque la tempête le jeta sur les côtes de Sicile, sur les terres des Cyclopes, peuple sauvage et féroce. Prenant avec lui douze de ses compagnons les plus déterminés, il se hasarde dans cette contrée inhospitalière et arrive à l'entrée d'une profonde caverne, demeure du géant Polyphème. Ce géant, le plus terrible de tous les Cyclopes, était fils de Neptune ; son aspect était hideux : un seul œil placé au milieu de son front luisait comme une fournaise ardente. Tous les matins il sortait pour aller faire paître de grands troupeaux de chèvres et de brebis, et le soir il les ramenait à sa demeure pour les traire et se nourrir de leur lait. Ulysse et ses compagnons venaient d'entrer dans la caverne, lorsqu'ils furent surpris par le retour du Cyclope, qui arriva précédé de son troupeau et ferma sa caverne avec un immense bloc de rocher.

A peine entré, il allume du feu pour les apprêts de son repas et aperçoit les étrangers. Il laisse éclater une joie féroce ; il étend ses bras formidables sur deux des compagnons d'Ulysse, et, les saisissant à la fois, il les brise contre le roc comme de jeunes chevreaux et dévore leurs membres palpitants. Puis le monstre, ayant assouvi sa faim et vidé une grande cuve de lait pur, s'étend dans toute sa longueur sur le dos et se couche au milieu de ses troupeaux. Le lendemain, Polyphème à son réveil dévore deux autres des malheureux naufragés, et le soir deux autres encore périssent de cette horrible manière. Alors Ulysse, qui a formé un plan pour échapper au triste sort qui le menace, s'approche du Cyclope, et, tenant une coupe remplie de vin, il lui dit : « Cyclope, toi qui as pu te nourrir de chair humaine, tiens, bois ce vin : tu sauras quel trésor nous gardions dans notre vaisseau. J'en ai sauvé ce que tu vois pour t'offrir des libations comme aux dieux. » Polyphème prend la coupe et boit ; il savoure à longs traits ce breuvage délicieux : il en demande encore. « Donne-moi, dit-il, donne-moi, mon ami, une seconde coupe de ce vin, et apprends-moi ton nom : je veux t'accorder un présent qui répandra la joie dans ton âme. » Ulysse contente son désir : trois fois il lui présente la coupe, et trois fois l'insensé la vide en entier. Dès que les fumées du vin ont troublé sa raison : « Mon cher Cyclope, lui dit Ulysse d'une voix insinuante, tu me demandes mon nom, je vais te l'apprendre, et toi, tiens ta promesse. Je me nomme *Personne* : ainsi m'appellent mon père, ma mère et tous les miens. — Eh bien ! répond le Cyclope, *Personne* sera le dernier de tous ses compagnons que je dévorerai : voilà le gage de l'hospitalité que je lui prépare. » Il dit, et tombant en arrière, il s'étend dans son antre, son énorme cou incliné sur son épaule, et il cède au sommeil qui l'accable.

Alors Ulysse, profitant de ce moment, soulève avec l'aide de ses compagnons un énorme pieu dont le bout a été durci et rougi à un feu ardent, et le plonge dans l'œil du Cyclope, qu'il prive ainsi de la vue. Polyphème pousse des hurlements épouvantables, qui attirent auprès de sa demeure tous les Cyclopes des environs. Ils lui demandent le nom du téméraire qui l'a blessé. « Hélas ! mes amis, *Personne,* » leur répond le géant du fond de sa caverne. Étonnés, ils répètent la même question et obtiennent la même réponse. Alors, ils se retirent, persuadés que Polyphème a perdu la raison.

Déchiré par la douleur, le géant marche à tâtons, et parvenant enfin à écarter la lourde roche qui fermait son antre, il s'assied à l'entrée, étendant ses vastes bras pour saisir celui qui voudrait s'échapper en sortant avec ses troupeaux. Mais Ulysse a recours à la ruse : il choisit les plus grands béliers chargés d'une toison épaisse ; il attache ses compagnons sous le ventre de ces animaux, et lui-même se cramponne fortement à la laine du bélier le plus fort. Ils parviennent ainsi à sortir heureusement de cette horrible caverne et échappent à la fureur du géant sanguinaire.

Mais d'autres dangers attendent Ulysse et ses compagnons. A peine ont-ils remis à la voile, qu'une nouvelle tempête les jette sur l'île d'Œta, où régnait Circé, fille du Soleil, fameuse magicienne qui enchantait les mortels par les accents mélodieux de sa voix et les changeait ensuite en bêtes sauvages. A peine quelques-uns des compagnons d'Ulysse sont-ils entrés dans le palais habité par la déesse, qu'elle leur présente un breuvage où sa main a distillé un poison qui, par un charme invincible, doit effacer de leur esprit le souvenir de leur patrie. A peine ont-ils bu, que, les frappant de sa baguette, elle les change en pourceaux et les précipite dans une étable. Ulysse, instruit du sort de ses compagnons, songe aux moyens de les délivrer. Le dieu Mercure se présente tout à coup devant lui, et lui donne une herbe dont les vertus mystérieuses doivent rendre inutiles tous les enchantements de la magicienne. Le héros, muni de ce don précieux, pénètre dans le palais de Circé, et, paraissant devant elle l'épée à la main, il la force de rendre à ses compagnons leur première forme et remonte avec eux sur ses vaisseaux.

Ce ne furent pas les seules infortunes qu'Ulysse eut à essuyer, ni ses seules aventures : on peut en lire le récit dans l'Odyssée, cet immortel poëme d'Homère. Enfin, après vingt ans d'absence, il lui fut permis de revoir Ithaque, sa chère patrie. Mais là d'autres dangers l'attendaient. Pendant ce long espace de temps, Pénélope, sa femme, s'était vue obsédée par les prières et les menaces des nombreux prétendants qui voulaient la forcer à choisir un époux parmi eux. Fidèle à ses premiers engagements, Pénélope amusait tous ces rivaux par des délais et de vaines promesses, leur assurant qu'elle se déciderait pour l'un d'eux aussitôt qu'elle aurait terminé un ouvrage de tapisserie auquel elle travaillait depuis longtemps ; la nuit, elle défaisait ce qu'elle avait fait le jour. Pressée à la fin par de nouvelles sollicitations et apprenant en même temps la prochaine arrivée de son époux, elle promit de donner sa main à celui qui parviendrait à tendre l'arc d'Ulysse et ferait passer une flèche à travers douze anneaux disposés à la suite l'un de l'autre.

Sur ces entrefaites arrive Ulysse. Instruit de ce qui se passait dans son palais, il agit avec sa prudence habituelle pour ne pas tomber sans défense sous les coups de ses ennemis. Il se rend à la cabane du vieil Eumée, fidèle gardien de ses troupeaux ; il y rencontre Télémaque son fils, dont il se fait reconnaître ; puis, déguisé en mendiant, il prend avec lui le chemin de la ville. Ils avaient d'abord concerté les moyens de se défaire de ces princes insolents qui voulaient usurper le trône d'Ithaque. A la porte du palais, le chien d'Ulysse, le vieil Argus, reconnaît son maître après vingt ans d'absence, et meurt de joie en essayant de se traîner jusqu'à ses pieds.

Durant la nuit, Télémaque fait porter en secret des armes dans une chambre voisine de la salle du festin préparé pour les prétendants. Le lendemain, au lever de l'aurore, tous les princes étant assemblés, on apporte l'arc d'Ulysse et les douze anneaux que doit traverser la flèche victorieuse. Bientôt la lutte commence ; chacun des prétendants essaye, mais en vain, de tendre cet arc gigantesque. Ulysse, à son tour, demande à tenter l'entreprise ; les princes se récrient à cette demande audacieuse, et Antinoüs, le plus insolent de tous, pousse la colère jusqu'à frapper cet étranger. Cependant Télémaque ordonne que l'arme soit remise aux mains du mendiant. Ulysse prend cet arc, le tend facilement, et la flèche, partant avec impétuosité, traverse les douze anneaux et va tomber au delà du dernier. Les prétendants se regardent étonnés et pâlissent ; aussitôt une autre flèche, lancée d'une main sûre, frappe au cœur Antinoüs, qui tombe baigné dans son sang. Alors Ulysse dit son nom, et, secondé par Télémaque et par ses braves serviteurs, il se défait de tous ses ennemis. Après cette victoire, il resta tranquille possesseur de son royaume et de sa chère et fidèle Pénélope.

Ajax, fils de Télamon, roi de Salamine, était, après Achille, le plus beau et le plus brave des Grecs qui se signalèrent au siége de Troie. Les poëtes vantent sa franchise et sa noble fierté. Il blessa deux fois Hector, et fit tomber sous ses coups Sarpédon et d'autres guerriers fameux parmi les Troyens. Après la mort d'Achille, Ajax et Ulysse se disputèrent les armes de ce héros. Le premier fondait ses droits sur sa parenté et sa bravoure ; mais Ulysse l'ayant emporté sur lui, il fut tellement irrité de cette décision, qu'il tomba dans un délire violent. Sa fureur augmentant par degrés, il se précipita au milieu d'un troupeau de moutons et en fit un affreux carnage, croyant immoler son rival et les chefs de l'armée. Revenu à la raison et honteux d'un égarement qui le rendait la risée de toute l'armée, il se perça mortellement de son épée. Le sang qui coula de sa blessure fut, dit-on, métamorphosé en fleur.

Il y avait dans l'armée des Grecs un autre Ajax, fils d'Oïlée, roi de Locride. Il était brave et fort habile à tirer de l'arc ; mais son impiété envers les dieux reçut un juste châtiment. Assailli par une violente tempête qui submergea son navire, Ajax se sauva sur un rocher en s'écriant avec orgueil : « J'échapperai malgré les dieux. » Au même moment Neptune fendit le rocher d'un coup de trident et précipita Ajax sous les flots

Nestor, roi de Pylos, s'était distingué fort jeune par des actions éclatantes. Il assista aux noces de Pirithoüs, où les Lapithes et les Centaures se livrèrent une sanglante bataille. Nestor conduisit les Pyliens et les Messéniens, ses sujets, au siége de Troie ; il se fit remarquer par sa sagesse dans les conseils et par son courage dans les combats. Homère lui donne le caractère d'un héros accompli. Après la ruine de Troie, Nestor revint en Grèce, où il jouit au sein de sa famille de la paix et du bonheur dont sa justice, sa sagesse et son grand âge le rendaient digne. On ignore à quelle époque et de quelle manière il mourut. Les anciens racontent qu'il vécut trois âges d'homme, ce que les uns évaluent à trois cents ans et les autres à quatre-vingt-dix, en bornant avec raison à trente ans chaque génération.

Philoctète, un des plus célèbres guerriers qui assistèrent au siége de Troie, fut l'ami et le compagnon d'Hercule. Ce héros, au moment de mourir, lui légua ses flèches, en lui ordonnant de les renfermer dans sa tombe et de ne jamais révéler le lieu de sa sépulture. Mais l'oracle de Delphes ayant déclaré que la prise de Troie était attachée à la possession de ces flèches, les Grecs envoyèrent des députés à Philoctète pour savoir en quel lieu elles avaient été déposées. Philoctète résista d'abord à toutes les prières; puis, pour mettre d'accord sa conscience et l'intérêt des Grecs, il désigna, en le frappant du pied, le sol où il avait enfermé le corps d'Hercule et ses armes. Mais il fut cruellement puni d'avoir violé son serment; tandis qu'il faisait voile vers Troie, une de ces flèches tomba sur le pied révélateur. Il s'y forma aussitôt un ulcère dont l'infection fut telle, qu'Ulysse détermina ses compagnons à délaisser Philoctète sur le rivage désert de Lemnos. C'est dans cette île, où il avait autrefois abordé sur le navire des Argonautes, que seul désormais, et durant dix années, il souffrit ces horribles douleurs que les plus grands poëtes de l'antiquité, et Fénelon après eux, ont retracées avec une si touchante éloquence. Une caverne lui servait de demeure; il apaisait sa soif en buvant l'eau d'une source, et il se nourrissait des oiseaux qu'il abattait avec ses flèches.

Cependant, après la mort d'Achille, l'assistance de Philoctète et de ses flèches ayant été jugée nécessaire pour prendre Troie, il fallut de nouveau avoir recours à lui. Ulysse se chargea de cette négociation. Elle réussit. Arrivé au camp des Grecs, Philoctète prit part aux combats et tua Pâris avec une de ses flèches, qui donnaient toujours la mort. Après la destruction de Troie, il n'osa point retourner dans sa patrie, à cause de l'ulcère qui le dévorait encore, et il s'arrêta dans la Calabre, où il fonda une ville. C'est là, dit-on, qu'il fut enfin guéri par les soins de Machaon, fils d'Esculape. Philoctète a fourni à Sophocle, poëte grec, le sujet d'une des plus belles tragédies que l'antiquité nous ait transmises.

Énée, fils d'Anchise, était, après Hector, le plus brave des princes troyens. Aussi renommé par sa sagesse et sa piété que par son courage, il combattit jusqu'au dernier moment pour la défense de sa patrie. Dans la dernière nuit qui vit tomber la ville de Troie, obligé de fuir l'incendie qui dévorait cette malheureuse cité, il sortit emportant sur ses épaules son vieux père Anchise avec ses dieux pénates et tenant par la main son jeune fils Ascagne. Retiré sur le mont Ida, voisin d'Ilion, il y rassembla les Troyens qui avaient échappé au fer des Grecs, construisit une flotte de vingt vaisseaux et s'embarqua pour l'Italie. Mais il devait errer pendant sept ans sur les mers avant d'arriver au terme de son voyage. Après avoir abordé sur les côtes de la Thrace et à l'île de Crète, il arriva en Sicile, à Drépane, où régnait le vieil Aceste, prince originaire de la Troade. Ce fut là qu'il rendit les derniers devoirs à son père Anchise. A peine eut-il quitté cette contrée, qu'une violente tempête dispersa ses vaisseaux et le jeta sur la côte d'Afrique. Accueilli avec la plus grande bienveillance par Didon, reine de Carthage, et retenu longtemps dans les États de cette princesse, il en partit sur l'ordre des dieux, et aborda enfin aux rivages du Tibre,

Mais là d'autres dangers l'attendaient. Latinus, roi du pays appelé Latium, le reçut avec amitié et lui promit en mariage Lavinie, sa fille. A cette nouvelle, Turnus, roi des Rutules, qui s'était flatté de l'espérance d'épouser cette princesse, prit les armes et entraîna dans sa querelle la plupart des peuples voisins. Après plusieurs actions sanglantes, la guerre finit par un combat singulier entre les deux rivaux, dans lequel Turnus perdit la vie. Énée épousa ensuite Lavinie, bâtit en son honneur la ville de Lavinium, et Latinus en mourant lui laissa son royaume. Peu après, attaqué par les Étrusques, il marcha contre eux, et il disparut tout à coup au milieu du combat. Les Latins crurent que les dieux l'avaient enlevé au ciel, et ils lui rendirent les honneurs divins. Depuis il fut adoré par les Romains sous le nom de Jupiter Indigète. Les voyages et les aventures d'Énée ont fourni à Virgile, le plus parfait des poëtes latins, le sujet de l'*Énéide*, poëme immortel qui a fait l'admiration de tous les siècles.

Questionnaire.

Que devint la flotte d'Ulysse? — Où aborda-t-il? — Quel effet produisait le lotos sur ceux qui mangeaient de ce fruit? — Sur quelle côte Ulysse fut-il ensuite jeté par la tempête? — Qu'était-ce que Polyphème? — Quel fut le sort de quelques-uns des compagnons d'Ulysse? — Que fit celui-ci pour endormir le Cyclope? — Racontez de quelle manière il échappa au géant avec les compagnons qui lui restaient. — Où aborda-t-il ensuite? — Qu'était-ce que Circé? — Que fit-elle? — Comment Ulysse délivra-t-il ses compagnons? — Après combien d'années revit-il sa patrie? — Quelle avait été la destinée de Pénélope pendant cette longue absence?—Comment avait-elle échappé aux obsessions de ses prétendants? — Où se rendit d'abord Ulysse? — Par qui se fit-il reconnaitre? — Racontez de quelle manière il se défit de tous ses ennemis. — Qu'était-ce qu'Ajax? — Par quels exploits s'était-il signalé? — Comment perdit-il la raison? — N'y avait-il pas un autre Ajax? — Comment périt-il?—Par quelles qualités Nestor s'était-il distingué au siége de Troie? — Jusqu'à quel âge les anciens le font-ils vivre? — De quel héros Philoctète fut-il le compagnon? — Que lui légua ce héros? — Quelle recommandation Hercule lui avait-il faite? — Philoctète resta-t-il fidèle à son serment? — Comment fut-il puni? — Où fut-il abandonné? —Quelle fut sa vie dans ce désert? — Pourquoi les Grecs vinrent-ils le chercher? — Que devint-il après la prise de Troie? — Qu'était-ce qu'Énée? — Avec qui sortit-il de la ville de Troie?—Combien de temps devait-il errer sur les mers?—Quelles furent ses diverses aventures?—Où aborda-t-il enfin? — Contre quel peuple fut-il obligé de combattre? — Comment se termina cette guerre?— Comment mourut Énée? — Quel poëte a chanté les aventures de ce héros?

CHAPITRE XXV.

MYTHOLOGIE DES ÉGYPTIENS.

Principales divinités. — Osiris. Ses institutions. Ses voyages. Sa mort. — Isis. Ses aventures. — Typhon, le génie du mal. — Orus. Ses bienfaits. — Dieux secondaires. — Animaux sacrés. Le bœuf Apis.

Après la dispersion des hommes, le culte de Dieu ne se conserva dans toute sa pureté, comme nous l'avons déjà dit, que parmi le peuple qu'il s'était choisi. Les autres nations ne tardèrent pas à l'altérer par le mélange des plus grossières superstitions.

Les Égyptiens adorèrent d'abord les éléments et les astres. Bientôt les astres et les éléments furent personnifiés, et devinrent autant de divinités dont les prêtres racontaient les merveilleuses aventures, et qui avaient chacune leurs temples et leurs sacrifices. Les deux principales divinités de l'Égypte étaient Osiris et Isis.

Osiris est regardé comme le grand civilisateur de cette contrée. Souverain de la riche vallée du Nil après Jupiter, son père, il apprit à ses peuples l'usage qu'on pouvait faire des fruits de la terre. Il inventa les instruments de l'agriculture, cultiva la vigne, et fournit le premier les grappes mûres au pressoir pour en extraire le vin. Les métaux

furent arrachés du sein de la terre, et l'on en
fit des armes pour exterminer les animaux féroces qui disputaient le sol à l'homme. Osiris
substitua des lois douces et humaines aux coutumes grossières et barbares; il bâtit la ville de
Thèbes, éleva un temple magnifique en l'honneur de Jupiter, institua des fêtes, des prêtres
et tout le cérémonial du culte. En même temps
Isis, l'auguste épouse du dieu, faisait connaître
aux peuples le blé et l'orge, deux présents inap-
préciables.

Osiris a rendu l'Égypte heureuse, mais ce n'est
point assez pour lui. Il veut que le monde entier
participe aux avantages dont jouit son empire,
et il songe à répandre la civilisation par toute la
terre. Il confie à Isis le gouvernement de ses
États, et lui donne pour conseiller le sage Hermès, pour chef des troupes le vaillant Hercule.
Il part ensuite à la tête d'une armée nombreuse,
dont les armes seront la musique, les arts et la
poésie. Il passe d'abord en Éthiopie, où une foule
de satyres viennent grossir son cortége et l'égayer
de leurs danses. Les peuples de cette contrée
s'empressent de se soumettre à ses lois bienfaisantes, et il ne les quitte qu'après avoir établi
sur l'un et l'autre bord du Nil des digues puis-
santes et des écluses. De là il pénètre en Arabie
et dans les Indes; il y répand des inventions utiles
et y fait construire des villes considérables. Déter-
miné alors à rentrer dans ses États, il veut y revenir par un autre chemin; il arrive en Thrace,
où il tue le roi Lycurgue, qui tente de s'opposer

à ses desseins, laisse en Macédoine son fils Macédo, qui donne son nom à la contrée, et charge Triptolème d'aller apprendre aux Athéniens l'art d'ensemencer les champs et de cultiver la vigne.

Pendant l'absence d'Osiris, son frère Typhon, qui aspirait à la couronne, s'était révolté. Mais Isis, dirigée par les conseils d'Hermès et soutenue par les armes d'Hercule, avait déjoué ses intrigues et mis en déroute ses partisans. Typhon, battu près d'Antée, feignit d'oublier ses projets d'usurpation et de se réconcilier avec Isis. Quelque temps après, Osiris reparaît triomphant au milieu de ses peuples, qu'il vient combler de nouveaux bienfaits, initier à de nouvelles découvertes. Typhon affecte aussi la joie, et convie Osiris à un banquet magnifique, auquel assistent soixante et douze conjurés. Tandis qu'on se livre au plaisir, les esclaves du palais, par l'ordre de Typhon, apportent un coffre d'un travail précieux, qui excite l'admiration de tous les convives. Typhon promet d'en faire don à celui qui le remplira de son corps; tous essayent l'un après l'autre, mais tous échouent. Osiris tente la fortune à son tour et se place dans le coffre; son corps ne s'y ajuste que trop bien : le traître Typhon avait fait prendre secrètement la mesure du monarque, et le coffre avait été exécuté d'après ces indications. A peine le corps d'Osiris a-t-il touché la boîte fatale que les complices de son ennemi se jettent sur lui, referment le coffre, scellent le couvercle avec du plomb, et abandonnent le corps du malheureux prince aux flots du Nil, qui le portent à la Méditerranée par la bouche du fleuve appelée Tanitique.

Isis était dans la ville de Chemmis, lorsqu'elle apprit l'horrible attentat dont son époux venait d'être victime. D'abord vaincue par l'excès de sa douleur, elle se ranime bientôt par l'espoir de la vengeance et le désir de rendre les derniers devoirs à Osiris. Elle prend des habits de deuil et commence ses courses aventureuses. Elle suit le cours du Nil jusqu'aux lieux où il se divise en plusieurs bras. Là, elle s'arrête incertaine. Des enfants lui indiquent enfin la bouche du Nil par laquelle le coffre fatal a été porté à la Méditerranée. Mais arrivée sur la plage maritime, elle n'est pas plus avancée dans ses recherches ; nulle trace ne lui révèle de quel côté les flots ont emporté la dépouille sacrée. Elle prend alors pour compagnon de voyage le dieu Anubis, doué des formes et de la sagacité du chien, et qui saura sans doute la mettre sur la voie. Tous deux arrivent ainsi sur la côte phénicienne. C'est là en effet que le coffre s'était arrêté, auprès de Biblos, au milieu des roseaux, et au pied d'un végétal qui avait atteint en peu de temps des dimensions merveilleuses. Le coffre se trouvait enveloppé dans le bois du végétal. Frappé de la beauté de cet arbre, le roi de Biblos le fit couper un jour, et la tige sacrée était devenue une des colonnes de son palais.

Isis, instruite de tous ces détails, s'avance jusqu'aux portes de Biblos, et s'assied éplorée au bord d'une fontaine où les femmes de la reine l'aperçoivent et l'interrogent. Bientôt elle est introduite auprès de la reine, qui confie à cette étrangère le soin d'allaiter son fils. Quelques jours se passent; et l'humble nourrice, apparaissant sous la forme d'une puissante déesse, annonce le sujet de son voyage et réclame la colonne qui renferme le corps de son époux. Le roi de Biblos la lui abandonne et Isis en retire le coffre, qu'elle rapporte en Égypte, dans la ville de Buto, où elle faisait élever secrètement son fils Orus. Là elle cache le cercueil dans un asile écarté, au milieu d'une sombre forêt. Mais une nuit, Typhon, entraîné à la chasse loin de son palais, découvre cette tombe dont la forme lui est si bien connue, l'ouvre, et s'emparant du corps de son frère, il le coupe en quatorze parties qu'il disperse de tous côtés. Isis ne tarde pas à s'apercevoir de ce nouvel attentat : désolée d'avoir perdu pour la seconde fois son époux chéri, elle s'embarque dans un esquif de papyrus et recommence ses recherches. Elle parcourt les sept bouches du Nil, retrouve enfin les lambeaux du corps d'Osiris, et va les ensevelir à l'extrémité méridionale de l'Égypte, à Philles, tandis que des tombeaux et des temples s'élèvent partout où s'est retrouvé un des débris de l'infortuné monarque.

La fable que nous venons de raconter demande quelques explications.

Osiris, c'est le soleil, le principe qui anime et féconde le monde; c'est aussi le ciel et le Nil, ce fleuve bienfaiteur de l'Égypte. Les voyages d'Osiris et ses conquêtes dans l'Orient, qu'il avait civilisé, sont le symbole du cours du soleil qui répand sur son passage la fécondité. On représentait ce dieu par un sceptre surmonté d'un œil, emblème du pouvoir et de la science.

Isis, c'est la lune, l'air, la terre, mais surtout la terre de préférence, c'est-à-dire celle d'Égypte, inondée et fertilisée par le Nil. On représentait cette déesse avec une tête de vache portant un globe entre ses cornes. Les Grecs la confondirent avec la nymphe Io, qui fut métamorphosée en vache; ils l'appelèrent aussi Cérès, parce que les Égyptiens lui attribuaient l'invention de l'agriculture.

Typhon, c'est l'ardeur excessive du soleil, qui produit la sécheresse; c'est le vent du désert, ce souffle brûlant et destructeur; c'est aussi la mer, qui fait disparaître dans ses abîmes le Nil; c'est enfin tout ce qui est nuisible, le génie du mal ennemi des divinités bienfaisantes. Le lac Serbonis, dont les eaux sont fétides, était son tombeau, et le crocodile son symbole. Le sel, regardé comme l'écume de Typhon, était interdit aux prêtres égyptiens, ainsi que le poisson, dont on avait fait le symbole de la haine.

Après Osiris et Isis, le plus célèbre des dieux égyptiens était **Orus**, leur fils, dont les Grecs firent Apollon. Élevé avec une tendre sollicitude par sa mère, il fit la guerre à Typhon, meurtrier d'Osiris, et le vainquit; mais lui-même périt peu après de la main de ses ennemis. Isis, ayant retrouvé le corps de son fils dans le Nil, lui rendit la vie, lui donna l'immortalité et lui apprit la médecine et la divination. Orus se rendit célèbre dans toutes les contrées de la terre et les combla de ses bienfaits.

Orus, c'est la chaleur vivifiante du soleil. Ce dieu était représenté assis sur une fleur de lotos : son symbole était l'épervier, parce que cet oiseau, dont le vol se perd au plus haut des airs, semble approcher du soleil.

Parmi les divinités secondaires, il faut nommer Phthas, Neith, Mendès, Amoun, Thoth, Harpocrate, Bubastis, Buto et Sérapis.

Sous le nom de **Phthas,** les Égyptiens désignaient l'élément du feu, qui vivifie la nature entière : c'est le dieu que les Grecs appelèrent Vulcain. Le plus célèbre de ses temples était à Memphis. **Neith,** c'était la sagesse suprême, la Minerve ou Pallas des Grecs; on l'adorait particulièrement à Saïs, et le bélier lui était consacré. **Mendès,** le Pan des Grecs, désignait tout à la fois la nature et l'intelligence qui l'anime ; on le représentait sous la forme d'un homme avec une tête de bouc. A quelque divinité que les prêtres égyptiens fussent attachés en particulier, ils étaient obligés de se faire initier au culte de Mendès. **Amoun ou Ammon,** que les Grecs ont appelé Jupiter, était le dieu suprême. On le confondit avec Osiris. Il était adoré surtout à Memphis et à Thèbes.

Thoth, appelé Mercure par les Grecs, était l'inventeur des sciences. Le nom de Thoth, en

égyptien, signifiait colonne. On avait ainsi nommé
ce dieu, parce que c'était sur des colonnes qu'é-
tait gravé le récit des événements anciens. Ainsi,
chez les Grecs, les colonnes appelées *hermès* étaient
le dépôt de la science, et le dieu de la science s'appela lui-même Hermès. **Harpocrate**, que l'on
confond quelquefois avec Orus, était le soleil
faible encore lorsqu'il recommence son cours
après l'hiver. Comme il était représenté avec un
doigt appliqué sur la bouche, les Grecs en firent
le dieu du silence.

Bubastis, que les Grecs appelèrent Diane,
était la lune naissante. On la confondait souvent
avec Isis. La fête de cette déesse, célébrée dans
toute l'Égypte, était une des plus grandes solennités. Pendant ce temps, le Nil était couvert de
barques richement ornées et remplies de voyageurs qui faisaient retentir les deux rives de
leurs chants joyeux. On représentait Bubastis
avec une tête de chat. C'était dans la ville qui lui
était consacrée, et qui s'appelait Bubastis, que
les chats étaient adorés et qu'on leur faisait des
funérailles magnifiques. La divinité appelée **Buto**
désignait la lune dans son plein ; on prétendait
qu'elle avait nourri Orus et Bubastis. Les Grecs
en firent Latone, mère d'Apollon et de Diane.
Elle avait un oracle célèbre dans la ville qui s'appelait, comme elle, Buto. La musaraigne lui était
consacrée.

Sous le nom de **Sérapis**, les Égyptiens désignaient le soleil qui s'éloigne de notre hémisphère
et s'avance jusqu'à l'autre tropique pendant les

mois d'hiver. Par ce nom on désignait aussi le
Nil, et le boisseau placé sur la tête de Sérapis in-
diquait la fécondité qui est le résultat des débordements de ce fleuve. Le plus célèbre et le plus
fréquenté de tous les temples consacrés à Sérapis
était à Canope. On s'y rendait de tous les points
de l'Égypte, pour célébrer la fête du dieu par de
grandes réjouissances.

Les Égyptiens ne se contentèrent pas d'adorer
les astres et les forces de la nature personnifiées :
ils adorèrent aussi certaines plantes, et presque
tous les animaux que nourrissait leur pays, et
dont chaque espèce était consacrée à quelque divinité. Il y avait des hommes voués au service des
animaux sacrés, et leurs fonctions, qui étaient
héréditaires dans leurs familles, leur attiraient le
respect du peuple. Pendant leur vie, on prodi-
guait à ces animaux les soins les plus recherchés ;
après leur mort, ils étaient embaumés et portés
au lieu qui était destiné à la sépulture de leur
espèce. Certains d'entre eux étaient ensevelis à
l'endroit même où ils mouraient, comme les
chiens, les ichneumons[1], les ours, les loups et
les renards. D'autres avaient des lieux particulièrement consacrés à leur sépulture : ainsi les
chats, comme nous l'avons déjà vu, étaient ensevelis dans la ville de Bubastis ; les éperviers,
dans celle de Buto ; et les ibis[2], dans celle d'Her-
mopolis.

1. Quadrupède de la taille d'un chat et de la forme
d'une martre, qui détruit les jeunes crocodiles.
2. Espèce de courlis, oiseau qui se nourrit de serpents.

Du reste, tous les animaux n'étaient pas également adorés partout. Mais l'Égypte entière rendait un culte religieux au bœuf, parce que l'on croyait que l'âme d'Osiris avait, après la mort de ce prince, habité le corps d'un bœuf, et qu'elle passait successivement tous les vingt-cinq ans dans d'autres individus de cette espèce. Le bœuf qui était supposé renfermer l'âme du dieu s'appelait Apis; on le reconnaissait à certaines marques particulières. Il avait à Memphis deux temples magnifiques, qu'il habitait alternativement, et où il rendait ses oracles. Tous les ans on célébrait sa fête, qui durait sept jours, pendant lesquels il était promené en grande pompe par les prêtres.

Le bœuf Apis ne devait vivre qu'un certain nombre d'années; et lorsque le temps marqué par les livres sacrés était arrivé, les prêtres le conduisaient sur les bords du Nil et le noyaient solennellement avec les cérémonies prescrites. Après sa mort, les prêtres se rasaient la tête en signe de deuil, et l'Égypte entière était plongée dans la douleur, jusqu'à ce qu'on eût trouvé celui qui devait le remplacer. Lorsque les prêtres avaient rencontré un autre Apis, la douleur faisait place à la joie : ils le conduisaient dans la ville du Nil, où il passait quarante jours, servi seulement par des femmes. Ensuite on le faisait monter sur un vaisseau décoré avec magnificence, et, par le Nil, on le conduisait à Memphis, où il était placé dans le temple de Phthas. Le nouvel Apis était l'objet de l'adoration des peuples jusqu'à sa mort, après laquelle on parcourait toujours le même cercle de superstitions.

Questionnaire.

Quelles étaient les deux principales divinités des Égyptiens? — De quels bienfaits le peuple fut-il redevable à Osiris et à Isis, son épouse? — Dans quel but songea-t-il à quitter l'Égypte? — A qui confia-t-il le gouvernement de cette contrée? — Racontez ses voyages. — Que se passa-t-il pendant son absence? — Comment fut-il accueilli à son retour? — Que fit Typhon? — Racontez la mort d'Osiris. — Dites les courses et les recherches d'Isis. — Dans quelle ville rapporta-t-elle le corps de son époux? — Comment fut-il découvert par Typhon? — Que fit alors celui-ci? — Racontez les nouvelles recherches d'Isis. — Quel en fut le résultat? — Donnez quelques explications sur cette fable. — Comment représentait-on Osiris? Isis? — Quel était le symbole de Typhon? — Qu'était-ce qu'Orus? — Comment se rendit-il célèbre? — Que représente ce dieu? — Quel était son symbole? — Donnez quelques détails sur les dieux Phthas, Neith, Mendès et Amoun. — Qu'était-ce que le dieu Thoth? — Comment les Grecs l'appelaient-ils? — Que représentait Harpocrate? — Qu'était-ce que Bubastis? — Comment se célébraient ses fêtes? — Donnez quelques détails sur la déesse Buto et sur le dieu Sérapis. — Les Égyptiens se contentèrent-ils d'adorer les astres et les forces de la nature? — Comment étaient traités les animaux sacrés? — Où étaient-ils ensevelis? — Quel était l'animal universellement adoré en Égypte? — Qu'appelait-on bœuf Apis? — Quelle ville habitait-il? — Que se passait-il à sa mort? — Comment était accueilli le nouvel Apis?

CHAPITRE XXVI.

MYTHOLOGIE DES BABYLONIENS ET DES PERSES.

Culte des Babyloniens. — Bélus. Son temple. — Culte des Perses. — Zervane-Akérène. — Ormuzd ou le bon principe. — Ahriman ou le mauvais principe. — Mithra ou le génie du soleil. — Les mages. Zoroastre.

Mythologie des Babyloniens.

Les Babyloniens, peuples de l'Asie qui habitaient une vaste contrée arrosée par le Tigre et l'Euphrate, adoraient les astres et rendaient un culte particulier au soleil ou au feu. Leur principale divinité était Bélus ou Bel, qui avait un temple magnifique élevé sur les débris de la fameuse tour de Babel.

Ce temple était un édifice quadrangulaire, et chacun de ses côtés avait environ deux stades ou trois cent soixante mètres. Au milieu, s'élevait une tour ayant un stade ou cent quatre-vingts mètres de hauteur et autant de largeur. Sur cette première tour était bâtie une seconde tour de même hauteur, sur la seconde une troisième, et ainsi de suite jusqu'au nombre de huit; de sorte que la hauteur totale était de quatorze cent quarante mètres. On montait jusqu'au haut de l'édifice par une rampe qui circulait en dehors de chacune des tours. Dans la plus élevée se trouvait le sanctuaire consacré à la divinité; enfin, le sommet de la tour formait une large plate-forme destinée aux observations astronomiques.

Les Chaldéens étaient les savants, les prêtres des Babyloniens. Ils observaient avec soin le cours des astres, et ils firent de grands progrès dans l'astronomie; mais ils se livrèrent en même temps à l'astrologie, science fausse et absurde, au moyen de laquelle ils prétendaient connaître et annoncer l'avenir par l'inspection des astres.

Mythologie des Perses.

Les Perses, peuples de l'Asie comme les Babyloniens, étaient renommés dès la plus haute antiquité par leur sagesse; leur culte était d'une extrême simplicité, et ils dénaturèrent moins que les autres nations de l'antiquité les traditions de la religion primitive. Ils adoraient l'eau, la terre, l'air, les vents, ainsi que les astres qui brillent à la voûte étoilée; mais ils ne rendaient pas d'hommages à des animaux immondes. Ils adoraient le soleil avec un profond respect, et surtout le soleil levant. Ils honoraient aussi particulièrement le feu; ils l'invoquaient toujours le premier dans les sacrifices, et le portaient devant le prince lorsque celui-ci était en marche. Ils ne confiaient qu'aux mages la garde de ce feu sacré, qu'ils prétendaient être descendu du ciel. Les mages étaient les savants, les sages, les prêtres de la Perse; ils étaient dépositaires de toutes les cérémonies du culte.

Les Perses n'érigeaient ni statues, ni temples, ni autels à leurs dieux ; ils offraient leurs sacrifices en plein air, et presque toujours sur des hauteurs et des montagnes.

Les Perses reconnaissaient un dieu suprême, éternel, infini, qu'ils nommaient **Zervane-Akérène**, c'est-à-dire le temps sans limite. De ce dieu, qui n'a pas eu de commencement et qui n'aura pas de fin, sont sortis Ormuzd ou Oromaze et Ahriman, c'est-à-dire les deux principes qui président aux vicissitudes tantôt heureuses, tantôt fatales, du monde réel.

Ormuzd est le principe du bien, le principe de la lumière ; il est l'auteur de tout ce qu'il y a de bon dans l'ordre moral et dans l'ordre physique. Il alimente et conserve l'espèce humaine ; il donne à tous les êtres le feu qui les anime ; il couvre les arbres et les plantes de leurs fleurs et de leurs fruits ; il veille sur le juste ; il ouvre les voies de la pureté à celui qui a soif du bien, et il aide l'homme à l'heure de la mort. Ormuzd règne sur la terre d'Iran, terre de lumière et de justice ; mais son séjour est la plus élevée des trois sphères célestes qui communiquent à la terre par le pont Tchinévad, dont la garde est confiée à des génies lumineux. Le soleil roule bien au-dessous de son trône, et semble pendre au-dessous de ce dôme magnifique qu'illumine la présence d'Ormuzd, comme un riche diamant à l'extrémité d'une chaîne précieuse.

Ormuzd est considéré comme le créateur des sept Amschaspands, esprits bienfaisants et immortels, et comme le père des Izeds, génies inférieurs qui président aux jours et aux mois de l'année, et qui sont sans cesse occupés du bonheur des hommes et du monde. Les Izeds, en bons serviteurs, sont dociles et attentifs aux ordres des Amschaspands, de même que ceux-ci à leur tour se tiennent attentifs et dociles autour de l'oreille d'Ormuzd.

Ahriman est le principe du mal, le principe des ténèbres ; il est l'adversaire redoutable d'Ormuzd, le principe du bien et de la lumière, et ces deux principes vivent dans une lutte perpétuelle. Partout où le bon Ormuzd apporte la douce et pure clarté, l'ordre, les vertus, la fécondité et la vie, le méchant Ahriman amène à son tour une affreuse obscurité, le désordre, les vices, la stérilité et la mort. La création d'Ahriman contrarie en tout et toujours celle d'Ormuzd. Ainsi aux génies tutélaires et bienfaisants nommés Izeds il a opposé un même nombre de Devs, ou génies malfaisants ; aux Amschaspands, qui sont comme les princes des Izeds, il oppose les princes des Devs.

La demeure d'Ahriman est dans les enfers, et son empire est le Touran, contrée aride, affreuse, désolée, où s'étendent de vastes déserts sans cesse parcourus par des hordes sauvages qui se plaisent à répandre le sang. Tout ce qui afflige les hommes, tout ce qui trouble l'ordre de la nature, est l'ouvrage d'Ahriman ; les crimes, le désespoir, les maladies, les pestes, les tempêtes, les tremblements de terre, viennent de lui, et Ormuzd est constamment occupé à guérir toutes ces plaies, à conjurer tous ces fléaux : c'est une lutte de tous les lieux, de tous les moments, et voici de quelle manière elle est racontée dans les livres sacrés des Perses.

Douze mille ans ou, comme dit le texte sacré, douze millénaires ont été donnés par le dieu Zervane-Akérène à la lutte des deux puissances qui émanent de lui. Les douze millénaires sont partagés en quatre âges égaux. Pendant le premier âge, Ormuzd est seul maître de l'univers. C'est alors, disent les récits persans, qu'il créa la lumière, les trois sphères célestes, la terre, le soleil, la lune, et toute la brillante armée des étoiles qui brillent au firmament. Dans la deuxième période, le principe du mal, Ahriman, veut commencer le combat; il s'élance de l'abîme des ténèbres, avec lequel il se confond, et se dresse, orgueilleux et gigantesque, contre le magnifique Ormuzd. Mais à la vue de l'éclat dont brille son rival, à la vue des astres dont l'étincelante splendeur l'éblouit, il retombe dans son ténébreux empire et y reste enseveli pendant le reste du deuxième âge.

Ormuzd, que le désespoir d'Ahriman laisse en repos, continue sa création bienfaisante, et c'est alors qu'il donne naissance aux bons génies chargés de veiller sur toutes les parties du monde, et principalement sur les hommes. Tout à coup, au commencement du troisième âge, qui correspond à la période actuelle de l'humanité, Ahriman, à qui sa malice profonde a révélé que son temps est venu, fait irruption à la tête des Devs dans l'empire d'Ormuzd ; mais il parvient seul au séjour qu'habite le dieu resplendissant ; son armée reste en arrière. Lui-même il ne peut soutenir qu'un moment l'éclat de cette auréole de gloire qui environne son rival, et il descend sur la terre, le cœur dévoré de haine et de vengeance.

Il prend alors la forme d'un serpent, et, après avoir souillé de son impur venin toutes les productions de la terre, il se glisse au pied de l'arbre Reivas, arbre mystérieux né du sang de Kaiomorts, premier homme formé par Ormuzd, et que lui Ahriman avait tué. Cet arbre s'était couvert, au lieu de branches, de dix couples humains, dont les descendants peuplèrent la terre. Ahriman s'approche de Meschia et de Meschiane, le premier couple issu de la tige de cet arbre, les séduit en leur offrant du lait de chèvre et des fruits, et leur fait perdre ainsi le bonheur et l'immortalité. Alors se livre entre le bon et le mauvais principe une suite de combats acharnés, et dans cette lutte mortelle le génie du mal paraît devoir l'emporter sur le génie du bien. De jour en jour, des maux plus insupportables s'appesantissent sur les hommes, et ils périraient infailliblement si le bienfaisant Ormuzd ne venait à leur secours. Le triomphe du bon principe a été préparé par le cours du temps, et voici comment ce triomphe doit se manifester.

Une comète malfaisante, échappant aux regards de la lune, chargée de surveiller ses mouvements, traversera l'espace et heurtera la terre, qui, chancelant comme un homme malade, sera

réduite en cendres par une flamme dévorante.
Les âmes passeront à travers les torrents de feu,
et quelles que soient leurs souillures, elles y su-
biront une purification terrible. En vain alors les
mauvais génies et tous les serviteurs d'Ahriman
tenteront un dernier effort contre le puissant
Ormuzd ; ils seront eux-mêmes purifiés par la
flamme qui dévorera toute la création visible. Du
sein de cet immense incendie sortira un nouvel
univers, un nouveau ciel, une nouvelle terre plus
pure, plus parfaite que l'ancienne, et destinée à
l'immortalité. Plus d'ombres, plus de crimes, plus
de mal, plus de pleurs, plus d'enfer. Ahriman lui-
même, se confondant avec Ormuzd dans l'Éternel,
chantera les louanges de la lumière, et toutes les
âmes, ravies de cette sublime harmonie, seront
plongées dans une ivresse inaltérable.

Mithra, ou le génie du soleil, est le plus brillant, le plus puissant des bons génies, des Izeds.
Ormuzd est son créateur; il est soumis à Ormuzd ; sans cesse il élève les mains vers lui et le
reconnaît pour le souverain de la nature. Il a
mille oreilles et dix mille yeux, pour mieux entendre et mieux voir ce qui se passe dans l'univers. C'est lui qui dispense à la terre la lumière
et la chaleur ; c'est lui qui la couvre de fleurs, de
fruits et de verdure. Il place sur le trône les bons
rois, à la tête des provinces les fidèles gouver-
neurs, dans l'armée les braves guerriers. On doit
invoquer Mithra trois fois par jour, au lever de
l'aurore, à midi, au coucher du soleil. Seul entre
toutes les divinités des Perses, il a un culte spécial

accompagné de cérémonies mystérieuses et sa- crées. Les mystères de ce dieu se célébraient au fond d'une grotte, et, pour y être initié, il fallait passer par de longues épreuves. Ces épreuves, d'abord légères, devenaient de plus en plus vio- lentes et presque insupportables : on soumettait les adeptes à l'emprisonnement, à de longs jeû- nes, à des flagellations cruelles, enfin à toutes sortes de tourments, qui souvent mettaient leur vie en péril. Ceux qui avaient pu supporter ces terribles épreuves étaient baptisés. On imprimait ensuite sur leur front une marque qui les consa- crait au bon principe, et ils recevaient de la bou- che des prêtres des dogmes mystérieux dont ils ne devaient point révéler le secret, sous les peines les plus sévères. Enfin, on mettait sur la tête du néophyte une couronne, et il la rejetait par-dessus l'épaule, en disant : « C'est Mithra qui est ma couronne. » Il gardait l'épée qu'on lui offrait en même temps, et dès lors il était déclaré soldat de Mithra et saluait tous les assistants du nom de frères d'armes.

Mithra est ordinairement représenté sous la forme d'un jeune homme beau, brillant, robuste, armé d'un glaive qu'il plonge dans la gorge d'un taureau à demi couché et pliant les genoux. Ce taureau est l'emblème de l'année solaire, qui ne meurt que pour renaître aussitôt.

La garde du culte de Mithra et l'accomplisse- ment des cérémonies sacrées étaient confiés aux **mages,** prêtres qui jouissaient d'un pouvoir très- étendu et d'une grande considération. On les con-

sultait sur toutes les affaires importantes, et leurs
réponses étaient regardées comme des oracles.
Non-seulement on leur confiait l'éducation des
princes ; mais il fallait même que le roi, avant
d'être couronné, subît une espèce d'examen devant eux. Souvent ils abusaient de leur pouvoir
au point de se rendre redoutables même aux souverains. Il y avait un jour de l'année où il ne leur
était pas permis de paraître en public ; on célébrait ce jour-là une fête nommée le massacre des
mages, en souvenir d'un événement qui avait
troublé le repos de la Perse. L'un des mages,
après avoir trompé le peuple par un mensonge,
s'était emparé du trône ; mais bientôt le peuple
désabusé avait, dans sa colère, mis à mort
l'usurpateur avec tous ses partisans.

Les doctrines de la religion des Perses sont
exposées dans le Zend-Avesta, livre sacré composé par Zoroastre, qui est regardé comme le
fondateur et le chef, ou plutôt comme le réfor-
mateur de la religion des mages. Suivant l'opinion
la plus commune, ce philosophe célèbre naquit
vers la fin de l'empire des Mèdes, peu d'années
avant l'avénement de Cyrus au trône de Perse,
vers l'an 564 avant J. C. Sa vie est peu connue ;
on sait cependant qu'il passa sa jeunesse dans la
pratique de la sagesse, méditant dans une profonde retraite sa réformation religieuse. Comme
tous les réformateurs, il fut en butte à la haine,
à la jalousie, aux persécutions ; mais sa doctrine,
plus élevée, plus pure que toutes les croyances
religieuses qui régnaient alors dans les provinces

de la Perse, finit par triompher de tous les obstacles, et le respect des peuples s'attacha au nom de Zoroastre.

Questionnaire.

A qui les Babyloniens rendaient-ils un culte particulier? — Quelle était leur principale divinité? — Sur quel emplacement avait été bâti le temple de Bélus? — Que remarquait-on dans la tour la plus élevée et au sommet de l'édifice? — Qu'était-ce que les Chaldéens? — En quoi la religion des Perses se distinguait-elle de celle des autres peuples? — Qu'adoraient-ils particulièrement? — A qui était confiée la garde du feu sacré? — Qu'était-ce que les mages? — Les Perses élevaient-ils des temples à leurs dieux? — Quel était le nom du dieu suprême des Perses? — Quels sont les deux principes issus de ce dieu? — Donnez quelques détails sur Ormuzd. — Sur quelle contrée règne-t-il? — Quel est son séjour? — N'a-t-il pas créé des esprits et des génies bienfaisants? — De quel soin sont chargés ces génies? — Qu'était-ce qu'Ahriman? — Comment contrarie-t-il son rival? — Où est sa demeure? — Quel est son empire? — Pendant combien de temps doit durer la lutte des deux principes? — Racontez les diverses circonstances de cette lutte durant les quatre âges. — Quel sera le triomphe d'Ormuzd? — Qu'était-ce que Mithra? — Quelles sont ses fonctions? — Par quelles épreuves fallait-il passer pour être initié aux mystères de ce dieu? — Comment représente-t-on Mithra? — A qui était confiée la garde du culte de Mithra? — Donnez quelques détails sur les mages. — Dans quel livre sont exposées les doctrines de la religion des Perses? — Par qui ce livre a-t-il été composé? — Vers quelle époque place-t-on la naissance de Zoroastre? — Que sait-on de sa vie?

CHAPITRE XXVII.

MYTHOLOGIE DES HINDOUS.

Brahm ou Bhagavan. — Brahma. — Vichnou. Ses incarnations ou transformations. — Siva. — Bouddha. — Les brahmes.

Les Hindous ou Indiens adorèrent primitivement les éléments et les astres. L'eau et le feu surtout, ainsi que le soleil, attirèrent leur vénération et leurs hommages. Ils croyaient, comme la plupart d'entre eux le croient encore, que l'âme, en se séparant du corps humain, va animer le corps d'un animal ou celui d'une plante. Cette migration des âmes s'appelle métempsycose. Ils admettaient une foule de dieux et de déesses, dont il serait trop long et trop fastidieux d'énumérer les noms et les attributs. Il suffira de passer en revue les principales divinités, et de faire connaître comment se sont formées les quatre sectes religieuses [1] qui dominent dans la plupart des contrées de l'Asie.

Brahm, nommé aussi **Baghavan,** est considéré, dans la mythologie hindoue, comme l'Être suprême, éternel, absolu, dont l'immensité embrasse l'univers entier. Cet être su-

1. Ces quatre sectes sont : le brahmisme, le sivaïsme, le vichnouïsme et le bouddhisme.

prême se divise en trois émanations, dont l'ensemble forme la *trimourti* ou trinité indienne, composée des trois dieux Brahma, Vichnou et Siva. Brahma, c'est le principe créateur; Vichnou, le principe conservateur, et Siva, le principe destructeur. Baghavan, le grand dieu, n'agit point par lui-même; il délègue ses pouvoirs à la trimourti et à une foule de divinités subalternes préposées au gouvernement du monde. On le représente par un cercle placé dans un triangle.

Brahma est le premier membre de la trimourti et passe pour le créateur de toutes choses. Issu de Baghavan par une suite de transformations restées inconnues, il naquit avec quatre têtes, et son berceau fut un lotos. Assis dans le calice de cette fleur, Brahma porte avec étonnement ses regards de tous côtés; les yeux de ses quatre têtes n'aperçoivent que les vastes eaux couvertes de ténèbres. Saisi d'effroi à cette vue, et ne pouvant concevoir le mystère de son origine, il demeure immobile, muet, absorbé dans la contemplation. Des âges s'écoulent; tout à coup une voix se fait entendre et lui conseille d'implorer Baghavan. Brahma se met en prières, et aussitôt le dieu suprême lui apparaît sous la forme d'un homme à mille têtes. Brahma se prosterne et chante les louanges du grand dieu, qui, voulant alors récompenser son adorateur, chasse les ténèbres, lui fait voir tous les mondes gisant en germe et comme endormis, et lui donne le pouvoir de les faire sortir de cet abime lumineux.

Après avoir passé un grand nombre d'années à

contempler ce sublime panorama, Brahma commence l'œuvre de la création. D'abord il produisit les sept *souargas*, ou sphères étoilées, éclairées par les resplendissants *devatas*, génies bienfaisants; puis il créa la terre, avec ses deux magnifiques luminaires, le soleil et la lune; enfin il forma les sept *patalas*, ou régions inférieures, ayant pour flambeaux huit escarboucles[1] placées sur la tête de huit serpents. C'est là qu'habitent les *daïtias* ou *açouras*, génies funestes, amis des ténèbres et du mal.

Mais la terre était encore sans habitants. Les *védas* ou livres sacrés des Hindous racontent que Brahma donna naissance à quatre fils, qui sortirent, le premier de sa bouche, le second de son bras droit, le troisième de sa cuisse droite, le quatrième de son pied droit, et qui devinrent les chefs des quatre castes dont nous parlerons plus tard. Dès ce moment, ajoutent les livres sacrés, il défendit toute alliance entre les castes; il écrivit aussi sur le front de tous les hommes ce qui devait leur arriver depuis leur naissance jusqu'à leur mort : doctrine fataliste qui rappelle l'action du Destin dans la mythologie grecque.

Vichnou est la deuxième personne de la trimourti hindoue; c'est le conservateur de la création tirée du néant par Brahma. Les incarnations ou transformations de Vichnou constituent une partie essentielle de la croyance des Hindous. Nous raconterons les principales.

1. Pierre précieuse d'un grand éclat et d'un rouge foncé.

Un jour un homme pieux, nommé Satiavrata, faisant ses ablutions sur le bord d'un fleuve, prit un petit poisson, qu'il mit dans un bocal ; au bout de quelques heures, le poisson grandissant, le bocal fut trop petit ; ensuite il le plaça dans une cuve, bientôt la cuve fut aussi trop petite, et, le poisson grandissant toujours, il fallut le mettre successivement dans un étang, dans un lac, dans un fleuve, enfin dans l'Océan. Ce poisson c'était Vichnou, qui se mit alors à parler et dit à Satiavrata : « Dans sept jours, pour punir le démon Haïagriva, qui a dévoré les livres sacrés, tout sera submergé ; mais tu verras au-dessus des vagues un grand vaisseau, dans lequel tu entreras avec des couples de tous les animaux et des graines de toutes les plantes. » Satiavrata obéit, et à peine fut-il entré dans le vaisseau, que l'Océan, franchissant ses limites, envahit toute la terre. Alors Vichnou, s'élevant du sein des grandes eaux sous la forme d'un poisson resplendissant, armé d'une corne gigantesque, attaqua le démon ravisseur, le tua et recouvra les livres sacrés.

Une autre fois le mont Mérou, au sommet duquel, suivant la mythologie indienne, est placée la terre, s'enfonçait dans la mer. Les hommes, près de périr, implorèrent le dieu conservateur. Vichnou prit la forme d'une immense tortue et s'empressa d'opposer son dos comme une base inébranlable à la chute du mont gigantesque. Peu après un géant, mauvais génie, menaçait d'abîmer la terre une seconde fois. Vichnou se métamorphosa en sanglier, et soulevant sur ses défenses la terre étonnée, il la replaça en équilibre sur les eaux.

Mais les plus célèbres incarnations de Vichnou sont celles de Rama et de Crichna. Vichnou, voulant débarrasser le monde des cruautés d'un tyran appelé Ravana, prit, sous le nom de Rama, la forme d'un jeune prince éclatant de beauté, de puissance et de force. Il demanda en mariage la princesse Sita, dont mille princes étrangers, et le cruel Ravana surtout, recherchaient la main. Mais le père de Sita avait solennellement déclaré que sa fille serait le prix de l'adresse réunie à la vigueur. Celui-là seul devait l'obtenir, qui saurait tendre un arc immense, inappréciable présent de la divinité. Au jour fixé pour la lutte, l'arc arrive roulé par plusieurs esclaves au milieu de l'assemblée. Tous les princes, l'un après l'autre, essayent, mais en vain, de le tendre; ils ne peuvent pas même l'ébranler. Alors Rama, s'approchant le dernier, le soulève d'une main comme en se jouant, le tend, et tire à lui le nerf avec tant de vigueur, que l'arc énorme se brise par le milieu en rendant un son terrible. Reconnu vainqueur, le jeune héros épousa la belle et vertueuse Sita.

Pendant une absence qu'il fit, occupé à détruire les géants qui infestaient les bois et les déserts, le farouche Ravana enlève Sita et l'emmène dans l'île de Lanka, située par delà les bornes de la terre. A cette nouvelle, Rama se met en marche pour reconquérir son épouse chérie et fait alliance avec Soungriva, le roi des singes : d'innombrables phalanges d'ours viennent se joindre à eux. On arrive au bord de la mer : mais comment franchir les flots redoutables qui séparent Lanka de la terre ferme? Les singes précipitent pêle-mêle dans le vaste bras de mer d'énormes blocs de pierre et construisent ainsi, d'un rivage à l'autre, un pont de rochers sur lequel ours et singes passent sans danger. On aborde à Lanka : vingt batailles sont livrées, et enfin Ravana, vaincu, expire au milieu des géants ses amis, déchirés par les singes, étouffés par les ours. Mais Rama ne croit point encore sa tâche accomplie. Il police les peuples par l'agriculture, leur donne des lois sages, les initie à la religion, aux devoirs de la société civile, aux arts; puis il remonte dans la céleste demeure, d'où il veille avec la douce Sita au bonheur des mortels.

Vichnou voulait combattre l'injustice partout où elle se présentait. Kansa, géant fameux par ses iniquités, avait détrôné son frère qui régnait à Mathoura. Un oracle lui avait prédit qu'un jour son propre neveu lui ôterait la couronne et la vie. En proie aux sinistres terreurs qui dévorent le cœur des tyrans, Kansa jura de faire périr tous les enfants mâles qui naîtraient de sa sœur, la belle Devaki. Elle mit au monde sept fils, qui furent impitoyablement égorgés. Enfin naquit un huitième enfant, qui reçut le nom de Crichna : c'était le dieu Vichnou lui-même qui avait pris cette forme pour mettre un terme aux crimes de l'usurpateur. En vain Kansa envoie ses gardes au palais de sa sœur, en vain il ordonne de faire un massacre général de tous les enfants en bas âge, l'enfant divin échappe à sa fureur. Il avait été transporté au delà de la rivière d'Iamouna, dans la ville des pasteurs.

C'est là qu'il fut nourri. Les jeux de son enfance furent des combats contre les géants et les monstres qui désolaient la terre. Mais le temps est arrivé où l'impie Kansa doit succomber sous ses coups. Crichna se rend à Mathoura; à peine y est-il arrivé que le tyran, joyeux de voir son ennemi entre ses mains, mais épouvanté au souvenir des antiques prophéties, propose à Crichna des épreuves qui, dit-il, feront briller sa vigueur aux yeux du peuple assemblé. Il lui présente un arc gigantesque et lui dit de l'armer. La propriété de cet arc était de donner la mort au téméraire qui le maniait. Crichna ne le manie point; il le brise en se jouant. Tout le peuple applaudit; Kansa, furieux, ordonne à ses gardes d'arrêter cet insolent qui vient braver sa puissance. Crichna, d'un coup d'œil, frappe de mort tous ceux qui osent le toucher. Kansa n'a plus de défenseurs; l'épouvante le rend immobile et muet; il tombe de son trône, et il est traîné dans la poussière jusqu'à ce qu'il ait exhalé son âme impure.

Siva est la troisième personne de la trimourti. On le considère vulgairement comme le dieu destructeur, et, par conséquent, comme l'ennemi de Brahma le créateur et de Vichnou le conservateur. Mais il est aussi regardé comme dieu producteur, donnant une forme nouvelle à tout ce qui périt. Rien de plus puissant, de plus haut que Siva producteur; rien de plus terrible, de plus monstrueux que Siva occupé à détruire. Sous le premier aspect, on représente ce dieu porté sur un taureau blanc. L'eau céleste tombe sur son front couvert de cheveux épais, et il est entouré d'une foule de divinités qui lui rendent hommage. Vu sous son aspect menaçant, Siva est porté sur un tigre; il a des dents aiguës; le feu sort de sa bouche béante; sur sa tête enflammée est un diadème formé de crânes humains; son corps est ceint de serpents, ses mains sont armées de l'épée et de la flamme.

Après les dieux de la trimourti, Brahma, Vichnou et Siva, qui ont donné naissance à trois sectes fameuses, vient un autre dieu suprême, **Bouddha**, dont les sectateurs sont aussi très-nombreux dans les contrées de l'Asie. A peine le dieu Bouddha fut-il né, qu'il fut plongé dans une eau divine, enveloppé d'une étoffe précieuse et confié aux soins de soixante et dix jeunes filles. Sept le mettaient tous les jours au bain; sept l'habillaient; sept le berçaient; sept veillaient à la propreté de ses vêtements; sept l'amusaient par leurs jeux : enfin les trente-cinq autres charmaient ses oreilles par un mélange de chants et de musique instrumentale. Son enfance annonça ce qu'il serait un jour. Jamais on ne le vit pleurer, jamais il ne se livra aux jeux de son âge. Devenu grand, il renonça à ses parents, à ses amis, à toutes les grandeurs de ce monde, et, résolu à se faire anachorète, il se retira dans un désert. Là, sans cesse livré à ses méditations, il avait pour demeure une cabane couverte de feuilles, pour vêtements l'écorce des arbres et une peau de léopard, pour nourriture des racines et des fruits. L'austérité de sa vie attira d'abord auprès de lui quelques disciples, qu'il initia à ses doctrines ; puis les riches, les puissants, les princes de la terre, vinrent en foule écouter ses enseignements, et se livrèrent bientôt comme lui à de rigoureuses pratiques de dévotion. Parvenu à l'âge de quatre-vingts ans, disent les livres indiens, et croyant sa mission accomplie, il s'évapora dans les airs ; mais, avant de quitter la terre, il prédit que sa doctrine durerait cinq mille ans.

La division des Hindous en quatre classes ou castes remonte, dit-on, à la plus haute antiquité, et elle existe encore aujourd'hui. Ces quatre castes n'ont entre elles aucun rapport et ne se mêlent point par des alliances. La première est celle des *brahmes* ou *brahmines,* dont nous parlerons tout à l'heure ; la seconde est celle des *naïrs, radjahs* ou *radjépoutes,* destinés à gouverner ou à porter les armes ; la troisième, celle des *agriculteurs* et des *négociants ;* et enfin la quatrième est celle des *artisans* et de tous ceux qui exercent quelque métier. Les *parias* ne forment pas une caste ; regardés comme le rebut impur de la nation, ils vivent dans un état de misérable abjection. Ils sont en horreur à toutes les castes et peuvent être insultés et maltraités impunément.

Les brahmes, nommés aussi **brahmines,** sont les sages des Hindous. C'est dans leur caste que se trouvent les prêtres, les savants, les fonctionnaires. Dans les temps anciens, les brahmes étaient fort respectés du peuple et ne payaient point de tribut. Ils aidaient le prince de leurs conseils, et remplissaient auprès de lui les mêmes fonctions que les mages auprès des rois de Perse. Ils jouissent encore aujourd'hui d'un grand pouvoir chez les Hindous, et se distinguent des autres castes par un costume spécial et un cordon qui se compose de trois petites ficelles, formées chacune de neuf fils. Le coton dont il est fait doit être cueilli sur l'arbuste de la propre main d'un brahme, cardé et filé par des personnes de cette tribu, afin de ne passer que par des mains pures.

Les brahmes ont seuls le droit de lire les livres sacrés, et les radjahs peuvent seuls en entendre la lecture. La morale enseignée par ces livres peut se réduire à quelques points principaux : ne tuer aucune créature vivante ; s'abstenir de l'usage du vin et de la chair ; faire des prières, des ablutions et des sacrifices. Mais il n'y a là ni charité ni amour du prochain. Ainsi un Indien, qui n'ose point écraser une mouche ou tout autre insecte nuisible, ne tendrait pas la main à un paria pour l'empêcher de tomber dans un précipice. Sans doute on retrouve dans les livres sacrés des Hindous la trace des principes naturels de l'équité, de la justice, du respect des parents, qui forment la morale universelle ; mais aussi la

morale indienne se mêle aux plus grossières, aux
plus cruelles superstitions. Il n'est pas rare de
voir des pères et des mères se jeter, avec leurs
enfants dans les bras, sous les roues du char sacré pour s'y faire écraser et mériter par là la béa-
titude éternelle. Des veuves se brûlent encore sur
le bûcher qui consume le corps de leurs maris.
Toutes les classes, toutes les tribus des Hindous
adorent le Gange, le fleuve par excellence. A certaines époques de l'année, à des jours marqués,
les Hindous vont se baigner dans les eaux du
fleuve sacré, accompagnant leurs ablutions des
cérémonies les plus bizarres.

Questionnaire.

Quelles étaient les croyances des Hindous ?— Quelles
sont les sectes religieuses qui dominent encore dans la
plupart des contrées de l'Asie ? — Qu'est-ce que Brahm ?
—Qu'est-ce que la trimourti ? — Quel est le pouvoir
attribué à chacun des trois dieux ?—Comment est racontée la création dans la mythologie indienne ? — A quel
dieu est-elle attribuée ?—Quelle est la seconde personne
de la trimourti ? — Qu'y a-t-il de remarquable dans l'histoire de Vichnou ?— Racontez les principales incarnations
ou transformations de ce dieu. — Quelle est la troisième
personne de la trimourti ? — Sous quel double aspect Siva
est-il considéré ? — Comment le représente-t-on ? — N'y
a-t-il pas un quatrième dieu presque aussi puissant que
les trois premiers ? — Que raconte-t-on de Bouddha ? —
Comment se passa son enfance ?—Quelle résolution prit-il
quand il fut devenu grand ? — En combien de castes se
divisent les Hindous ?— Quelles sont ces castes ?—Qu'ap-

pelle-t-on parias? — Qu'est-ce que les brahmes? — Quel était leur pouvoir? — Quelles sont encore aujourd'hui leurs prérogatives? — En quoi consiste la morale enseignée par les livres sacrés des Hindous? — N'y a-t-il pas chez ces peuples des coutumes cruelles et bizarres?

CHAPITRE XXVIII.

MYTHOLOGIE DES PEUPLES DU NORD.

Croyances religieuses des Scandinaves. Alfadur. Odin. Frigga. Balder. Thor. — Croyances religieuses des Bretons. — Croyances religieuses des Gaulois ou Celtes. Teut ou Teutatès. Herta. Les druides. Les bardes. Les druidesses.

Mythologie des Scandinaves.

La mythologie scandinave est tout entière l'œuvre des bardes ou des scaldes, c'est-à-dire des anciens poëtes du Danemark, de la Suède, de la Norvége, de l'Islande. Ces bardes chantaient leurs vers dans les camps, dans les villes, dans le palais des rois. Voici comment est racontée la formation du monde dans un poëme intitulé l'*Edda*, le plus ancien monument de la mythologie des peuples du Nord.

Au commencement des temps, **Alfadur**, le père universel, le père des dieux, fit naître deux mondes : le *Nifleim*, c'est-à-dire le monde des brouillards, obscur et glacé, et le *Muspelheim*, c'est-à-dire le monde de la lumière et du feu, chaud et éclatant. Entre ces deux mondes s'étendait un espace infini, un abîme sans fond. Lorsque le vent commença à souffler, les rayons du soleil du Muspelheim se rencontrèrent avec les glaces du Nifleim : celles-ci se fondirent, tombèrent en gouttes, et ces gouttes furent animées par la force du vent : c'est là l'origine d'*Ymer*, le géant de la glace. Ymer donna naissance à trois fils, et de cette famille sortirent les géants de la glace. En même temps qu'Ymer était née la vache Audumbla, qui se nourrissait en léchant les glaçons salés. Un jour, des cheveux d'homme sortirent de ces glaçons; le lendemain c'était une tête, et enfin un homme tout entier qui fut nommé Bure. Son fils, appelé Bor, épousa Belsta, la fille d'un géant, et eut trois fils, Odin, Vile et Vé, qui devinrent plus tard les dieux, maîtres du ciel et de la terre.

Les fils de Bor étaient bons, ceux d'Ymer étaient méchants. La guerre les divisait sans cesse. A la fin, les fils de Bor tuèrent le géant de la glace, jetèrent son cadavre aux enfers, et créèrent ainsi le monde. Car le sang du géant alimenta les mers et les fleuves, sa chair forma la terre, ses os devinrent des rochers, ses dents et sa mâchoire des pierres; les plantes et les arbres naquirent de sa barbe et de ses cheveux, et sa cervelle, lancée dans les airs, se transforma en nuages. Après cette œuvre, les fils de Bor, se promenant un jour au bord de la mer, aperçurent deux troncs d'arbres, blocs informes qu'ils animèrent et dont ils firent deux êtres humains. Un des fils de Bor leur donna la vie et l'âme; un autre, le mouvement et la raison; le troisième, la figure, la faculté de parler, d'entendre et de voir. Ce fut ainsi que du frêne naquit l'homme, appelé *Askur*, et de l'aune la femme, nommée *Embra*. Ils furent la souche de la race humaine.

La mythologie scandinave compte douze *ases* ou dieux qui viennent après Alfadur. **Odin**, le plus ancien et le plus puissant parmi eux, est considéré comme leur roi. Ils habitent l'Asgard, cité céleste qui occupe le centre de l'univers. C'est là que se décide tout ce qui doit arriver sur la terre et sur la mer. Un pont à trois couleurs, que les hommes appellent arc-en-ciel, sert aux ases à descendre sur la terre. Odin avait trois palais dans la cité céleste : le premier, orné avec une magnifique splendeur, servait de séjour à tous les dieux; c'est là qu'Odin rassemblait et présidait le conseil des ases. Le second renfermait le trône magique du haut duquel les regards d'Odin embrassaient le monde entier. Le troisième, appelé Valhalla, était un séjour de délices, entouré de bosquets et de riants coteaux; c'est là qu'étaient réunies les âmes des héros morts au champ d'honneur. Dans le Valhalla, la vie des bienheureux s'écoulait en luttes éternellement sanglantes et en joyeux banquets; mais toutes les blessures reçues dans le combat se cicatrisaient d'elles-mêmes quand sonnait la cloche du repas. Les héros buvaient l'hydromel, et les valkyries remplissaient leurs coupes. Ces valkyries ou *dises* étaient des déesses d'une ineffable beauté ; elles n'étaient filles ni du ciel ni des enfers, elles n'étaient nées ni des dieux ni des hommes. Le mystère de leur naissance était impénétrable. On les regardait comme la personnification des vertus humaines. Pendant le repas des héros, un barde ou poëte réjouissait les âmes par ses chants et par les accords harmonieux de sa harpe d'or.

Odin est représenté assis sur un trône élevé, d'où il peut contempler tout ce qui se passe dans le monde. Pour accomplir ses voyages ou ses expéditions héroïques, il se sert d'un cheval à huit jambes, doué d'une merveilleuse rapidité. Deux corbeaux nommés l'un *Hugin*, c'est-à-dire l'esprit, l'autre *Munin*, c'est-à-dire la mémoire, se tiennent perchés sur ses épaules : ce sont les messagers du dieu, qui viennent chaque soir lui rapporter ce qu'ils ont vu et entendu parmi les hommes.

Frigga, l'auguste épouse du roi des dieux, partage avec lui son trône sublime ; elle peut, comme lui, promener ses regards sur toutes les contrées de la terre. Elle connaît les destinées de tous les hommes ; mais elle n'a pas le pouvoir de les fixer ni de les changer. Comme emblème de la terre, la déesse Frigga recueille les dépouilles mortelles des humains, tandis qu'Odin, emblème du ciel, reçoit les âmes dans le Valhalla.

Parmi les enfants d'Odin on remarquait **Balder,** le dieu de l'éloquence et de la sagesse, doué d'une si grande majesté que ses regards étaient resplendissants; **Tyr,** le dieu du courage, dont les yeux lançaient des blessures mortelles; enfin **Thor,** appelé le plus vaillant des fils d'Odin. L'autorité de Thor s'étendait sur les vents, les saisons, les orages. Surpassant en force et en adresse tous les autres dieux, il était regardé comme le défenseur et le vengeur des habitants du ciel. La massue dont il est armé, et qu'il lance dans les airs contre les magiciens et les géants, désigne la foudre. Outre cette massue, qui portait toujours des coups mortels, il avait des gantelets de fer également enchantés; enfin il possédait une ceinture ou un baudrier qui avait la propriété de doubler les forces du dieu.

L'assemblée des dieux se tient ordinairement sous un grand frêne; c'est là qu'ils rendent la justice. Ce frêne est le plus grand de tous les arbres; ses branches couvrent la surface du monde, son sommet touche aux cieux; il est soutenu par trois grandes racines, dont une s'étend jusqu'au sombre empire. Un aigle, dont l'œil perçant découvre tout, repose sur les branches; un écureuil monte et descend sans cesse pour faire ses rapports; plusieurs serpents enchaînés sur le tronc de l'arbre s'efforcent de le détruire. Dans une source voisine, trois jeunes filles, ou plutôt trois fées, appelées *nornes*, puisent continuellement une eau précieuse dont elles arrosent le frêne. Cette eau entretient la beauté de son feuillage, et, après avoir rafraîchi ses branches, elle retombe sur la terre, où elle entretient la rosée, dont les abeilles composent leur miel. Deux cygnes font entendre leur chant mélodieux sur les bords de la fontaine. Les trois nornes se tiennent toujours sous le frêne; elles décident du sort et de la vie des hommes, leur envoyant tour à tour des biens et des souffrances. L'une préside au passé, l'autre au présent, la troisième à l'avenir.

Tels sont, en résumé, les principaux faits de la mythologie des Scandinaves. Voici maintenant les conjectures historiques qui peuvent servir à expliquer ces faits. Les anciennes chroniques du Nord rapportent que, dans le premier siècle de l'ère chrétienne, Frige, vaillant chef d'un peuple asiatique nommé les *Ases*, se voyant chassé des bords de la mer Caspienne par les Romains, vint chercher une nouvelle patrie dans le nord de l'Europe. Il dirigea sa marche vers le nord-ouest de la mer Noire, soumettant tous les peuples qui se trouvaient sur son passage et leur donnant quelques-uns de ses fils pour les gouverner. Il prit alors le nom d'Odin, dieu suprême des Scythes; il voulait ainsi servir ses projets ambitieux, en usurpant un nom si propre à lui attirer le respect des peuples. Après avoir conquis le Danemark, il arriva en Suède, où il fut accueilli avec de grands honneurs par le roi de cette contrée. Les Suédois vinrent en foule lui rendre leurs hommages, et bientôt Odin gouverna avec un empire absolu. Il fit de nouvelles lois, introduisit chez ce peuple les usages de son pays, et il établit un conseil ou tribunal suprême de douze seigneurs ou prêtres, qui devaient rendre la justice, veiller à la sûreté publique, présider au nouveau culte et conserver fidèlement le dépôt des connaissances religieuses qu'il avait apportées en Suède. Il étendit ensuite sa religion et son autorité sur toute la Norvége. Il revint alors en Suède, où, sentant sa fin approcher, il ne voulut pas attendre des suites d'une maladie la mort qu'il avait tant de fois bravée dans les combats. Ayant rassemblé ses amis et ses compagnons de fortune, il se fit neuf blessures avec la pointe d'une lance et déclara qu'il allait en Scythie prendre place, avec les autres dieux, à un festin éternel, où il recevrait avec de grands honneurs ceux qui seraient morts bravement les armes à la main.

Mythologie des Bretons.

Il paraît certain que les premiers habitants de la Grande-Bretagne n'élevaient aucun temple aux dieux. Leurs prêtres, appelés druides, regardaient la nature entière comme le temple de la divinité. L'exercice de leur religion avait lieu au milieu des forêts, dont les ombres majestueuses inspiraient la crainte et le recueillement. Les bois étaient si sacrés parmi eux, qu'il n'était pas permis de les abattre; on ne pouvait en approcher qu'avec un respect religieux, et seulement pour les orner de fleurs et de trophées. Ce respect tenait à la grande idée qu'ils avaient de la divinité; ils étaient persuadés que des temples ne pouvaient la renfermer et que des statues ne pouvaient la représenter.

Les Bretons croyaient à la magie, aux sorts, aux présages. Suivant leur opinion, les nuages étaient le séjour des âmes après le trépas. Les hommes vaillants et vertueux étaient reçus avec joie dans les palais aériens de leurs pères, tandis que les méchants et les lâches étaient exclus de la demeure des héros et condamnés à errer sans cesse poussés par les vents. Jamais un héros ne pouvait entrer dans le palais de ses pères, si les bardes, c'est-à-dire les poëtes, dont le principal ministère était de célébrer les exploits et les vertus des guerriers, n'avaient pas chanté sur lui l'hymne funèbre. L'oubli de cette cérémonie laissait l'âme errer sur les brouillards du lac Ségo avec d'autres âmes également abandonnées et malheureuses.

On ne croyait point que la mort pût rompre les liens du sang et de l'amitié. Les ombres ne cessaient point de s'intéresser au sort de ceux qui leur avaient été chers sur la terre. Les montagnards surtout, qui semblaient se plaire dans les plus sombres idées, allaient souvent passer la nuit au milieu des bruyères : dans le sifflement des vents, dans le bruit des torrents, ils croyaient entendre la voix de ceux qui n'étaient plus ; et lorsque le sommeil venait les surprendre au milieu de leurs rêveries, ils regardaient leurs songes comme des présages certains de l'avenir.

Les bons et les mauvais esprits n'apparaissaient pas de la même manière : les bons se montraient à leurs amis pendant le jour, dans les vallées riantes et solitaires ; les mauvais esprits ne se montraient jamais que pendant la nuit, au milieu des orages et des vents. C'était aux esprits que l'on attribuait la plupart des effets naturels. L'écho venait-il frapper les oreilles, c'était l'esprit de la montagne que l'on entendait. Le bruit sourd qui précède les tempêtes était le rugissement de l'esprit de la colline. Si le vent faisait résonner les harpes des bardes, c'étaient les ombres qui, par ce tact léger, prédisaient la mort d'un grand personnage. Un chef ou un roi ne perdait jamais la vie sans que les harpes des bardes attachés à sa famille n'eussent rendu un son prophétique.

Mythologie des Gaulois ou Celtes.

Ce qui nous est connu de la religion des Gaulois ou Celtes nous montre ces peuples primitifs plongés dans les ténèbres d'une grossière superstition. Ils adoraient cependant un dieu suprême, créateur du ciel et de la terre, et ils le supposaient père des autres dieux ; ils l'appelaient **Teut** ou **Teutatès**, et ils en faisaient aussi le dieu de la guerre, du tonnerre et des éclairs. Ils l'adoraient sous divers emblèmes : tantôt sous la figure d'un chêne, quand ils le priaient de communiquer sa sagesse aux assemblées du peuple ; tantôt sous la figure d'un javelot, quand ils lui demandaient la victoire. Leur principale déesse était la **Terre**, qu'ils appelaient *Hertha*.

Au-dessous de Teut et de Hertha venaient se ranger une foule de dieux inférieurs, parmi lesquels on peut nommer **Tarann** ou **Taranès**, le dieu du ciel, le juge suprême, mais au-dessous de Teutatès, la divinité par excellence; **Hésus,** qui paraît avoir été le Destin, et à qui le chêne était consacré; **Ogmi**, le dieu de l'éloquence et de la poésie, que ses disciples suivaient attachés par l'oreille à des chaînes d'or et d'ambre qui sortaient de sa bouche. Les Gaulois rendaient aussi un culte religieux au soleil, à la lune et à la mer; ils avaient le plus grand respect pour les bois, les fontaines, les lacs, les fleuves et les marais, parce qu'ils croyaient que la divinité se plaisait à les habiter. Ils étaient persuadés que les dieux ordonnaient de ne pas faire le mal, mais que leur colère contre les coupables pouvait être apaisée par des sacrifices sanglants. Il n'est que trop vrai que dans les grandes calamités publiques ils immolaient des victimes humaines. Quelquefois, après une bataille, ils construisaient en forme de colosse ou de géant une vaste cage d'osier à laquelle ils mettaient le feu après y avoir entassé les prisonniers de guerre.

Les Gaulois avaient au milieu de leurs forêts des espaces consacrés au culte et aux cérémonies religieuses. Leur dieu suprême n'avait pour temple qu'une épaisse forêt de chênes; il était servi par les *druides* et les *druidesses*. Les druides étaient les chefs de la religion; ils avaient une si grande autorité, qu'on n'entreprenait aucune affaire sans les consulter. Ils rendaient la justice, surveillaient l'éducation de la jeunesse et décidaient à leur gré de la paix ou de la guerre. A certaines époques ils s'assemblaient pour délibérer sur les affaires d'utilité publique. La plus solennelle de ces assemblées se tenait une fois l'an dans la forêt des Carnutes (pays de Chartres ou aux environs de Dreux); on y accourait des provinces les plus éloignées de la Gaule. Les druides étaient chargés de tous les détails de la religion : sacrifices, offrandes, prières publiques, art de prédire l'avenir, soin de consulter les dieux, droit d'établir de nouvelles cérémonies, telles étaient les fonctions qu'ils remplissaient, tels étaient les pouvoirs dont ils jouissaient sans aucune contestation. C'étaient particulièrement les forêts de l'Armorique (Bretagne) que les druides avaient choisies pour la célébration de leurs mystères. Ces énormes blocs de pierre qu'on rencontre encore aujourd'hui dans les landes et sur les côtes de la Bretagne, dressés, posés en équilibre, rangés en cercle ou en longues avenues, et qu'on appelle *dolmens* et *menhirs*, sont les monuments religieux qu'ils ont laissés; c'est sur ces pierres que les druides offraient leurs sacrifices.

La religion qu'ils enseignaient, à l'exception de quelques vérités, n'était qu'un mélange des plus bizarres superstitions. Ils regardaient comme sacrées certaines plantes, et les cueillaient en observant toutes les cérémonies prescrites. La verveine devait se cueillir avant le lever du soleil, le premier jour de la canicule, après qu'on avait offert à la Terre un sacrifice d'expiation, dans lequel on employait des fruits et du miel. Cueillie de cette manière, la verveine avait toutes les vertus; elle guérissait toutes les maladies. Il ne fallait que s'en frotter pour obtenir tout ce que l'on désirait.

La plus solennelle de toutes leurs cérémonies était celle qui consistait à cueillir le gui de chêne. Cette plante parasite naît sur les branches de certains arbres, mais les druides croyaient que Dieu avait surtout choisi le chêne pour lui confier le gui qui devait servir aux cérémonies religieuses. Ils le cueillaient à des époques marquées, principalement au commencement de l'année, vers la fin de l'hiver, lorsque l'arbre, dépouillé de ses feuilles, laissait mieux voir la verdure éternelle de ce fruit sacré. Cette fête était annoncée par un chant dont le sens a été conservé dans ce vieux refrain : *Au gui! l'an neuf!* c'est-à-dire « allons cueillir le gui sacré, voici la nouvelle année qui commence. » Le chef des druides, vêtu d'une robe blanche, le coupait avec une serpe d'or; d'autres druides le recevaient dans une tunique de fine laine, parce qu'il ne devait pas toucher la terre. On le regardait aussi comme un remède à tous les maux, et on ne craignait pas de payer une parcelle du précieux talisman par le sacrifice de deux taureaux blancs.

A la guerre, les *bardes* et les *devins*, sorte de prêtres inférieurs, accompagnaient les guerriers et les excitaient par leurs chants et leurs prédictions. Mais les femmes appelées *druidesses* étaient

surtout respectées. Elles réglaient, de concert
avec les druides, tout ce qui concernait les sacrifices et les autres cérémonies de la religion.
Toujours vêtues de longues robes blanches, avec
une ceinture de cuivre, elles prédisaient l'avenir
d'après l'inspection des astres ou les entrailles
des victimes. On les consultait comme des pro-
phétesses dont les oracles étaient infaillibles. Ces
exemples peuvent nous montrer dans quelle profonde ignorance, dans quel aveuglement étaient
plongés les peuples avant la venue du christianisme et la propagation de l'Évangile. Il est con-
stant du moins que les Gaulois, au milieu de
leurs grossières erreurs et de leurs coutumes barbares, reconnaissaient un dieu suprême, gouver-
nant le monde, qu'ils croyaient également à l'immortalité de l'âme, et qu'ils admettaient des
récompenses et des peines dans une autre vie.

Mythologie des Germains.

Les croyances religieuses des Germains étaient
à peu près celles des Gaulois : leur divinité principale était **Hertha** (la Terre). Ils croyaient aux
sorts, aux oracles, aux prophéties : les femmes
surtout leur semblaient aptes à prédire, et sous
ce rapport ils témoignaient à quelques-unes
d'entre elles le plus grand respect. Leur plus
célèbre prophétesse fut **Velléda,** qui contribua
puissamment à l'insurrection des Bataves contre
les Romains, l'an 70 de J. C. Après le mauvais

succès de cette tentative, elle fut faite prisonnière et conduite en triomphe à Rome.

Questionnaire.

Comment est racontée la création du monde dans la mythologie scandinave? — Comment furent formés le premier homme et la première femme? — Qu'est-ce qu'Odin? — Où habitaient les dieux? — Comment descendaient-ils sur la terre? — Quels étaient les trois palais d'Odin? — Qu'était-ce que le Valhalla? — Par qui était-il habité? — Qu'était-ce que les valkyries? — Comment représente-t-on Odin? — Qu'est-ce que Frigga? — Quels sont les principaux enfants d'Odin? — Quels étaient les attributs de Thor? — Où se tenait l'assemblée des dieux? — Qu'était-ce que les nornes? — Quelles sont les conjectures historiques qui peuvent expliquer ces récits mythologiques? — Donnez quelques détails sur les croyances religieuses des Bretons. — Quelles étaient leurs superstitions? — Quelles étaient les principales divinités des Gaulois? — Sous quels emblèmes adoraient-ils Teut ou Teutatès? — A quels objets de la nature rendaient-ils aussi un culte religieux? — Dans quelles circonstances immolaient-ils des victimes humaines? — Où célébraient-ils leurs cérémonies religieuses? — Qu'était-ce que les druides? — Dans quelle contrée particulièrement célébraient-ils leurs mystères? — Quels sont les monuments qu'ils ont laissés? — En quoi consistait la religion qu'ils enseignaient? — Quelle était la plus solennelle de leurs cérémonies? — Qu'était-ce que les bardes et les devins? — Quelles étaient les attributions des druidesses? — Comment prédisaient-elles l'avenir et tiraient-elles des augures? — Quelles sont les vérités que les Gaulois reconnaissaient? — Quelles étaient les croyances religieuses des Germains? — Quelle fut leur plus célèbre prophétesse?

CHAPITRE XXIX.

Mœurs, usages et coutumes des peuples anciens dans ce qui a rapport à leurs croyances religieuses.—Temples, autels. — Prêtres, pontifes. — Initiations. — Mystères. — Sacrifices, victimes. — Oracles. — Présages, augures.

On ignore à quelle époque furent bâtis les premiers temples. D'abord on honora les faux dieux d'une manière grossière. Les autels de pierre ou de gazon étaient les seuls préparatifs pour offrir des sacrifices. Ce fut primitivement sur le sommet des montagnes que les Grecs se plurent à rendre hommage à la divinité. Ils apprirent des Égyptiens l'usage d'élever des monuments à leurs dieux, et bientôt ils déployèrent dans ces constructions la plus grande magnificence. Les Romains les imitèrent. On plaçait dans l'intérieur des temples les statues des dieux, qui souvent étaient d'or, d'ivoire, d'ébène ou de quelque autre matière précieuse. On y voyait aussi des peintures, des dorures, des armes prises sur les ennemis, des trophées, des boucliers, des trépieds.

Temples, autels. Les temples des anciens étaient composés de différentes parties : la première était le vestibule, dans lequel se trouvait la piscine; cette piscine contenait l'eau lustrale qui servait à purifier ceux qui voulaient entrer dans le temple. La seconde partie, destinée à la foule des assistants, correspondait à la nef de nos églises; la troisième était le lieu saint dans lequel il n'était pas permis au peuple d'entrer, et qu'il ne devait pas même regarder. Les païens avaient un tel respect pour les temples, qu'il était défendu d'y cracher et de s'y moucher. Quelquefois on montait à genoux les degrés qui y conduisaient.

Les premiers autels furent de gazon, et, dans la suite des temps, de pierre, de bois ou de marbre. Ils étaient de diverses grandeurs, et proportionnés à l'importance du dieu que l'on y servait. Ils étaient le plus souvent ornés de fleurs et de feuillage, et toujours moins élevés que les statues des dieux. Avant l'usage des temples, on élevait les autels tantôt sur les chemins, tantôt au milieu des bois et des bosquets. Chaque autel portait le nom ou le signe distinctif du dieu auquel il était consacré, comme aussi de l'événement qui avait donné lieu à son érection ou de quelque autre circonstance mémorable.

Les temples, les statues, les autels, offraient un asile inviolable aux malfaiteurs et aux criminels. La vengeance des lois usait alors quelquefois de subterfuges. Les portes du temple étaient murées, et le réfugié subissait les tourments de la faim, ou des flammes menaçantes le forçaient d'abandonner l'autel qu'il avait embrassé. Quoique l'on accordât le privilége de sanctuaire à un grand nombre de temples, aux bosquets sacrés au milieu desquels ils étaient élevés, et même aux autels isolés, ces lieux n'acquéraient une si grande immunité que du mode de leur consécration. Quelques-uns offraient un asile à tous les coupables, quels qu'ils fussent; d'autres ne pouvaient prêter d'abri qu'à une certaine classe, ou à l'homme coupable de tel ou tel crime. Le temple de Diane à Éphèse, par exemple, était un refuge assuré pour les débiteurs, comme celui de Thésée pour les esclaves ou les hommes de basse condition, lorsqu'ils avaient à fuir la colère d'un maître ou les vexations d'un citoyen. Cet honneur, réservé d'abord aux autels des dieux, s'étendit souvent par la suite aux statues et aux tombeaux des grands hommes.

Prêtres, pontifes. Les prêtres, chez les peuples anciens, étaient reconnus comme seuls médiateurs entre les dieux et les hommes. Ils portaient au pied des autels les vœux et les offrandes des peuples. Ils étaient auprès des mortels les interprètes des volontés du ciel; à eux seuls appartenait le droit de régler le mode des prières et les différentes formes de sacrifices.

En Égypte, les prêtres tenaient le premier rang après les rois. Ils avaient de grands priviléges et de grands revenus; leurs terres étaient exemptes de tout impôt. Dépositaires de la religion et des sciences, respectés par le peuple, ils étaient aussi en grand honneur auprès des rois, dont ils dirigeaient la conduite et réglaient les actions. Du reste, soumis à une foule de pratiques superstitieuses, ils ne pouvaient porter que des vêtements de toile de lin et des souliers de papyrus. Ils étaient obligés de faire chaque jour deux ablutions à l'eau froide et autant chaque nuit. Ils avaient entre les mains les livres sacrés, qui renfermaient, dans un grand détail, et les principes du gouvernement et les mystères du culte divin. Les uns et les autres étaient enveloppés de symboles et d'énigmes qui, en voilant la vérité, la rendaient plus respectable aux yeux du vulgaire. Aussi les pyramides d'Égypte, les obélisques, les piliers des temples, les statues, en un mot tous les monuments publics étaient le plus souvent ornés d'hiéroglyphes, c'est-à-dire d'écritures symboliques offrant, dans une suite d'images, la représentation d'êtres animés ou d'objets inanimés : c'étaient des animaux ou d'autres figures bizarres. Le lièvre signifiait une attention vive et pénétrante, parce que cet animal a le sens de l'ouïe fort délicat ; le poisson signifiait la haine, et l'hippopotame tout désir de faire le mal.

Dans plusieurs villes de la Grèce, et particulièrement à Athènes, les fonctions religieuses étaient confiées aux principaux magistrats, choisis souvent pour ce motif parmi les hommes qui se consacraient au culte des dieux. Eux seuls devaient accomplir les sacrifices offerts pour le salut de l'État. La dignité de prêtre était quelquefois héréditaire, ou s'obtenait par le sort ; elle dépendait aussi de la faveur des princes ou des élections populaires.

A Rome, les prêtres n'étaient pas d'un ordre différent de celui des citoyens. On les choisissait ordinairement parmi les citoyens les plus distingués par leurs emplois et leurs dignités. Les uns, tels que les pontifes, offraient des sacrifices à tous les dieux; les autres, comme les *flamines*, les *saliens*, étaient attachés à quelque divinité particulière. Les pontifes formaient un collége célèbre, dont le chef, appelé grand pontife, occupait une des plus hautes dignités de Rome. Ils étaient regardés comme des personnes sacrées; ils avaient le pas sur tous les magistrats; enfin, ils présidaient à tous les jeux du cirque et de l'amphithéâtre.

Initiations. La religion du peuple, en Égypte, se composait des plus bizarres superstitions. Mais les prêtres avaient une religion particulière, dont les dogmes étaient révélés à un petit nombre d'individus qui étaient obligés de se soumettre à des épreuves de toute espèce nommées initiations. Les initiés s'engageaient par les serments les plus solennels à garder un secret absolu sur tout ce qui leur était révélé. Le principal de ces dogmes était l'immortalité de l'âme; mais sur ce point, comme sur tous les autres, les croyances des Égyptiens étaient entachées des plus grossières erreurs.

Les prêtres enseignaient qu'après la destruction du corps qu'elle habite, l'âme passait dans le corps d'un animal, puis successivement dans celui de tous les animaux qui vivent sur la terre, pour rentrer de nouveau, après une période de trois mille ans, dans le corps d'un homme. Ce passage de l'âme dans le corps d'un animal était regardé comme une punition; et comme on pen-

sait qu'il n'avait lieu qu'après l'entière destruction du corps humain que l'âme avait habité en
premier lieu, on cherchait à retarder autant que
possible le moment de cette destruction absolue :
c'est pour cette raison que les Égyptiens embaumaient les corps avec tant de soin, afin de
les préserver de la corruption. Aussi trouve-t-on
encore aujourd'hui dans les anciens tombeaux
d'Égypte des momies parfaitement conservées,
et qui sont là couchées depuis trois ou quatre
mille ans.

Mystères. Les Grecs, comme les Égyptiens,
avaient adopté certaines cérémonies appelées
mystères, et relatives au culte de leurs principales divinités. Les plus fameux mystères étaient
ceux de Cérès, en l'honneur de laquelle on célébrait tous les cinq ans des fêtes solennelles à
Éleusis, dans l'Attique. Ces fêtes remontaient à
la plus haute antiquité ; et de toutes les solennités grecques, les Éleusinies étaient les plus
mystérieuses : ce qui leur fit donner par excellence le nom de mystères ou initiations[1].

Tout, en effet, était mystérieux dans ces solennités. Les récompenses promises aux initiés
après leur mort, le secret inviolable qui leur
était imposé, les cérémonies qui précédaient
l'initiation, celles qui avaient lieu dans le temple
même, tantôt au milieu d'une profonde obscurité, tantôt à la clarté des plus vives lumières,

---

1. Ces mystères ont été décrits avec détail dans l'histoire
de Cérès, chap. XII.

tout était fait pour produire une grande impression sur les assistants. L'entrée du temple était sévèrement interdite aux homicides, aux impies, aux enchanteurs, enfin à tous ceux qui se livraient à une vie molle et efféminée. Sous le règne de l'empereur Adrien, ces mystères furent transportés d'Éleusis à Rome, où on les célébra avec les mêmes cérémonies que dans la Grèce, mais avec plus de liberté et de licence.

Sacrifices, victimes. Les sacrifices ne furent d'abord chez les peuples anciens que de simples offrandes de plantes arrachées à la terre et réduites en cendres sur les autels avec leurs feuilles et leurs fruits; puis on substitua aux plantes la myrrhe, l'encens, les parfums précieux. Les sacrifices d'animaux ne s'introduisirent qu'avec peine. L'homme eut longtemps horreur de plonger le fer dans le sein d'un animal destiné au labourage et devenu le compagnon de ses travaux. L'usage de la chair, qui s'introduisit dans les festins, opéra une révolution dans les sacrifices, et le sang des victimes devint pour les dieux un hommage plus précieux que les plantes et les racines.

Les victimes que les Égyptiens immolaient dans les sacrifices étaient différentes suivant les diverses provinces. Ainsi dans telle partie de l'Égypte on ne sacrifiait que des chèvres, dans telle autre que des moutons. Mais dans toutes les provinces on sacrifiait des bœufs, et dans aucune il n'était permis d'immoler des vaches.

Chez les Grecs, comme chez les Romains, les sacrifices étaient une partie essentielle de la reli-

gion. Chaque divinité avait ses victimes favo-
rites, qu'on lui immolait selon les règles du
culte prescrit pour chacune. Les victimes présentées aux dieux infernaux étaient de couleur
noire; celles qui étaient offertes aux autres
dieux devaient être blanches. On immolait une
biche à Diane, une chienne à Hécate, une colombe à Vénus; Mars réclamait pour ses autels
quelque animal féroce et sauvage. La truie, animal dangereux pour les moissons, fut sacrifiée à
Cérès, déesse de l'agriculture; et le bouc, ennemi des vendanges, à Bacchus. Le choix et le
nombre des victimes dépendaient de la fortune
des citoyens qui offraient le sacrifice. Les pauvres, qui ne pouvaient pas immoler des animaux
véritables, en faisaient de cire, de pâte ou de
quelque autre matière semblable.

On se préparait aux sacrifices par des purifi-
cations qui consistaient en ablutions dans l'eau
lustrale. Le vase qui contenait l'eau sacrée était
placé à la porte des temples; on consacrait cette
eau en plongeant dans ce vase un tison ardent
pris sur l'autel, ou simplement une branche de
laurier ou d'olivier. La victime devait être saine
et sans tache. Lorsqu'elle était arrivée dans le
temple, on versait sur sa tête, avant de l'égorger, quelques poignées d'orge rôtie avec du sel;
puis, le sacrifice offert, on partageait la victime
entre les dieux, les prêtres et ceux qui l'avaient
présentée. La portion des dieux était dévorée par
les flammes; celle des prêtres faisait partie de
leur revenu; la troisième était l'occasion d'un

repas que donnaient à leurs amis ceux qui la recevaient.

Oracles. On appelait *oracles* toutes les réponses transmises aux hommes par les dieux. Rien n'est plus célèbre que les anciens oracles de l'Égypte, de la Grèce et de l'Italie. On les prenait pour la volonté des dieux : on les consultait dans toutes les occasions difficiles, et non-seulement pour les affaires publiques, mais encore pour celles de la vie privée. La paix et la guerre, une innovation dans le gouvernement, l'établissement d'une colonie ou de lois nouvelles, étaient des motifs suffisants pour consulter la volonté des dieux. Les oracles ne se rendaient pas tous de la même manière. Quelquefois une prêtresse parlait au nom du dieu, comme à Delphes, dans la Phocide ; d'autres fois le dieu lui-même ne dédaignait pas de donner la réponse de vive voix, comme Jupiter Ammon, dont le temple était en Libye. A Dodone, en Épire, on faisait parler des femmes, des colombes, et même des troncs d'arbres. Dans d'autres lieux, on recevait la réponse pendant le sommeil, et le sommeil était préparé par des dispositions mystérieuses : il fallait souvent des jeûnes, des sacrifices, des expiations. Tantôt on prenait pour la réponse de l'oracle la première parole que l'on entendait en sortant du temple ; tantôt on interprétait une légère agitation que l'on croyait remarquer dans la statue du dieu. La sibylle ou prêtresse de Cumes, en Italie, écrivait ordinairement ses réponses sur des feuilles d'arbres qu'elle laissait exposées aux vents auprès de son antre.

Selon la croyance commune des peuples anciens, quelques hommes favorisés des dieux participaient à la connaissance intime de leur volonté et prédisaient l'avenir. On les nommait devins, et leur art s'appelait divination. La divination avait lieu de plusieurs manières : par la voie des songes[1], par celle des sacrifices, par l'observation des oiseaux.

Présages, augures. L'immolation des animaux était un moyen généralement admis de tirer des présages heureux ou malheureux. Voyait-on la victime opposer quelque résistance à l'approche de l'autel, se dérober au coup fatal, expirer dans une longue et terrible agonie, ou, frappée d'une mort soudaine, tomber avant l'atteinte du couteau, tous ces signes semblaient autant de présages funestes. Les dieux, au contraire, paraissaient favorables et disposés à recevoir l'hommage qui leur était rendu, lorsque la victime marchait d'elle-même et sans contrainte à l'autel, recevait la mort avec résignation et expirait sans pousser un mugissement. Le sacrificateur procédait ensuite à l'observation attentive des entrailles de la victime, destinées à être consumées par le feu. Les entrailles entières, saines, bien placées, d'une belle couleur et d'une juste proportion, étaient un signe favorable ; dans le cas contraire, elles devenaient un présage funeste. Lorsque les

1. Tout ce qui concerne les songes dans la mythologie a déjà été décrit avec détail à l'article Morphée (chapitre XIX).

flammes, réunies en un seul faisceau, s'élançaient pures et sans fumée, et ne ralentissaient leur ardeur qu'après la disparition totale des objets qu'elles devaient consumer, on pouvait espérer du sacrifice un heureux résultat. Si par malheur le feu ne s'allumait qu'avec peine, si la flamme se divisait, si elle venait à s'éteindre, si la fumée était noire et épaisse, le sacrifice était regardé comme défavorable et rejeté par la colère des dieux.

Les oiseaux fournissaient des présages heureux ou malheureux selon leur différente nature, la place dans laquelle ils apparaissaient, ou la manière dont ils se présentaient à la vue. On regardait comme l'annonce d'un événement fort heureux le concours d'une foule d'oiseaux de différente espèce voltigeant autour d'une personne. L'apparition d'un aigle déployant ses vastes ailes et se balançant mollement dans les airs, en volant de droite à gauche, était le plus heureux présage que les dieux pussent jamais accorder. Des hirondelles rasant la terre ou s'arrêtant à quelque place étaient un signe favorable. Le cygne annonçait le beau temps ; sa présence était chère aux matelots. Les corbeaux avaient reçu le don de prophétie d'Apollon, auquel ils étaient consacrés : leur croassement à droite était favorable, à gauche il devenait funeste ; s'ils poussaient des cris affreux, s'ils s'entre-choquaient avec fureur, c'était l'annonce des plus terribles calamités.

A Rome, les ministres de la religion spécialement chargés d'examiner à l'autel les entrailles des victimes s'appelaient *aruspices*. Les *augures* étaient des prêtres institués pour consulter l'avenir par le vol et le chant des oiseaux. Ils jouissaient d'une grande considération auprès du peuple, et les premiers citoyens aspiraient à l'honneur d'entrer dans leur collége. Des poulets nourris dans le temple, et qu'on désignait sous le nom de *poulets sacrés* servaient à tirer des présages : ces présages étaient heureux ou funestes, suivant que les poulets mangeaient avec plus ou moins d'avidité la nourriture qu'on leur préparait. Les progrès de la raison humaine, les écrits des hommes sages et éclairés, firent tomber peu à peu dans un grand discrédit toutes ces grossières superstitions, jusqu'au moment où le christianisme les fit entièrement disparaître.

Questionnaire.

De qui les Grecs apprirent-ils l'usage d'élever des monuments aux dieux? — De quelles parties principales se composaient les temples anciens? — De quelle matière étaient faits les autels? — Comment étaient-ils ornés? — Les temples et les autels n'étaient-ils pas considérés comme des asiles sacrés? — Tous les temples offraient-ils un asile à tous les coupables, quels qu'ils fussent? — Quelles fonctions remplissaient les prêtres chez les anciens?—A quelles pratiques les prêtres égyptiens étaient-ils soumis? — Qu'appelle-t-on hiéroglyphes? — Comment s'obtenait la dignité de prêtre dans la plupart des villes de la Grèce? — Parmi quels citoyens les prêtres étaient-ils choisis à Rome? — Quels étaient les priviléges des pontifes? — Qu'appelait-on initiations? — Quel engagement prenaient les initiés?—Quelle était l'opinion des prêtres égyptiens sur l'immortalité de l'âme?—Quels étaient les plus fameux mystères de la Grèce? — A qui l'entrée du temple était-elle interdite? — Comment d'abord furent offerts les sacrifices?—Tous les animaux étaient-ils indistinctement sacrifiés à tous les dieux? — Comment se préparait-on aux sacrifices? — Qu'était-ce que l'eau lustrale? — Que faisait-on de la victime quand elle avait été sacrifiée?—Qu'appelait-on oracles? — Dans quelles occasions étaient-ils consultés? — Les oracles se rendaient-ils tous de la même manière? — Qu'était-ce que les devins? — De quelles manières avait lieu la divination? — Donnez quelques détails sur chacune de ces manières.—Qu'était-ce que les aruspices et les augures? — Qu'était-ce que les poulets sacrés?

CHAPITRE XXX.

Fêtes. — Jeux, amphithéâtres. — Jeux funèbres, funérailles. — Cérémonies usitées pour les mariages. — Éducation des enfants. — Repas.

Fêtes. Les Égyptiens avaient les premiers donné naissance à la plupart des divinités païennes connues des Grecs; ils avaient aussi les premiers institué des fêtes en l'honneur de ces divinités. Les fêtes principales de l'Égypte avaient été établies d'après les époques naturelles de l'année, et se rapportaient presque toutes aux inondations du Nil. La plus solennelle, appelée la fête des *lamen-*

tations d'Isis, instituée en souvenir de la mort d'Osiris, était une fête de deuil et de larmes ; plus tard venait la fête d'*Osiris retrouvé*, pendant laquelle toute l'Égypte se livrait à la joie ; puis celle de la *résurrection* du dieu, à l'époque où les jeunes plantes commençaient à se montrer hors de terre. Enfin, au mois de juillet, avait lieu la fête de la *naissance d'Orus*, l'emblème de la saison où le soleil nourrit tout, en pénétrant l'atmosphère de sa chaleur bienfaisante.

Outre ces fêtes qui étaient générales dans toute l'Égypte, il y avait des fêtes particulières, dont quelques-unes attiraient un immense concours de peuple : telles étaient les fêtes de Bubastis, dans la ville de ce nom ; celle de Minerve, à Saïs ; celle du soleil, à Héliopolis ; celle de Buto ou de Latone, dans la cité qui portait ce nom. Chacune de ces fêtes avait ses cérémonies particulières.

Les plus anciennes fêtes grecques portaient toutes l'empreinte de la joie des mortels et de leur reconnaissance envers les dieux. Elles avaient pour but principal de rendre des actions de grâces à la divinité, d'apaiser sa colère, ou d'en obtenir quelque bienfait ; d'honorer la mémoire d'un ami, d'un citoyen recommandable ; enfin d'égayer les instants de loisir que laissaient les travaux rustiques. Mais peu à peu les Grecs, ayant étendu leur culte à un nombre considérable de dieux, furent forcés d'accroître aussi le nombre de leurs fêtes. Le trésor public fournissait aux frais de presque toutes ces solennités.

On déployait dans quelques-unes la plus grande magnificence. Alors tout travail cessait, les tribunaux étaient fermés, et pendant plusieurs jours le peuple tout entier se livrait aux réjouissances. Parmi les fêtes les plus solennelles, il faut distinguer les *Panathénées*, instituées en l'honneur de Minerve, et auxquelles prenaient part tous les peuples de l'Attique. Il y avait dans ces fêtes non-seulement les luttes ordinaires des athlètes, mais encore des combats de poésie et de musique. Ces combats étaient suivis de festins publics et de sacrifices; et tous ceux qui y assistaient tenaient à la main une branche d'olivier, arbre consacré à Minerve, la protectrice d'Athènes. En même temps, on accordait des amnisties aux gens détenus dans les prisons; et des couronnes d'or étaient décernées aux citoyens qui avaient bien mérité de la patrie.

Pour enumérer toutes les fêtes célébrées chez les Romains, il faudrait transcrire tout leur calendrier. Il y avait trois sortes de fêtes : les fêtes fondées, c'est-à-dire invariables; les fêtes fixées à un certain jour par les magistrats ou par les prêtres; enfin les fêtes célébrées accidentellement d'après les ordres du consul, du préteur ou du grand pontife. Chaque mois avait un certain nombre de fêtes fondées : tantôt c'était en l'honneur de l'un des douze grands dieux, tantôt pour les dieux inférieurs ; une autre fois, c'était la fête des marchands ou celle des vestales. Mais il ne faut pas croire que tous les jours fussent employés en solennités qui suspendissent les travaux accoutumés : il n'y avait qu'un petit nombre de fêtes qui fussent universellement célébrées.

Jeux, amphithéâtres. Il y avait en Grèce des jeux solennels qui avaient été institués par des héros fameux, et qu'on célébrait à des époques déterminées : c'étaient les jeux *Olympiques*, les *Néméens*, les *Isthmiques* et les *Pythiens*[1] ; on s'y disputait le prix de la force et de l'adresse, ainsi que des prix de poésie et de musique. Ces jeux avaient reçu spécialement le titre de sacrés, tant à cause de la haute faveur dont ils jouissaient chez toutes les nations de la Grèce, que parce qu'ils étaient un hommage rendu à des dieux ou à des héros déifiés ; ils étaient toujours précédés et suivis de pompeux sacrifices. Le principal motif qui avait fait instituer ces jeux était d'unir les divers peuples de la Grèce, en les appelant à des rassemblements périodiques ; on voulait aussi alimenter chez les citoyens le courage et l'amour de la gloire, et fortifier le corps par des exercices violents, capables de rendre la jeunesse propre à soutenir les fatigues de la guerre.

Dans ces jeux qui attiraient non-seulement de toute la Grèce, mais des pays voisins, une prodigieuse multitude de spectateurs et de combat-

1. Les jeux *Olympiques* ont été décrits avec détail dans le chapitre V. Les jeux *Néméens* tiraient leur nom de *Némée*, bourg où ils se célébraient de trois ans en trois ans. Les jeux *Isthmiques* étaient ainsi nommés de l'isthme de Corinthe, où on les célébrait tous les trois ans. Les jeux *Pythiens* se célébraient tous les cinq ans, dans les environs de Delphes, en l'honneur d'Apollon, vainqueur du serpent Python.

tants, on ne donnait aux vainqueurs qu'une simple couronne d'olivier, de laurier ou d'ache, et cependant les Grecs ne croyaient pas qu'il fût permis à un mortel de porter plus haut ses désirs. Les plus grands honneurs étaient réservés surtout à ceux qui remportaient le prix aux jeux Olympiques. À leur retour dans leur patrie, on les conduisait dans un char de triomphe et l'on faisait une brèche aux murailles pour rendre leur entrée plus imposante. Dans quelques villes, ils recevaient des présents considérables, avaient droit aux premières places dans les assemblées publiques et dans les théâtres, et étaient entretenus aux dépens de l'État. Le citoyen qui sortait vainqueur de tous les exercices à la fois était honoré comme participant à une nature divine, et sa gloire était placée au niveau de celle des guerriers les plus illustres. Les marques d'honneur ne s'arrêtaient point au vainqueur lui-même ; elles s'étendaient à sa famille, à ses concitoyens, à la ville qui lui avait donné naissance.

Les Romains avaient un grand nombre de jeux, les uns périodiques, c'est-à-dire revenant à des époques marquées, les autres extraordinaires, d'autres enfin appelés votifs. Parmi les premiers, les plus solennels étaient ceux qu'on appelait par excellence les *grands jeux* ou les *jeux romains*, institués en l'honneur de Jupiter, de Junon et de Minerve, et pour le salut du peuple romain. Il y avait aussi les jeux *séculaires*, qui se célébraient tous les cent ans pour la conservation de l'État. On déployait dans ces solennités une magnificence

inouïe. Les *jeux extraordinaires* étaient ceux que
donnaient les magistrats avant d'entrer en charge
ou les empereurs à leur avénement. On appelait
jeux votifs ceux que l'on avait promis de faire célébrer quand on avait réussi dans quelque entreprise ou qu'on était délivré d'une grande calamité.

Les Romains étaient passionnés pour les combats de gladiateurs et d'animaux féroces. Ces
spectacles se donnaient dans un vaste édifice appelé amphithéâtre. La place ovale réservée au milieu servait aux combats et s'appelait arène, d'un
mot latin qui signifie sable, parce qu'elle était
couverte d'un sable très-fin. Autour de l'arène
étaient des voûtes peu élevées, dans lesquelles
étaient placés les gladiateurs et enfermées les
bêtes féroces qui devaient combattre ; c'est là
aussi qu'on tenait en réserve l'eau qui devait
changer l'arène en un lac pour les naumachies ou
joutes navales. L'amphithéâtre était découvert ;
mais quand il pleuvait ou que la chaleur était excessive, on étendait des toiles au-dessus de l'assemblée ; ces toiles étaient quelquefois de soie et
de pourpre brochée d'or. Le plus célèbre amphithéâtre fut celui que commença l'empereur Vespasien, et qui fut inauguré par Titus, son fils. Ce
bâtiment colossal avait cinq cents mètres de circonférence et quatre-vingts arcades ; il pouvait
contenir cent vingt mille spectateurs. Ses ruines
sont connues aujourd'hui sous le nom de Colisée.

Jeux funèbres, funérailles. Les anciens
avaient aussi des jeux funèbres, qu'ils célébraient
aux funérailles des rois, des princes, des héros,

des premiers magistrats. Ce fut surtout à Rome et sous les empereurs que ces jeux furent prodigués; ils occasionnaient des dépenses extraordinaires. Le peuple y paraissait en habit de deuil, et quand ils étaient terminés on donnait des festins publics, dans lesquels les assistants portaient des vêtements blancs.

Pluton passait chez les anciens pour avoir enseigné le premier les cérémonies qu'il fallait accomplir dans les funérailles. C'est ce qui lui valut de la part des poëtes le titre de souverain d'un empire immense et ténébreux, situé, selon eux, dans les entrailles de la terre. Les derniers devoirs à rendre aux morts étaient regardés comme de la plus haute importance; mais la manière dont on s'en acquittait variait chez les différents peuples.

On a vu que les Égyptiens embaumaient les corps avec beaucoup de soin, en employant l'encens, la myrrhe et d'autres plantes aromatiques. Auprès de chaque ville d'Égypte était un lieu qui servait à la sépulture commune. Celui de Memphis était le plus célèbre; il était séparé de la ville par un lac. Dès qu'un homme avait expiré, des juges examinaient sa vie, ses bonnes ou ses mauvaises actions, avant de lui accorder les honneurs de la sépulture commune, et chaque citoyen avait le droit de venir l'accuser. Les rois eux-mêmes ne pouvaient échapper à ce jugement public. Quant aux traîtres, aux sacriléges et aux tyrans, on laissait leurs corps exposés dans les champs, où ils devenaient la pâture des oiseaux de proie et des bêtes sauvages.

La plupart des peuples de la Grèce et les Romains avaient à peu près les mêmes cérémonies dans les funérailles. Le premier soin des assistants, après la mort d'une personne, était de lui fermer les yeux. Ce devoir sacré appartenait au plus proche parent : le fils le rendait à son père, le frère à sa sœur. On plaignait le sort du malheureux qui expirait sans qu'une main amie lui rendît ce triste et dernier service. Le corps était ensuite lavé, frotté d'huile ou de parfums, enveloppé dans un manteau et recouvert d'une riche draperie, ordinairement de couleur blanche. On plaçait ensuite le corps couronné de fleurs dans le vestibule de la maison, où pendant plusieurs jours s'accomplissaient diverses cérémonies. L'usage était de mettre dans la bouche du mort une petite pièce de monnaie, une obole, destinée à Charon, pour le passage de l'âme sur la rive infernale; on déposait aussi à côté du mort un gâteau de fleur de farine et de miel destiné à apaiser le terrible gardien Cerbère.

Le moment où le corps était enlevé de la maison était celui des adieux, exprimés dans une formule consacrée. A la tête de la pompe funèbre marchaient des joueurs de flûte qui faisaient entendre des airs lugubres, puis venaient les parents et les amis. Le luxe et la vanité appelaient quelquefois aux funérailles une affluence prodigieuse de musiciens et de pleureurs; l'emploi de ces derniers était de se frapper la poitrine et de donner tous les signes du désespoir le plus violent. Dans les premiers temps on enterrait les corps ; plus tard on les brûla. On pensait que le feu purifiait l'âme de toute souillure, et, la débarrassant de son enveloppe grossière, lui rendait plus facile son essor vers les demeures célestes. Le corps, entouré de victimes de toute espèce, était disposé sur le bûcher, et on regardait comme un signe favorable qu'il fût promptement consumé. Les parents, après une prière adressée aux vents, mettaient eux-mêmes le feu au bûcher et jetaient dans les flammes des parfums précieux, ainsi que les vêtements qui avaient appartenu au mort pendant sa vie. Lorsque les flammes étaient apaisées, on arrosait avec du vin les restes du bûcher ; puis on recueillait les cendres, qui étaient enfermées dans une urne d'une matière plus ou moins précieuse ; cette urne était couverte d'un voile et déposée sous la terre dans un lieu inaccessible à la lumière du jour. Après les funérailles, le plus proche parent donnait à la famille et aux amis un repas pendant lequel tous les convives, couronnés d'immortelles, célébraient les louanges de celui à qui ils venaient de rendre les derniers devoirs.

Cérémonies usitées pour les mariages. Le mariage fut en honneur dans toutes les républiques de la Grèce. A Athènes, les jeunes filles, avant leur mariage, devaient être présentées à Diane, pour implorer son consentement : elles déposaient sur les autels de la déesse des corbeilles remplies de mille objets précieux. Les hommes, avant leur mariage, préparaient avec soin la demeure qu'ils devaient habiter avec leur compagne. Les parents des nouveaux époux n'oubliaient point de consulter les dieux par de pompeux sacrifices. Le fiel arraché des entrailles des victimes immolées en leur honneur était jeté derrière l'autel. On le regardait comme le siége des passions haineuses. Lorsque le devin, en examinant les entrailles des victimes, croyait entrevoir quelques fâcheux présages, ces cérémonies préliminaires étaient suspendues ; on rompait même l'union projetée. Tout autre présage funeste produisait un effet semblable. La rencontre de tourterelles, oiseaux regardés comme les emblèmes de la constance et de la fidélité, était un signe aussi heureux qu'on pouvait le désirer ; la rencontre de deux corneilles promettait une vie longue et fortunée ; celle d'une seule corneille, au contraire, annonçait la séparation et le malheur. De là ces paroles d'un chant nuptial : *Jeune fille, chasse la corneille*. Cette formule, *que rien de mauvais n'entre ici*, inscrite sur la porte, avec le nom du maître de la maison, était regardée comme d'un effet merveilleux contre les fâcheux présages.

La couleur des vêtements des nouveaux époux variait beaucoup. Chacun se parait de son mieux et selon sa condition. Les jeunes filles avaient la tête ornée de guirlandes de différentes sortes de plantes et de fleurs et principalement de myrte. La maison où se célébrait la fête nuptiale était aussi parée de guirlandes. Un pilon était placé au-dessus de la porte. Une jeune fille tenait dans ses mains un crible, et la nouvelle épouse portait elle-même un vase propre à brûler de l'orge. Tous ces objets devaient lui rappeler les devoirs de sa nouvelle condition, les travaux de ménage qu'elle aurait à remplir.

A l'arrivée des époux dans leur nouvelle demeure, on répandait sur leur tête des figues et d'autres sortes de fruits, pour appeler chez eux l'abondance. Le jour du départ était consacré par une fête, célébrée dans la maison paternelle. Un banquet somptueux réunissait tous les membres des deux familles ; on n'y était admis qu'après avoir pris un bain et changé de vêtement. Le son des instruments de musique et les jeux des danseurs charmaient les oreilles et les yeux des convives pendant la durée entière de la fête. Le repas était encore égayé par quelques cérémonies particulières. A Athènes, par exemple, un jeune garçon, à demi couvert de rameaux de chêne et d'aubépine, se présentait dans la salle du banquet, en chantant une hymne où se trouvaient répétées ces paroles : *J'ai changé mon état pour un meilleur.* C'est ce que les Athéniens chantaient à l'une de leurs fêtes en mémoire de l'heureux jour où, renonçant au gland qui leur avait servi de nourriture, ils s'adonnèrent à la culture du blé. A Lacédémone, on présentait aux nouveaux époux des gâteaux de différentes formes. A Rome, le mariage se contractait ordinairement par l'échange d'un pain de froment, symbole de la communauté établie entre les deux époux.

Éducation des enfants. Les pratiques usitées à l'égard des jeunes enfants étaient à peu près les mêmes dans les différentes parties de la Grèce.

Les enfants, au moment de leur naissance, étaient lavés dans un vase rempli d'eau chaude, et ensuite frottés d'huile dans un autre vase de terre. Les Lacédémoniens les plongeaient dans le vin. Les enfants d'une complexion faible devaient, selon eux, succomber à cette épreuve ; elle devait au contraire faciliter le développement des tempéraments robustes et vigoureux. Sparte voulait avant tout avoir des citoyens capables de servir et de défendre la patrie.

Une des suivantes, dans les familles athéniennes, enveloppait le nouveau-né de langes étroitement serrés, pour maintenir ses membres droits et bien conformés. Les enfants de Sparte, affranchis de ces liens, n'en étaient pas moins beaux et moins vigoureux. Leur éducation différait entièrement de celle des autres enfants de la Grèce. Ils étaient accoutumés de bonne heure à toute espèce d'aliments ; ils marchaient sans crainte dans les ténèbres, et ne donnaient jamais d'exemple de ces caprices et de cette opiniâtreté, fruits ordinaires de la tendresse maladroite dont la plupart des enfants sont l'objet. L'excellence de cette éducation était si généralement reconnue, que c'était de Sparte que plusieurs villes tiraient la plus grande partie de leurs nourrices.

A Athènes on enveloppait les enfants nouveau-nés d'une draperie sur laquelle était représentée une tête de Méduse, semblable à celle qui ornait l'égide de Minerve, protectrice de la cité. On croyait les mettre ainsi sous la tutelle de la déesse, et faire passer dans leur âme sa noble et généreuse ardeur. Cette draperie semblait être le présage certain de leurs exploits futurs. C'est pour la même raison qu'on les plaçait encore dans des boucliers, et Lacédémone donnait particulièrement l'exemple de cet usage. A Athènes, dans les familles d'un rang distingué, on se servait pour les enfants de berceaux en forme de dragons dorés. Cette coutume remontait à l'époque d'Érichthonius, l'un des chefs de l'Attique, lequel, exposé dans son enfance, dut sa conservation à deux dragons placés auprès de lui par Minerve.

Le cinquième jour après sa naissance, l'enfant était promené trois fois à l'entour du foyer. Dès cet instant datait son entrée parmi les habitants de la maison. Cette cérémonie le plaçait sous la sauvegarde des dieux domestiques, dont le foyer était l'autel accoutumé. Des guirlandes d'olivier attachées au-dessus de la porte annonçaient la naissance d'un enfant mâle. Celle d'une fille se désignait par de la laine, pour rappeler les travaux ordinaires des femmes. C'était le septième ou le dixième jour après sa naissance que l'enfant recevait un nom : cette cérémonie se célébrait par un banquet auquel on conviait tous les amis et par des sacrifices aux dieux. Le choix des noms n'était nullement réglé. On les prenait ordinairement parmi ceux des ancêtres de la famille dont on était jaloux de perpétuer la mémoire ; c'était une obligation imposée d'avance au nouveau rejeton de travailler à s'immortaliser comme eux.

Repas. Dans les premiers temps, les festins des Grecs étaient, pour l'ordinaire, la suite de quelque acte de dévotion envers les dieux. On ne faisait un libre usage du vin et des mets recherchés que dans ces occasions solennelles. Mais le luxe et la prodigalité s'introduisirent peu à peu dans la manière de vivre de la plupart des peuples de la Grèce, excepté les Lacédémoniens, qui conservèrent toujours leurs repas publics et leur frugalité. Les Grecs faisaient communément trois repas, dont le principal était le dernier; les deux autres n'étaient que de simples collations. Le repas principal se composait de trois parties distinctes : dans la première on servait des huîtres, des herbes amères ou d'autres objets propres à exciter l'appétit; la seconde était composée de mets solides étalés à profusion, et la troisième, de mets plus délicats, tels que des pâtisseries et des confitures. Le maître de la maison faisait même apporter quelquefois la liste des mets qui devaient être servis, et chaque convive pouvait choisir ceux qui étaient à sa convenance. La boisson ordinaire était le vin, ou du vin mêlé avec du miel; les coupes étaient ornées de guirlandes, et on les remplissait jusqu'aux bords. Quelquefois l'un des convives était désigné par le sort pour être président ou roi du festin; il décidait du nombre de coups que chacun devait boire : tantôt c'était trois en l'honneur des Grâces, tantôt neuf en l'honneur des Muses.

L'usage de prendre le bain avant le repas s'établit de bonne heure. De plus, on ne se présentait à un grand festin qu'après s'être frotté d'huile et de parfums. Au reste, les convives trouvaient à s'acquitter de ces devoirs de propreté dans la maison de leur hôte. On se lavait les mains avant de se mettre à table, ainsi qu'après chaque service et à la fin du repas.

Les Romains avaient, comme les Grecs, trois repas, le déjeuner du matin, le dîner à midi, et le souper ou repas principal, qui se prenait vers quatre heures, et qui était divisé en deux parties, le premier et le second service. Plus tard on ajouta sur le soir la collation.

Dans les premiers temps on se servait de siéges de bois pour s'asseoir à table ; puis avec le luxe s'introduisit l'usage des lits et des coussins, couverts d'étoffes ou de riches tapis, selon le rang et la fortune du maître de la maison. Les convives reposaient mollement sur ces lits, la tête et le haut du corps appuyés sur leur bras gauche, les jambes étendues ou légèrement pliées. Cependant l'ancienne coutume de s'asseoir ne fut jamais entièrement abandonnée, et l'on avait une grande estime pour ceux à qui l'austérité de leurs mœurs faisait une loi d'y rester fidèles.

La table était regardée comme sacrée : aussi était-elle sous la protection de Jupiter, dieu de l'hospitalité. On ne commençait jamais un repas sans en offrir d'abord les prémices aux dieux. La première de ces oblations se faisait à Vesta, qui était la déesse protectrice des foyers. Quelquefois les images des dieux faisaient l'ornement de la table. Dans les premiers temps les tables étaient en bois grossier, sans ornements ; plus tard on rechercha les matières les plus précieuses, les bois les plus rares décorés d'ivoire, d'argent ou d'or richement ciselé.

Questionnaire.

Quelles étaient les fêtes les plus solennelles célébrées en Égypte?—N'y avait-il pas quelques fêtes particulières? — Quel était le but des anciennes fêtes de la Grèce? — Quelles étaient les plus solennelles? — Combien y avait-il de sortes de fêtes chez les Romains. — Toutes les fêtes suspendaient-elles les travaux? — Par qui avaient été institués les jeux solennels en Grèce? — Quels étaient les principaux jeux? — Quelles récompenses étaient accordées aux vainqueurs? — Quels étaient les principaux jeux des Romains? — Où se donnaient les combats de gladiateurs et d'animaux? — Comment était disposé un amphithéâtre? — Quel était le plus célèbre des amphithéâtres? — Dans quelle circonstance célébrait-on les jeux funèbres? — Comment les Égyptiens rendaient-ils les derniers devoirs aux morts? — Quels étaient ceux qui étaient privés de sépulture? — Quelles cérémonies étaient usitées dans les funérailles? — Quelles étaient les cérémonies pratiquées pour le mariage dans les républiques de la Grèce? — Par quels emblèmes représentait-on aux jeunes filles les devoirs de leur nouvelle condition? — Quels signes étaient regardés comme heureux?—Quelles étaient les pratiques usitées à l'égard des enfants après leur naissance? — Donnez quelques détails sur les usages des Grecs et des Romains dans leurs repas.

TABLE.

Introduction.

Mythologie des Égyptiens.

Mythologie des Babyloniens et des Perses.

Mythologie des Hindous.

Mythologie des peuples du Nord.

Mœurs, usages et coutumes des peuples anciens, dans ce qui a rapport à leurs croyances religieuses.

FIN.

COURS COMPLET D'ENSEIGNEMENT ÉLÉMEN-TAIRE, mis à la portée de la jeunesse, avec questionnaires, à l'usage des institutions et des pensionnats, par **M. G. Beleze**, chevalier de la Légion d'honneur, officier d'académie, chef d'institution de Paris; 25 vol. in-18. Chaque volume se vend séparément 1 f. 50 c.

Livre de Lecture cou-rante, Choix de traits histo-riques sur les devoirs de la jeunesse; in-18; 30 *vignettes*.

Exercices de Mémoire et de Style, Morceaux choisis en vers et en prose; in-18.

Grammaire française, sui-vant les principes de l'Acadé-mie, suivie de notions d'ana-lyse grammaticale et logique; in-18.

Exercices français sur la grammaire; in-18.

Corrigés des Exercices français; in-18.

Petit Dictionnaire de la Langue française; in-18.

Le même Dictionnaire, suivi d'un Dictionnaire historique et géographique; in-18, 2 f.

Dictées et Lectures sur les éléments des sciences et les inventions et découvertes; in-18.

Éléments de Littérature, suivis de notions d'histoire littéraire ancienne et mo-derne; in-18.

Géographie Moderne, phy-sique, politique et économi-que, mise à la portée de la jeunesse; in-18, *cartes et gra-vures.*

Atlas élémentaire de Géo-graphie Moderne, compo-sé de 10 cartes; in-4°, 2 f. 50 c.

Histoire Sainte, mise à la portée de la jeunesse; in-18, *carte.*

Histoire de France, mise à la portée de la jeunesse; édi-tion continuée jusqu'à ce jour; in-18, *carte.*

Histoire Ancienne, mise à la portée de la jeunesse; in-18, *carte.*

Histoire Romaine, mise à la portée de la jeunesse; in-18, *carte.*

Histoire du Moyen Age, mise à la portée de la jeu-nesse; in-18, *carte.*

Histoire Moderne, mise à la portée de la jeunesse; in-18, *carte.*

Histoire Contemporaine, mise à la portée de la jeu-nesse; in-18, *cartes.*

Histoire d'Angleterre, mise à la portée de la jeunesse; in-18, *carte.*

Mythologie, mise à la portée de la jeunesse; in-18, *planche gravée.*

Arithmétique, mise à la por-tée de la jeunesse, avec exer-cices de calcul et problèmes; in-18, *planche gravée.*

Solutions des Problèmes de l'Arithmétique; in-18, *br.* 50 c.

Physique et Chimie, mises à la portée de la jeunesse; in-18, *gravures.*

Histoire Naturelle, mise à la portée de la jeunesse; in-18, *gravures.*

Cosmographie, mise à la por-tée de la jeunesse; in-18, *planches gravées.*